Brasil Holandês
história, memória e patrimônio compartilhado

BRASIL HOLANDÊS
HISTÓRIA, MEMÓRIA E PATRIMÔNIO COMPARTILHADO

HUGO COELHO VIEIRA
NARA NEVES PIRES GALVÃO
LEONARDO DANTAS SILVA
(ORGANIZADORES)

Copyright © 2012 Instituto Ricardo Brennand

Grafia atualizada segundo o Acordo Ortográfico da Língua Portuguesa de 1990, que entrou em vigor no Brasil em 2009.

Publishers: Joana Monteleone/Haroldo Ceravolo Sereza/Roberto Cosso
Edição: Joana Monteleone
Editor assistente: Vitor Rodrigo Donofrio Arruda
Projeto gráfico e diagramação: Allan Rodrigo
Capa: Allan Rodrigo
Tradução: Sarah Caroline Bailey/Eduardo Germínio
Revisão: Íris Morais Araújo
Imagem da capa: *Engenho*, de Frans Post (1661)

CIP-BRASIL. CATALOGAÇÃO-NA-FONTE
SINDICATO NACIONAL DOS EDITORES DE LIVROS, RJ

B83

BRASIL HOLANDÊS: HISTÓRIA, MEMÓRIA E PATRIMÔNIO COMPARTILHADO
Hugo Coelho Vieira, Nara Neves Pires Galvão, Leonardo Dantas Silva
[organização].
São Paulo: Alameda, 2012.
344p.

Artigos apresentados no I Colóquio Internacional sobre o Brasil
Holandês: História, Memória e Patrimônio Compartilhado em virtude
do ano da Holanda no Brasil, de 16 a 19 de novembro de 2011, realizado
no Instituto Ricardo Brennand

Inclui bibliografia
ISBN 978-85-7939-148-4

1. Brasil – História – Domínio holandês, 1624-1654 – Congressos. I. Título.

| 12-4269. | CDD: 981.03 |
| | CDU: 94(81)"1624/1654" |

036634

ALAMEDA CASA EDITORIAL
Rua Conselheiro Ramalho, 694, Bela Vista
CEP 01325-000 São Paulo, SP
Tel. (11) 3012-2400
www.alamedaeditorial.com.br

SUMÁRIO

APRESENTAÇÃO   7

INTRODUÇÃO   11

PREFÁCIO   13

PARTE I – HISTORIOGRAFIA DO BRASIL HOLANDÊS   19

A obra de José Antônio Gonsalves de Mello   21
Evaldo Cabral de Mello

No tempo dos flamengos: memória e imaginação   31
Pedro Puntoni

As perspectivas da Holanda e do Brasil do "Tempo dos flamengos"   47
Ernst van de Boogaart

PARTE II – ARTE, ICONOGRAFIA E   65
CULTURA VISUAL NO BRASIL HOLANDÊS

A obra de Frans Post   67
Bia e Pedro Corrêa do Lago

O envolvimento mitológico do Brasil Holandês: interpretação   75
dos trabalhos de Albert Eckhout e Frans Post (1637-2011)
Rebecca Parker Brienen

Frans Post, a paisagem e o exótico: o imaginário do   93
Brasil na cultura visual da Holanda do século XVII
Daniel de Souza Leão Vieira

Parte III – Estratégias, Dinâmicas e História no Brasil Holandês — 125

João Maurício: um príncipe renascentista em terras do novo mundo — 127
Leonardo Dantas Silva

A estratégia da saudade: aspectos da administração nassoviana no Brasil holandês — 143
Ricardo José de Lima e Silva

Jerusalém pernambucana — 169
Ronaldo Vainfas

"Entre os rios e o mar aberto": Pernambuco, os portos e o Atlântico no Brasil holandês — 195
Rômulo Luiz Xavier do Nascimento

Percursos feridos: homens de guerra nas tramas do tenebroso mundo Atlântico e nos labirintos da capitania de Pernambuco, de 1630 a 1635 — 227
Hugo Coelho Vieira

Parte IV – Memória, Acervos e Patrimônio Compartilhado — 257

O Instituto Arqueológico e os estudos sobre o Brasil Holandês — 259
George Félix Cabral de Souza

O museu sinagoga Kahal Zur Israel e a memória holandesa em Pernambuco — 281
Daniel de Oliveira Breda

Memória e cultura partilhada — 299
Marcos Galindo

O espaço-dinâmica organizacional em perspectiva história — 327
Paulo Emílio Martins

Apresentação

FOI PENSANDO NA TRÍADE "Museu, Pesquisa e Educação" e com o objetivo de trazer contribuições importantes no que se refere à discussão sobre o período da história, tradicionalmente conhecido como Brasil Holandês, que o Instituto Ricardo Brennand, em virtude do ano da Holanda no Brasil, realizou, de 16 a 19 de novembro de 2011, o *I Colóquio Internacional sobre o Brasil Holandês: História, Memória e Patrimônio Compartilhado*.

Referência nacional no que se refere ao acervo sobre o Brasil Holandês, o Instituto Ricardo Brennand abriu ao público pela primeira vez com a exposição *Albert Eckhout volta ao Brasil: 1644-2002* e abriga hoje uma importante coleção do pintor Frans Post, reunindo vinte quadros que correspondem a dez por cento da produção hoje conhecida deste artista no mundo. Compõem ainda esta Coleção obras raras, documentos, manuscritos, além da biblioteca particular do historiador José Antônio Gonsalves de Mello, ao qual muito nos orgulha ter a sua filha, Diva Gonsalves de Mello, trabalhando quase que diariamente, há dois anos, transcrevendo os textos e anotações deixados por seu pai, ora em folhas avulsas ora nas contracapas dos mais de 5 mil livros provenientes de sua biblioteca, adquirida pelo colecionador Ricardo Brennand em 1999.

Uma instituição ainda jovem, prestes a comemorar o seu décimo aniversário, o Instituto Ricardo Brennand tem contribuído significativamente para o desenvolvimento cultural da Região Norte-Nordeste, colocando Pernambuco na rota de importantes exposições e provocando, desta maneira, o estímulo à visitação do público em museus. Em 2006, com a criação do Núcleo de Pesquisa, o Instituto Ricardo Brennand vem transformando espaços e acervos em laboratório de pesquisa e experimentação, possibilitando a produção do conhecimento através de ações educativas e culturais. Em 2011, em virtude do ano da Holanda no Brasil, o Instituto realizou o seu primeiro *Colóquio sobre o Brasil Holandês*, que assumiu um papel importante neste processo de comunicação científica, agilizando a transmissão do conhecimento para estudantes e demais interessados por este período da história.

É com honra e orgulho que realizamos este importante evento de caráter científico, financiado pela Embaixada do Reino dos Países Baixos em parceria com o Arquivo Histórico Judaico de Pernambuco, Instituto Arqueológico, Histórico e Geográfico de Pernambuco, Fundação Joaquim Nabuco/Museu do Homem do Nordeste, Universidade Federal de Pernambuco, representada pela Pós-Graduação em História e seu laboratório Liber, Universidade de Pernambuco e o seu Instituto de Apoio (IAUPE) e Fundação Getúlio Vargas, através do Programa de Estudos de Administração Brasileira.

A presente publicação reúne artigos de especialistas que participaram do Colóquio de modo a proporcionar um leque de reflexões atuais e relevantes, discutidas sob a ótica da memória e do patrimônio compartilhado entre o Brasil e a Holanda. Quero externar meus agradecimentos a todos os conferencistas, de modo especial ao Embaixador Evaldo Cabral de Mello, que aceitou o desafio de abrir o nosso evento por vídeo-conferência encarando todos os aparatos tecnológicos e que, em seu artigo, ressalta a importância da obra do historiador José Antônio Gonsalves de Mello, cuja biblioteca particular encontra-se salvaguardada neste Instituto.

Ronaldo Vainfas, Pedro e Bia Corrêa do Lago, Rebecca Parker, Paulo Emílio Martins, Rômulo Xavier, Pedro Puntoni, Leonardo Dantas, Ernst Van den Boogaart, Marcos Galindo, Aruza de Holanda, Marília Azambuja, juntando-se aos trabalhos acadêmicos de jovens pesquisadores e não por isso menos importantes, como Daniel Vieira, Daniel Breda, Ricardo Lima e o nosso estimado Hugo Coelho Vieira – idealizador deste Colóquio e pesquisador do Núcleo de Pesquisa deste Instituto – não pouparam esforços em compartilhar as suas pesquisas sobre arte e historiografia do Brasil Holandês, estratégias e dinâmicas no Atlântico Holandês e modos de governar do Conde Maurício de Nassau.

Esta publicação integra a missão deste Instituto em constituir, pesquisar e difundir um acervo museológico, bibliográfico e arquivístico voltado à preservação da memória, da arte e da cultura, em especial do Brasil Holandês, possibilitando a circulação destes textos no país, tornando a produção do conhecimento mais acessível e fomentando as discussões sobre a história, a memória e o patrimônio compartilhado entre o Brasil e a Holanda.

NARA NEVES PIRES GALVÃO
COORDENADORA GERAL DO INSTITUTO RICARDO BRENNAND

Introdução

NA LIÇÃO DO POETA PORTUGUÊS, QUANDO *"Deus quer, o homem sonha e a obra nasce..."*. Como no poema de Fernando Pessoa, para a realização *I Colóquio Internacional sobre o Brasil Holandês – História, Memória e Patrimônio Compartilhado, "Deus quis que a terra fosse toda uma"*, e *"Que o mar unisse, já não separasse"*, de modo que o conhecimento da vida e da obra desse período se tornasse revelado, afastando a poeira do tempo e as espumas dos séculos que o encobriam.

Para isso *Deus quis* que homens de nacionalidades, saberes e atividades diferentes dessem às mãos e, diante de um só ideal, voltassem aos estudos acerca do período do Brasil Holandês, compreendido entre 1630 e 1654, em colóquio realizado na cidade do Recife entre os dias 16 a 19 de novembro de 2011, sob os auspícios do Instituto Ricardo Brennand com apoio da Embaixada dos Países Baixos e outras entidades nominadas neste volume.

Na reunião em questão, estudiosos do Brasil Holandês, especialistas dos mais diversos conhecimentos estiveram expondo e debatendo ideias que muito contribuíram para o aprimoramento do conhecimento de tão importante tema.

Os resultados dos seus pronunciamentos estão reunidos nas páginas deste livro que o Instituto Ricardo Brennand tem a honra de coeditar com a

Alameda Casa Editorial (São Paulo) em colaboração com as diversas instituições participantes de tão importante evento científico.

O *Colóquio* contou com a participação dos palestrantes Evaldo Cabral de Mello, a quem coube fazer a videoconferência de abertura, seguindo-se de Ronaldo Vainfas (UFF), Rebecca Parker (Universidade de Miami), Pedro e Bia Corrêa do Lago, Daniel de Souza Leão Vieira (UFPE), Paulo Emílio Martins (FGV), Ricardo Lima (UPE), Pedro Puntoni (USP), Leonardo Dantas Silva (Instituto Ricardo Brennand), George Cabral de Souza (Instituto Arqueológico Histórico e Geográfico Pernambucano), Cristiano Borba (FUNDAJ), Ernst van den Boogaart, Ricardo José de Lima e Silva (UFPE), Rômulo L. X. Nascimento (UPE), Daniel Breda (Arquivo Judaico de Pernambuco), Marcos Galindo (UFPE) e Hugo Coelho Vieira (Instituto Ricardo Brennand).

Paralelamente ao ciclo de palestras foram ministrados três pequenos cursos: *Os artistas holandeses e a representação do Brasil,* a cargo dos professores Daniel Leão Vieira (CNPq-UFPE) e Marília Azambuja Ribeiro (UFPE); *Fontes, acervos e metodologia para pesquisa do Brasil holandês,* por Marcos Galindo (UFPE) e Aruza Holanda (Instituto Ricardo Brennand); *Brasil Holandês: história e historiografia,* por Daniel de Oliveira Breda (Arquivo Histórico Judaico de Pernambuco) e Hugo Coelho Vieira (Instituto Ricardo Brennand).

Por tudo isso, o Instituto Ricardo Brennand se sente gratificado em poder ter cumprido o seu propósito de tornar possível o congraçamento de estudiosos do período do Brasil Holandês ao mesmo tempo em que proporcionava o encontro das gerações dos nossos dias com especialistas do tema nos Estados Unidos e na Europa.

Como nos faz lembrar diuturnamente o nosso incentivador e patrono Ricardo Coimbra de Almeida Brennand, usando as palavras do poeta português Fernando Pessoa, *Deus quis que a terra fosse toda uma,* para que o sonho dos homens testemunhasse o nascimento da obra.

LEONARDO DANTAS SILVA
COORDENADOR DE PESQUISA DO INSTITUTO
RICARDO BRENNAND

Prefácio

OS PROJETOS NA ÁREA DA CULTURA SÃO caminhos abertos. É preciso ter um norte para chegar. Se, por um lado, vivemos em tempos que os valores da mídia transmitem mais velocidade do que reflexões críticas, por outro lado, os projetos culturais têm demonstrado novos rumos para a produção histórica, para o esclarecimento da memória e para o conhecimento de seu patrimônio.

Este livro é o resultado de um projeto que busca contribuir para a formação de especialistas, professores, alunos e interessados na história da ocupação neerlandesa no Brasil colonial. Os artigos demonstram que o ofício do historiador também é um exercício de sensibilidade, conhecimentos de época, formas de ser, pensar e sentir, e, nesse processo, o leitor poderá se estranhar e se reconhecer, chorar e sorrir. Os textos tratam de vidas, mortes, esperanças, sofrimentos e alegrias. Foi necessário trazer à luz do período a dimensão do humano.

Portanto, *Brasil Holandês: História, Memória e Patrimônio Compartilhado* é fruto das reflexões realizadas no I Colóquio Internacional sobre o Brasil Holandês, ocorrido entre 16 e 19 de novembro de 2011, no Instituto Ricardo Brennand, em virtude do Ano da Holanda no Brasil,

14 Brasil Holandês: história, memória e patrimônio compartilhado

que contou com o patrocínio da Embaixada do Reino dos Países Baixos através do Fundo Neerlandês para o Patrimônio Cultural Comum e que se torna viável e oportuna pela parceria com a Alameda Casa Editorial.

O Colóquio teve um caráter pioneiro por conseguir reunir a Universidade Federal de Pernambuco (UFPE), a Universidade de Pernambuco (UPE), a Fundação Joaquim Nabuco (Fundaj), o Arquivo Histórico e Judaico de Pernambuco (AHJPE) e o Instituto Arqueológico, Histórico e Geográfico Pernambucano (IAHGP). Além dessas instituições, o evento contou com o apoio e a promoção da Fundação Getúlio Vargas (FGV-RJ) através do Programa de Estudos da Administração Brasileira (ABRAS).

Neste sentido, tanto o Colóquio quanto este livro reúne especialistas e profissionais renomados e incentiva novas possibilidades para jovens pesquisadores que desejam contribuir e dialogar com a historiografia do período. O debate sobre as questões referentes ao Brasil Holandês também servem para repensar a relação atual entre o Brasil e a Holanda já que o fio tênue que liga o passado com o presente é estreito. Assim, tanto o Colóquio quanto este livro buscam conectar múltiplos olhares entre as várias histórias dispersas e ao mesmo tempo unidas por um complexo mundo Atlântico.

Sabe-se que a história do denominado Brasil Holandês exerce grande fascínio sobre a sociedade brasileira e não é de hoje que o tema é caro aos pesquisadores, em especial aos historiadores de Pernambuco. Estes foram beneficiados pelas coletas documentais feitas por José Hygino Duarte Pereira e Joaquim Caetano Silva, em fins do século XIX, e que hoje se encontram nos acervos do Instituto Arqueológico, Histórico e Geográfico Pernambucano e na Biblioteca Nacional, respectivamente.

Na última década, jovens historiadores têm repensado a ocupação neerlandesa no Brasil a partir de novas questões. Logo, torna-se inerente o retorno aos estudos do período neerlandês no Brasil. Sendo assim, a Alameda Casa Editorial e o Instituto Ricardo Brennand, espaço cultural sem fins lucrativos, inaugurado em setembro de 2002, que tem como sua principal missão a difusão da cultura brasileira através da história, da arte e da educação (arte-educação) não poderia deixar de contribuir para o

Ano da Holanda no Brasil, sendo o assunto extremamente íntimo ao seu acervo museológico e bibliográfico.

Desta maneira, escolhemos como imagem para a capa do livro uma das obras de Frans Post pintada em 1661, intitulada *Engenho*, quadro que hoje pertence e se encontra na exposição de Frans Post e o Brasil Holandês na coleção do Instituto Ricardo Brennand, que retrata com maestria a moagem da cana-de-açúcar do século XVII, tendo como pano de fundo a presença da capela e da casa-grande, elementos marcantes da sociedade do açúcar ou da açucarocracia, como diz Evaldo Cabral de Mello. Trata-se de uma pintura a óleo sobre madeira, com dimensões de 45,7 x 71,3 centímetros.

A escolha da paisagem de Frans Post se justifica pelo diálogo que o quadro e o artista fazem com a história, a memória e o patrimônio compartilhado do período em tela e dos artigos deste livro. O quadro é portador do discurso criador de Frans Post, que produziu um conceito de paisagem brasileira para o período colonial, demonstrando as cores e a riqueza de detalhes da vida social brasileira pelos olhos do colonizador. Post foi o herdeiro da escola de Harlem e do legado da pintura holandesa na arte que cria o conceito de paisagem, do termo *paesaggio* surgido anteriormente na Itália. Os elementos do quadro que estão na capa deste livro são temas recorrentes na trajetória do pintor, com pinceladas precisas, dialogando com os textos que se seguem e com a história das coleções que possuem quadros de Post.

Quadro este, que já pertenceu a Joaquim de Souza Leão, primeiro estudioso brasileiro sobre Frans Post e que hoje pode ser observado pelos brasileiros no Instituto Ricardo Brennand, já tendo a obra percorrido em Hannover três coleções diferentes: em 1779 no Von Hacke, em 1822 no Hausmann e em 1857 no Rei George V da Inglaterra. Depois o quadro chegou a um leilão em Berlim em 1925 quando, posteriormente, em 1938, antes da segunda Guerra Mundial, passou para as mãos de Joaquim de Souza Leão. A trajetória do quadro continua quando o *Engenho* volta para Europa, chegando a Amsterdã no ano de 1976, até por fim chegar à coleção do Instituto Ricardo Brennand em 2003.

16 Brasil Holandês: história, memória e patrimônio compartilhado

O percurso, a formação do pintor, bem como as trajetórias, as dinâmicas e as estratégias do Brasil Holandês foram profundamente discutidos pelos artigos elaborados neste livro. Os textos apresentados foram o resultado do trabalho, disciplina, atenção, empenho e ousadia para dialogar várias opiniões, sem esquecer que a cultura e o social devem ser entendidos como um conjunto de significados partilhados e construídos por homens e mulheres para explicar o mundo. Nos artigos o leitor encontrará reflexões sobre a história e a historiografia, uma interessante análise das trajetórias das obras de Frans Post e o diálogo entre a história e áreas afins. Muitos desses trabalhos são resultados da experiência de profundos conhecedores do assunto, resultado do silêncio e disciplina dos arquivos e bibliotecas.

Nos capítulos da primeira parte do livro, *Historiografia do Brasil Holandês,* o leitor encontrará textos produzidos por especialistas na história e na historiografia do Brasil Holandês. Os historiadores demonstram com propriedade sua relação com tema e a forma astuta que analisam as produções historiográficas do Brasil Holandês ao longo do tempo no Brasil. O primeiro artigo é escrito por Evaldo Cabral de Mello, grande referência no tema, que faz uma bonita homenagem a José Antônio Gonsalves de Mello. Evaldo mostra a relevância imprescindível da produção de José Antônio Gonsalves de Mello para os assuntos pernambucanos e seu conhecimento pela documentação relativa ao Brasil no exterior, demonstrando também a intimidade que possui com obra deste historiador de quem é primo legítimo e se considera herdeiro de sua produção. Pedro Puntoni também reflete sobre a produção do autor de *Tempo dos Flamengos,* corroborando a importância dos trabalhos deste historiador para aqueles que desejam conhecer o Brasil Holandês. O capítulo final desta primeira parte é produzido pelo historiador holandês Ernst van den Boogaart que amplia a discussão sobre a historiografia do período e traça um panorama de vários autores.

Na segunda parte do livro, *Arte, Iconografia e Cultura Visual no Brasil Holandês,* o leitor encontrará uma discussão específica sobre a produção de Frans Post, primeiro pintor da paisagem brasileira e primeiro paisagista das Américas, que o Instituto Ricardo Brennand tem o orgulho de possuir a maior coleção do mundo. O primeiro capítulo desta parte, escritos por Bia e Pedro Corrêa do Lago, especialistas na obra de Frans Post, demonstram a possibilidade de sistematizar a história do pintor e sua carreira com sua produção artística. O texto de Rebecca Parker Brienen, historiadora titular de História da Arte da Universidade de Miami, analisa a obra de Post e de Eckhout pela trajetória de suas obras e pela história das aquisições dessas por coleções no mundo, revelando que as trajetórias de cada obra estão intimamente vinculadas com a valorização e o reconhecimento dessas obras. Daniel de Souza Leão Vieira finaliza essa parte do livro com um interessante artigo que analisa a obra de Frans Post através de sua formação e vivência com a cultura visual da Holanda do século XVII, explicando a imagem de Post sob a perspectiva da História Cultural.

Nos textos da terceira parte do livro, *Estratégias, Dinâmica e História do Brasil Holandês,* o leitor encontrará artigos variados sobre diferentes olhares do período que abordam a figura de Johan Maurits van Nassau Siegen, a história dos judeus com o período e a relação do Brasil Holandês com o mundo Atlântico. O primeiro capítulo desta parte é escrito por Leonardo Dantas Silva, maior editor dos assuntos referentes ao Brasil Holandês e Coordenador do Núcleo de Pesquisa do Instituto Ricardo Brennand. Leonardo aborda a relação de Nassau com as ciências e a importância do Conde de Siegen para o desenvolvimento dos neerlandeses no Brasil Colônia. Quem também analisa as ações de João Maurício Nassau é o economista Ricardo Lima, buscando refletir sobre o plano administrativo de seu governo. Além da análise sobre Nassau, o leitor também encontrará uma visão panorâmica da experiência dos judeus portugueses na Holanda e no Brasil com o artigo do historiador Ronaldo Vainfas, reconhecido professor titular de História Moderna da Universidade Federal Fluminense. O capítulo de Rômulo Xavier, professor de História da Universidade de Pernambuco, explica a importância dos portos da capitania de Pernambuco para a dominação dos holandeses no Brasil. O artigo "Percursos feridos", de Hugo Coelho Vieira, pesquisador do Instituto Ricardo Brennand, aborda sobre as dificuldades da soldadesca do período e um pouco de suas trajetórias em Pernambuco e sua relação com o Atlântico Sul.

A quarta parte do livro, *Memória, Acervos e Patrimônio Compartilhado* discute a contribuição desses assuntos para o Brasil Holandês, especialmente em Pernambuco. O primeiro artigo é do historiador George Felix Cabral de Souza, professor de História da Universidade Federal de Pernambuco e vice-presidente do Instituto Arqueológico, Histórico e Geográfico Pernambucano, que esclarece a importância do Instituto Histórico mais antigo do Brasil e sua aproximação com os estudos sobre o período holandês. O capítulo de Daniel de Oliveira Breda, vice-presidente do Arquivo Judaico de Pernambuco, explana a partir da lógica do Patrimônio Cultural Compartilhado e do museu-sinagoga Kahal Zur Israel a compreensão dos judeus sefardim durante a presença neerlandesa em Recife. O texto de Marcos Galindo, professor do Departamento de Ciência da Informação da Universidade Federal de Pernambuco, aborda a importância da preservação dos arquivos para a difusão da memória e do conhecimento na perspectiva das noções de patrimônio compartilhado. O capítulo de Paulo Emílio Martins, professor e coordenador do Programa de Estudos da Administração Brasileira da Fundação Getúlio Vargas, expõe a importância da organização dos espaços de memória buscando uma aproximação entre administração e história.

Brasil Holandês: História, Memória e Patrimônio Compartilhado é fruto de uma soma de esforços entre profissionais que buscam contribuir para a formação crítica da história. Assim, esperamos que o livro possa proporcionar novas descobertas e motivar outras discussões. Sabemos que a vida e a história não é um palco de cartas marcadas, mas um terreno fértil com tramas, caminhos e trajetórias incertas, pois a vida é um campo de luta como foi o período neerlandês no Brasil.

HUGO COELHO VIEIRA
PESQUISADOR DO INSTITUTO RICARDO BRENNAND

PARTE I
HISTORIOGRAFIA DO BRASIL HOLANDÊS

A OBRA DE JOSÉ ANTÔNIO GONSALVES DE MELLO

EVALDO CABRAL DE MELLO
Embaixador e Historiador do Brasil

O LUGAR E A OCASIÃO SÃO EMINENTEMENTE ADEQUADOS a recordar o historiador José Antônio Gonsalves de Mello. O Instituto Ricardo Brennand, que hoje nos acolhe e que abriga no seu valioso acervo a biblioteca de José Antônio, localiza-se no antigo engenho de São João que pertenceu a João Fernandes Vieira, tema da grande biografia que lhe dedicou José Antônio. Destas terras, partiu numa madrugada de junho de 1645, o grupo de insurretos que, ao cabo de nove anos de guerra, reconstituiu a unidade da América portuguesa. Por outro lado, reune-nos o tema que foi mais caro a José Antônio que qualquer outro, o do domínio holandês no Nordeste. Alvíssaras, portanto, aos promotores deste *I Colóquio Internacional sobre o Brasil Holandês*, o Instituto Ricardo Brennand e a Embaixada do Reino dos Países Baixos em parceria com o Arquivo Histórico Judaico de Pernambuco, com o Instituto Arqueológico, Histórico e Geográfico de Pernambuco (que José Antônio presidiu por longos anos), com a Fundação Joaquim Nabuco (de que ele foi o primeiro diretor), com a Universidade Federal de Pernambuco, com a Universidade de Pernambuco e com a Fundação Getúlio Vargas.

Por trás de todo grande historiador, há um grande pesquisador – ele próprio. José Antônio Gonsalves de Mello foi ambos em grau superlativo. Sua obra é extensa: além de *Templo dos flamengos*, a coleção de biografias dos restauradores pernambucanos publicada nos anos cinquenta; o livro sobre Antônio Fernandes de Matos, que de mestre-pedreiro tornou-se um dos renovadores da paisagem urbana do Recife na segunda metade do século XVII; o volume de crítica histórica de fontes da história regional intitulada *Estudos pernambucanos* (1960); e finalmente *Gente da nação: cristãos-novos e judeus em Pernambuco, 1542-1654* (1889), obra para a qual José Antônio preparou-se durante quase meio século, desde que abordara as relações entre judeus e os holandeses no seu livro de estreia, e que o consagrara aos trinta anos, precocidade rara entre historiadores. Se Rimbaud deixou de escrever poesia aos vinte anos, via-de-regra os historiadores não estão preparados para produzir obra sólida antes dos trinta e cinco, quarenta. Os livros de José Antônio estão longe, porém, de esgotar seu labor historiográfico, que abrange também, por um lado, uma série de monografias de história local, verdadeiros modelos deste gênero de trabalho; e, por outro, a publicação de número relevante de textos inéditos relativos à história pernambucana, bem como a reedição de fontes já conhecidas.

Já se disse de José Antônio que entrara "em história pernambucana como outros entraram em religião". A fecundidade da sua obra vem daí, do fato de que ele investiu sua vida na pesquisa histórica. Dela só o distraíam suas tarefas de professor de História da América e de História do Nordeste na Universidade Federal de Pernambuco; e sua passagem pela direção do Instituto Joaquim Nabuco de Pesquisas Sociais e do Instituto de Ciências do Homem, daquela mesma Universidade. Mas José Antônio logo compreendeu que o desempenho de funções de gestão teria absorvido a maior parte do tempo que desejava destinar ao trabalho historiográfico. Para tanto, ele contou sobretudo com a dedicação e a vigilância da mulher excepcional que foi sua esposa, Ivone Gonsalves de Mello.

A obra de José de Antônio Gonsalves de Mello   23

José Antônio foi eminentemente um *scholar*, um estudioso de enorme capacidade de concentração intelectual. Na historiografia brasileira, foi o seu o esforço mais abrangente e sistemático de pesquisa já realizada por um único indivíduo. No decurso de quase sessenta anos de investigação arquivística, ele compulsou no Brasil e fora dele praticamente toda a documentação existente sobre a história pernambucana. No Recife, trabalhou no Arquivo Público estadual, no Instituto Arqueológico e Geográfico Pernambucano, na Biblioteca Pública, nos acervos de repartições como o das Obras Públicas, em arquivos eclesiásticos paroquiais e de confrarias religiosas; na Bahia, no Arquivo Público do Estado. Para se avaliar seu conhecimento dos acervos locais, basta consultar o trabalho que dedicou às fontes de Pereira da Costa. No Rio de Janeiro, ele pesquisou na Biblioteca Nacional, no Arquivo Nacional, no Instituto Histórico e Geográfico Brasileiro, na Biblioteca do Ministério das Relações Exteriores, no arquivo do antigo Ministério da Guerra. Em São Paulo, no Instituto de Estudos Brasileiros, em especial na coleção Alberto Lamego.

Graças ao apoio de Joaquim Amazonas, magnífico reitor da Universidade Federal de Pernambuco, José Antônio permaneceu por longo tempo na Europa em missão de pesquisa. Começando por Portugal, ele procedeu ao levantamento de tudo o que podia interessar à história pernambucana no Arquivo Histórico Ultramarino, na Torre do Tombo (que frequentou anualmente até poucos anos antes do seu falecimento), na Biblioteca Nacional de Lisboa, na Biblioteca da Ajuda, nas Bibliotecas Públicas de Évora e do Porto, no Arquivo da Universidade de Coimbra e em acervos particulares, como o da Casa de Cadaval. Na Holanda, examinou incansavelmente a documentação existente no Arquivo Geral do Reino, no Arquivo da Casa Real, no Arquivo da Comunidade Reformada de Amsterdã, no Arquivo Municipal da mesma cidade e no Arquivo da Universidade de Leiden. Na Espanha, não escaparam à sua atenção nem o Arquivo das Índias em Sevilha, nem a Biblioteca Nacional de Madri nem sobretudo o Arquivo Geral de Simancas. Por fim, trabalhou na Biblioteca Nacional de Paris e na British Library em Londres. De suas missões oficiais, José Antônio redigiu minuciosos relatórios; e catalogou a documentação relativa a Pernambuco no Arquivo Histórico Ultramarino.

Seu interesse incidiu sobre ampla gama de temas, a começar pela história dos nossos monumentos civis, militares e religiosos. Atraia-o fortemente o estudo da arquitetura e de outras artes coloniais, como a azulejaria e a pintura. Prendiam-no igualmente as realizações dos artesãos e mestres de obras como os marceneiros Remígio Kneipp e Jules Béranger, o entalhador Moreau, o ourives Cristóvão Rausch, o litógrafo Krauss, o desenhista Schlappriz, os mestres Cristóvão Álvares e Manuel Ferreira Jácome – todos salvos por José Antônio da vala comum da nossa amnésia brasileira. Tinha um fraco digamos proustiano pelo desenho das antigas grades e portões de ferro. A história urbanística do Recife foi outra das suas preferências, como atesta sua história do bairro da Capunga, onde viria a falecer e onde residiu a maior parte da sua vida, primeiro na casa dos pais, na rua Cardeal Arcoverde, depois, já casado com Ivone, na rua das Graças, quase frente à igreja matriz, posteriormente na rua das Pernambucanas, 420, casarão de sítio próximo do Capibaribe, pintada a vermelho sangue-de-boi, que ele adquiriu por volta de 1944, adicionando-lhe um segundo andar e mobiliando-a com peças raras, inclusive de Béranger.

Em conexão com o domínio holandês, ele ocupou-se também da cartografia recifense, da capitulação batava no Recife em 1654, da epigrafia, dos calvinistas neerlandeses, em especial o célebre predicante Vicent Soler, da numismática batava, bem como dos judeus e cristãos-novos que ergueram a primeira sinagoga das Américas, que ele, José Antônio, viria a localizar na atual rua do Bom Jesus. Outros temas da sua especial predileção foram introdução dos vegetais exóticos em Pernambuco, a presença inglesa entre nós, a emigração de trabalhadores belgas e açorianos para a província no século XIX, a prosopografia dos vereadores recifenses do século XVIII. É necessário mencionar também o capítulo sobre o período neerlandês com que enriqueceu a *História da civilização brasileira* dirigida por Sérgio Buarque de Holanda e os inúmeros verbetes com que contribuiu para o *Dicionário de História de Portugal*, organizado por Joel Serrão, e para a *Enciclopédia Focus*.

Igualmente fundamental foi sua iniciativa de organizar edições críticas, exaustivamente anotadas, de documentos inéditos que ele mesmo traduziu; ou de reeditar textos já conhecidos mas por eles revistos com o rigor de sempre, como os relatórios oficiais do governo holandês do Recife, que reuniu em dois volumes, intitulados *Fontes para a história do Brasil holandês* (os originais do terceiro volume extraviaram-se infelizmente nos desvãos negligentes do Serviço do Patrimônio Histórico e Artístico Nacional no Recife). Outros documentos por eles revelados são o testamento de Francisco Barreto de Menezes, restaurador de Pernambuco; as confissões de Pernambuco relativas à visitação inquisitorial de 1593-1595; o *Breve compêndio* escrito em finais do século XVII sobre o governo da Câmara Coutinho; a memória redigida pelo companheiro de La Ravardière que o acompanhou na prisão de Olinda após a conquista portuguesa do Maranhão; os roteiros de penetração do território pernambucano no período colonial; os róis dos contribuintes que pagaram o donativo para o dote de D. Catarina de Bragança e para a indenização dos Países Baixos pela perda do Nordeste; o diário do governador Correia de Sá (1749-1756); os documentos relativos à Congregação do Oratório do Recife; a *Relação das praças fortes* (1609), redigida por Diogo de Campos Moreno em preparação do seu *Livro que dá razão do Estado do Brasil* (1612); o chamado *Livro de saída das urcas do porto do Recife* (1595-1605).

Entre os textos já conhecidos mas que ele reeditou com maior abrangência e rigor contam-se os *Diálogos das grandezas do Brasil*, segundo o apógrafo, que é o único completo, existente na Universidade de Leiden, na Holanda; as Cartas de Duarte Coelho, com a correspondente leitura paleográfica, na qual se esmerou a professora Cleonir Xavier de Albuquerque; as *Obras completas* do naturalista Manuel Arruda da Câmara; as principais crônicas da guerra holandesa, como as *Memórias diárias* do donatário Duarte de Albuquerque Coelho, o *Valeroso Lucideno*, de Calado, a *Nova Lusitânia*, de Brito Freyre, a *História da guerra de Pernambuco*, de Diogo Lopes de Santiago, a história do governo de Nassau de autoria de Gaspar Barleus, os *Desagravos do Brasil*, de Loreto Couto, a crônica do Dr. Manuel dos Santos sobre a guerra civil de 1710-1711. Inigualável faina editorial em que contou com a colaboração entusiástica e quotidiana de Leonardo Dantas Silva. Por fim, cumpre mencionar os volumes de material do *Diário de Pernambuco*, repositório de enorme importância para a história social do Nordeste, que apareceram sob o título de *O Diário de Pernambuco e a história social do Nordeste (1840-1889), Diário de Pernambuco: arte e natureza no Segundo Reinado,* e *Diário de Pernambuco: economia e sociedade no Segundo Reinado.*

Uma historiadora francesa publicou há anos um livro intitulado *Le goût de l'archive*. Não o vejo na estante sem me lembrar de José Antônio. Sob este aspecto, ele está mais próximo de Varnhagen, Capistrano, de Afonso de E. Taunay, do que dos historiadores atuais, pressionados pelas obrigações universitárias e mimados pelas modernas facilidades de reprodução do documento. A internet e o CD-Rom estão abolindo a aventura dos arquivos. Outrora, o historiador tinha muito da pachorra de um frade, daqueles beneditinos que fundaram no século XVII a crítica das fontes e cuja a relação com o documento destilava algo de sensual, ligado ao tato, ao odor, à vista. Várias vezes, José Antônio exprimiu sua preocupação com o lado negativo das facilidades tecnológicas de que dispõe o historiador atualmente e que tendem a afastá-lo do contacto imediato com o documento. Uma das suas grandes alegrias consistia em fornecer a outro estudioso o texto que o ajudasse ou esclarecesse, reclamando quando o interlocutor lhe solicitava apenas um trecho de manuscrito em vez de pedir o manuscrito inteiro.

Intelectualmente, a grande influência intelectual sobre José Antônio foi a de Gilberto Freyre, como ele era o primeiro a reconhecer. Gilberto, primo de seu pai, o médico Ulysses Pernambucano de Mello, recrutou-o nos anos trinta para a equipe de pesquisadores que, em torno dele, pesquisava toda as tardes no grande salão do terceiro andar da Biblioteca Pública de Pernambuco, sita então na rua do Imperador, no antigo prédio de câmara e cadeia, onde frei Caneca passara seus últimos dias. Numa atmosfera de poema de Joaquim Cardozo, a brisa do alto do mar soprava permanentemente pelas janelas abertas de par em par sobre o rio e o caes Martins e Barros. Foi então que, por sugestão de Gilberto, José Antônio começou a aprender alemão e holandês para ler a rica documentação relativa ao período batavo no Nordeste que em fins do século XIX José Higino Duarte Pereira fizera copiar nos Países Baixos. Desde o falecimento de Alfredo de Carvalho em 1916, não havendo na terra quem dominasse a língua do herege, o acervo, empoeirado e esquecido, dormia no Instituto Arqueológico, Histórico e Geográfico Pernambucano. José Antônio encetou sua leitura (trata-se de cerca de trinta códices) e já em 1934 contribuiu com um estudo sobre "A situação do negro sob o domínio holandês" para o Primeiro Congresso Afro-Brasileiro do Recife.

A inspiração de Gilberto Freyre é detectável em *Tempo dos flamengos*, que constitui basicamente uma história social do Brasil holandês, explorando, por conseguinte, uma perspectiva até então inédita na historiografia do período, cujas obras fundamentais (Netscher, Varnhagen e Watjen) ou eram de história militar e administrativa ou de história econômica. Ademais de analisar as relações entre os holandeses, a vida urbana e a vida rural, *Tempo dos flamengos* detém-se nas atitudes do governo e dos colonos batavos relativamente aos negros, índios e judeus. Indicativo do caráter abrangente da pesquisa realizada no Recife e no Rio, é o fato de que, quando a partir dos anos cinquenta, José Antônio pôde consultar os arquivos neerlandeses, não lhe será necessário rever o livro, que permanece até hoje em seu texto original.

Os anos que se sucederam à redação de *Tempo dos flamengos* corresponderam a um período de hesitação do ponto-de-vista do historiador, mas não do pesquisador, que continuou seu trabalho nos arquivos pernambucanos. Àquela altura, José Antônio cogitou de escrever a história social do Capibaribe, para qual esquadrinhou, com a ajuda de Haroldo Carneiro Leão, a parcela do acervo da antiga Repartição de Obras Públicas do Estado, já então depositada no Arquivo Público. Ele também reuniu a documentação indispensável à preparação de uma história da Sociedade de Agricultura de Pernambuco. Mas tais projetos não foram adiante.

Da generosidade intelectual de José Antônio, sou, sem falsa modéstia, a pessoa mais indicada para falar, pois fui certamente seu maior beneficiário. Meus livros muito devem a seus cadernos de pesquisa e aos volumes da sua biblioteca, pois fui dos raros a quem ele fazia a concessão de emprestá-los; e assim mesmo depois de constatar que o pretendente mantinha com o livro a mesma relação de respeito físico, que era a sua: nada de grifar, rabiscar nas margens ou dobrá-lo. O tema de *O norte agrário e o Império* fui buscá-lo num artigo seu sobre o protesto na imprensa pernambucana de fins do Segundo Reinado contra a discriminação sofrida pelas províncias do Norte no seu trato com o governo imperial; e foi ele quem me cedeu a cópia das atas da Sociedade Auxiliadora da Agricultura de Pernambuco, que utilizei naquele ensaio. Poderia multiplicar tais exemplos. Foi ele quem me indicou o processo relativo ao ingresso de Felipe Pais Barreto na Ordem de Cristo sobre o qual montei *O nome e o sangue*. Foi ele quem me pôs a par da aquisição pelo Arquivo da Universidade de Coimbra dos códices com correspondência dos governadores de Pernambuco entre a expulsão dos holandeses e os meados do século XVIII, o que me permitiu escrever *A fronda dos Mazombos*. Sem José Antônio e a sua obra, eu simplesmente não poderia ter feito a minha.

REFERÊNCIAS BIBLIOGRÁFICAS

AB´SABER, Aziz et al. *A época colonial: do descobrimento à expansão territorial.* Introdução de Sérgio Buarque de Holanda. 6ª ed. São Paulo: Difel, 1981. vol. 1, il. (História Geral da Civilização Brasileira, vol. 1).

BARLAEUS, Gaspar. *História dos feitos recentemente praticados durante oito anos no Brasil.* Tradução de Cláudio Brandão; Prefácio de José Antonio Gonsalves de Mello. Recife: Fundação de Cultura da Cidade do Recife, 1980.

CALADO, Manoel, Frei, 1584-1654. *O valeroso lucideno.* São Paulo: Itatiaia/Edusp, 1987.

CÂMARA, Manuel Arruda da. *Obras reunidas c. 1752-1811*. Recife: Fundação de Cultura Cidade do Recife, 1982.

COELHO, Duarte de Albuquerque. *Memórias diárias da Guerra do Brasil: 1630-1638*. Prefácio de José Antonio Gonsalves de Mello. Recife: Fundação de Cultura da Cidade do Recife, 1981.

COSTA, F. A. Pereira da, 1851-1923. *Anais Pernambucanos*. Prefácio de Leonardo Dantas Silva; Texto de José Antonio Gonsalves de Mello. 2ª ed. Recife: Fundarpe, 1983.

COUTO, Domingos Loreto, Dom. *Desagravos do Brasil e glórias de Pernambuco*. Prefácio de Leonardo Dantas Silva; Apresentação de José Antonio Gonsalves de Mello. Recife: Fundação de Cultura Cidade do Recife, 1981.

DICIONÁRIO de História de Portugal. Colaboração de José Antonio Gonsalves de Mello; Direção de Joel Serrão. [Lisboa]

FARGE, Arlette. *Le goût de l'archive*. Paris: Seuil, 1989.

FREYRE, Francisco de Brito. *Nova Lusitânia: história da Guerra Brasílica*. Posfácio de José Antonio Gonsalves de Mello. 2ª ed. Recife: Secretaria de Educação e Cultura, 1977. 459+64, il. (Coleção Pernambucana, vol. 5).

MELLO, Evaldo Cabral de. *A fronda dos Mazombos: nobres contra mascates: Pernambuco 1666-1715*. São Paulo: Companhia das Letras, 1995.

_____. *O nome e o sangue: uma fraude genealógica no Pernambuco colonial*. São Paulo: Companhia das Letras, 1989.

_____. *O Norte agrário e o império: 1871-1889*. Rio de Janeiro/Brasília: Nova Fronteira/INL, 1984.

MELLO, José Antônio Gonsalves de (org.). *O Diário de Pernambuco e a história social do Nordeste (1840-1889)*. Rio de Janeiro: O Cruzeiro, 1975.

MELLO, José Antônio Gonsalves de (1916-2002). *Antônio Fernandes de Matos: 1671-1701*. Recife: Amigos da DPHAN, 1957.

_____. *Diálogo das grandezas do Brasil*. 2ª ed. aum. Recife: UFPE/Imprensa Universitária, 1966.

_____. *Diário de Pernambuco: arte e natureza no 2º Reinado*. Recife: Fundação Joaquim Nabuco: Massangana, 1985.

_____. *Estudos pernambucanos: crítica e problemas de algumas fontes da história de Pernambuco*. Recife: Universidade do Recife/Imprensa Universitária, 1960.

_____. *Fontes para a história do Brasil holandês*. Recife: MEC/SPHAN/Fundação Pró-Memória, 1985.

30 Brasil Holandês: história, memória e patrimônio compartilhado

_____. *Pernambuco ao tempo do governo de Câmara Coutinho (1689-90)*. Recife: IAHGP.

_____. *Tempo dos flamengos: influência da ocupação holandesa na vida e na cultura do norte do Brasil*. Prefácio de Gilberto Freyre. São Paulo: José Olympio, 1947.

_____. *Testamento do general Francisco Barreto de Menezes*. Recife: IPHAN, 1976.

MELLO, José Antonio Gonsalves de; ALBUQUERQUE, Cleonir Xavier de. *Cartas de Duarte Coelho a El Rei*. Prefácio de Leonardo Dantas Silva. Recife: FUNDAJ/Massangana, 1997.

NETSCHER, P. M. *Os holandeses no Brasil: notícia histórica dos Países-Baixos e do Brasil no século XVII*. Tradução de Mario Sette. São Paulo/Rio de Janeiro: Companhia Editora Nacional, 1942.

SANTIAGO, Diogo Lopes de. *História da guerra de Pernambuco e feitos memoráveis do mestre de campo João Fernandes Vieira*. Ilustrações de Vicente do Rego Monteiro; Prefácio de Cônego Xavier Pedroza. Recife: Imprensa Oficial, 1943.

VARNHAGEN, F. *História das lutas com os holandeses no Brasil desde 1624 a 1654*. Salvador: Progresso, 1955.

WÄTJEN, Hermann. *O domínio colonial hollandez no Brasil: um capítulo da história colonial do século XVII*. Tradução de Pedro Celso Uchôa Cavalcanti. São Paulo: Companhia Editora Nacional, 1938.

NO TEMPO DOS FLAMENGOS: MEMÓRIA E IMAGINAÇÃO

PEDRO PUNTONI

Professor de História do Brasil na Universidade de São Paulo e pesquisador do CNPq

GILBERTO FREYRE, NO PREFÁCIO QUE FEZ PARA O LIVRO de estreia de José Antonio Gonsalves de Mello (datado de 1944, mas publicado em 1947), lembra que, em 1907, o historiador pernambucano Alfredo de Carvalho explicava que, se alguém estivesse andando pelo sertão nordestino e encontrasse, de repente, uma antiga ruína, abraçada de trepadeiras e coberta de líquens, e resolvesse perguntar aos moradores próximos qual a sua origem, ou quem eram seus primitivos construtores, teria certamente por resposta: "É obra do tempo dos *framengos*"... Tudo que houvesse de misterioso e inexplicável nos vestígios de um passado intangível, era remetido pela imaginação popular para o período da dominação holandesa. Tempo tido como de opulência e maior adiantamento artístico, de um passado mais forte e substancial do que o presente de agruras e misérias.

Segundo Freyre, ainda em 1944, a lenda persistia. Para ele, "o *tempo dos framengos* continua igual na imaginação de nosso povo ao *tempo dos mouros* na imaginação dos portugueses". Quando publicado em 1947, o livro de Gonsalves de Mello surpreendeu pelo trato cuidadoso e inovador de um assunto já tão mastigado e visitado pela historiografia: analisou aspectos do cotidiano da vida urbana e rural do Brasil Holandês (1630-1654), assim como as atitudes dos holandeses para com os negros, os índios, os portugueses e os judeus.

O livro de Luís da Câmara Cascudo, *Geografia do Brasil Holandês*, não pode ser entendido fora deste contexto. O livro foi escrito em 1945 (como o denuncia a frase de abertura) e, seu ensaio introdutório, havia sido publicado três anos depois nos Anais do IV Congresso de História Nacional organizado pelo Instituto Histórico (Rio de Janeiro, 1948). Publicado em 1956 na coleção Documentos Brasileiros da editora José Olympio, quando já era dirigida por Octávio Tarquinio de Sousa (seu primeiro diretor, como se sabe, foi Gilberto Freyre).

Da mesma forma que Gonsalves de Mello (a quem o livro é dedicado), Câmara Cascudo busca desvendar esses mistérios do tempo dos flamengos. Contudo, procura entendê-los na forma de sua circunstância viva na memória. Certa volta, quando se definia como um "provinciano incurável", Câmara Cascudo não confessara que jamais abandonou "o caminho que leva ao encantamento do passado"? Como salienta na primeira parte de *Geografia...*, os holandeses não são para ele apenas um assunto de pesquisa, mas uma presença. Em suas palavras, o holandês "conquistou e dirigiu a região brasileira em que nasci e vivo, a mais amada e conhecida. Não o encontro apenas nos livros, mapas, nótulas e relatórios da *Goectroyerd Westindische Companie*, mas na recordação inconsciente de sua visita de vinte e quatro anos, inapagável na memória nordestina. São familiares aos meus olhos e ouvidos lugares e nomes citados em Barléu, Marcgrave, Moreau, Nieuhof e nos frades cronistas da reconquista". Neste sentido, o período de domínio flamengo era, antes, "uma fase quase doméstica nas lembranças coletivas. Uma espécie de hégira, dividindo um tempo distante e nevoento" (p. 13).

O professor de história do Atheneu já havia publicado outros pequenos estudos sobre a presença holandesa no Nordeste, seja nas plaquetes *O brasão holandês do Rio Grande do Norte* (Natal, Imp. Official, 1936), *Tricentenário de Guararapes* (Recife, 1949) e *Os holandeses no Rio*

Grande do Norte (Natal, Depto. Educação, 1949), como nos capítulos correspondentes do seu livro sobre a *História do Rio Grande do Norte* (Rio de Janeiro, MEC, 1955). Nestes trabalhos, como no livro em questão, o historiador aliou a erudição, o apego à minúcia e ao anedótico com o esforço interpretativo.

Geografia... está dividido em duas partes. Na primeira, Câmara Cascudo estuda a "presença holandesa no Nordeste do Brasil", abordando-a em diversos aspectos, como o clima, a alimentação, os caminhos e estradas, a arquitetura, o folclore, o vocabulário, o tratamento dado aos escravos e índios etc. A segunda parte é composta de oito estudos monográficos (alguns deles com adendas) relativos à geografia do Brasil Holandês, nos quais são analisados aspectos dos "nomes e lugares" das capitanias conquistadas pela Companhia das Índias Ocidentais, a saber: Bahia, Sergipe, Alagoas, Pernambuco, Paraíba, Rio Grande (do Norte), Ceará e Maranhão. A toponímia alia-se, então, à análise dos caminhos de penetração e comunicação e às formas de ocupação e sua descrição. A documentação utilizada por Câmara Cascudo é essencialmente a cartografia impressa na crônica de Barleus (o conjunto de mapas desenhados por Margrave e ilustrados com desenhos de Post) e os relatórios, crônicas e outras descrições que haviam sido impressos, na época ou em edições críticas posteriores. Nada muito original. O historiador aproveitava-se da enorme quantidade de traduções e reimpressões destes papéis do século XVII, assim como da fecunda tradição historiográfica que tinha se debruçado com minúcia sobre o episódio do domínio holandês. A análise dos mapas e da geografia ao tempo dos flamengos é entremeada, com clara influência de Gilberto Freyre, por episódios – às vezes extemporâneos – e por considerações de natureza sociológica sobre personagens e homens. Contudo, o tom dominante é o do folclorista e do antiquário.

Para se ter uma ideia, nos adendos à monografia sobre Pernambuco, Câmara Cascudo dedica umas páginas ao episódio do boi voador, quando Nassau conseguiu engabelar a população do Recife na inauguração da ponte que ligava o bairro de Boa Vista à cidade. Anunciando que um boi voaria de um lado para outro da rua, manejou a coisa até que fez lançaram um couro recheado de palha, o que enganou os mais crédulos. O movimento foi tanto de um lado para o outro da ponte que, naquele primeiro dia, o pedágio já rendeu um boa nota para o governo. O caso é exemplar. Por meio de uma mistificação, os holandeses conseguem obter algum lucro. A lógica mercantil aproveita-se credulidade da população, inclinada ao maravilhoso, imersa em uma visão de mundo dominada pelo fantástico. É a lira popular, evocada pelo folclorista Câmara Cascudo, que sentencia: "Afora essas desgraças que não lembra/O povo que as mirou,/Conserva o mais que viu bem na memória/O boi que lá voou!"...

O estudioso dos mapas e da geografia do Brasil Holandês tem neste livro sua referência obrigatória. Jaime Cortesão – que no tomo segundo de *sua História do Brasil nos velhos mapas* (Rio de Janeiro, Instituto Rio Branco, 1971) dedica dois capítulos à cartografia e às gravuras holandesas do Brasil – não deixa de lembrar "o alto interesse" do estudo de Câmara Cascudo. Com relação à geografia pernambucana, o trabalho se completa, vale lembrar, pelo estudo minucioso de Gonsalves de Mello sobre *A cartografia holandesa do Recife*, um estudo dos principais mapas da cidade no período de 1631-48 (Recife, IPHAN, 1976), e (mais próximo de nós) o *Atlas histórico-cartográfico do Recife*, organizado por José Luiz Mota Menezes (Recife, Massangana, 1988).

Geografia do Brasil Holandês. Neste bonito livro – que merece e reclama uma segunda edição – o Nordeste e as lembranças dos flamengos se misturam numa deliciosa narrativa que procura desassombrar mistérios daqueles tempos e, paradoxalmente, busca enlevar a memória em um clima enigmático.

* * *

Mas é o livro de José Antonio – *Tempo dos flamengos* – que desperta, para nós, o maior interesse.

Ainda garoto, fora seduzido pelo seu primo Gilberto Freyre a dedicar-se ao estudo da língua holandesa com o intuito de manusear os papéis copiados por José Hygino Duarte Pereira na Holanda e que haviam sido entregues, em 1886, ao Instituto Arqueológico, Histórico e Geográfico Pernambucano. "Aprenda holandês antigo para especializar-se no conhecimento do período flamengo da história brasileira", havia dito Freyre ao menino de 13 ou 14 anos. O jovem, "esquivo a festas e brilhos" – que ajudara na elaboração da primeira edição do clássico *Casa-grande & senzala* (1933) – publicou, no ano de 1937, um estudo que havia sido apresentado ao 10º. Congresso Afro-Brasileiro de Recife. O trabalho, onde já se faz ver o uso das fontes holandesas, tratava da "situação do negro sobre o domínio holandês" (publicado in: G. Freyre e outros, *Novos Estudos Afro-brasileiros*, Rio de Janeiro, Civilização Brasileira, 1937, p. 201-221).

Este texto foi a base sobre a qual edificou o seu primeiro e talvez mais importante e divulgado livro: *Tempo dos flamengos, influência da ocupação holandesa na vida e na cultura do Norte do Brasil* (Rio de Janeiro, José Olympio Editora, 1947). Sucesso entre os historiadores nacionais e estrangeiros, o livro surpreendeu pelo trato cuidadoso e inovador de um assunto já tão mastigado e visitado pela historiografia. Analisou aspectos do cotidiano da vida urbana e rural do Brasil holandês (1630-1654), assim como as atitudes dos holandeses para com os negros, os índios, os portugueses e os judeus. Para tanto, o autor se utilizou de amplo material fornecido pela "escola pernambucana", que havia, ao longo de cem anos, escarafunchado os episódios militares e políticos do tempo da dominação holandesa e da insurreição pernambucana, bem como da historiografia estrangeira e da documentação holandesa, que, como vimos, começara a dominar. O resultado é um livro de grande densidade, consequência da maneira acertada de lidar com a tradição dos estudos regionais e com as inovadoras abordagens da história social, então em voga. Com um pé no mais atual fazer historiográfico, Gonsalves de Mello não rejeitava o que lhe ofereciam os grossos volumes das revistas trimestrais dos Institutos do Império. Com seu trabalho de "simples pesquisador" – "pesquisador cheio de interesse pelo social e

Brasil Holandês: história, memória e patrimônio compartilhado

pelo humano e olhando com olhos de míope para o que seja meramente político ou administrativo ou de puro aspecto cronológico" (como se autodefiniu no seu *Tempo dos flamengos*, p. 27) – oferece-nos uma obra de grande significado.

Sua paixão pelo documento levou-o também a realizar inúmeras missões a arquivos da Europa, atrás de informações e cópias de papéis que fossem pertinentes para a história do Nordeste. Sua missão de 1951-52, em Portugal, nos arquivos da Torre do Tombo, Biblioteca Nacional de Lisboa, da Ajuda, de Évora e do Porto, havia sido patrocinada pelo reitor Joaquim Amazonas, da então Universidade do Recife. Naquela momento, José Antonio trabalhava na redação de uma série biográfica dos mais importantes restauradores de Pernambuco. No entanto, o historiador, com sua seriedade e desejo de vasculhar a fundo a história colonial nordestina, tinha examinado vasta documentação, providenciando cópias em microfilmes daquilo que se mostrasse de interesse. Para se ter um exemplo, como nos relata J. H. Rodrigues, só no Arquivo Histórico Ultramarino, "examinara, um por um, todos os documentos das 93 caixas e 126 maços de Pernambuco, todos referentes a Alagoas, Paraíba, Rio Grande do Norte, Ceará e Piauí, e mais os do século XVII da Bahia, Rio de Janeiro, Maranhão, Angola e Açores" (*A pesquisa histórica no Brasil*, Rio de Janeiro, INL, 1952, p. 109). Com paciência e generosidade organizou e deixou neste arquivo, para a consulta de quem interessar possa, três relações de documentos.

De volta ao Brasil, ocupou a cadeira de História da América na Universidade do Recife, tendo ainda ministrado cursos de paleografia, história do Nordeste, técnicas e métodos de pesquisa. Entre os anos 1957-58, sob o patrocínio desta mesma instituição, voltou à Europa, desta vez para os arquivos de Holanda, França, Inglaterra e Espanha. Examinou, em Haia, os mesmos papéis que Joaquim Caetano da Silva (1852-61) e José Hygino Duarte Pereira (1885-86) haviam consultado e feito copiar. Percebeu e corrigiu erros e lacunas nas coleções que foram trazidas ao Brasil e descobriu farta documentação que muito contribuiria para a história do Nordeste colonial. A opinião de J. H. Rodrigues, para quem "o resultado não correspondeu ao esforço", uma vez que "o período holandês está esgotado no conhecimento da sua evolução e significação", evidentemente não se sustenta. Vários historiadores, como Frederic Mauro, C. R. Boxer, Stuart Schwartz, Evaldo Cabral de Mello, Luiz Felipe de Alencastro e Vera Ferlini, para citar alguns, têm usado das informações obtidas pelas missões de Gonsalves de Mello para produzir um entendimento mais aprofundado das diversas dimensões sociais, econômicas e culturais colocadas pelos episódios e processos desencadeados neste período de nossa história colonial.

A transcrição, tradução e publicação de documentos é outra dimensão essencial da obra de José Antonio, o que permitiu aos historiadores o acesso a papéis e informações de rara importância. Para ele, nunca foi tão verdadeira a observação do historiador francês Pierre Goubert: "souvent le véritable inédit c'est l'imprimé". Deve-se ao historiador a melhor edição dos *Diálogos das Grandezas do Brasil*, um dos documentos fundamentais para a história do Nordeste brasileiro, que foi composto em 1618. Tal como a de 1877, publicada por Varnhagen, a sua provém do apógrafo que se encontra na Biblioteca de Leiden, na Holanda. No entanto, o resultado de sua transcrição é um texto integral e cuidadosamente corrigido. José Antonio também resolveu definitivamente, através de argumentos claros e encadeados, a questão da autoria do manuscrito, problema que vinha ocupando os mais importantes historiadores do país. A seu ver, estavam certos Capistrano de Abreu e Rodolfo Garcia, que viam em Ambrósio Fernandes Brandão o verdadeiro autor dos *Diálogos*.

Além deste, José Antonio preparou e publicou vários outros importantes documentos, entre os quais as *Cartas de Duarte Coelho ao Rei* (Recife, Imprensa Universitária, 1967) – com a leitura paleográfica de Cleonir Xavier de Albuquerque –, *A cartografia holandesa do Recife* (Recife, IPHAN/MEC, 1976), com oito mapas seiscentistas e comentários, e os dois grossos volumes de *Fontes para a história do Brasil holandês* (vol. 1 "Economia Açucareira"; vol. 2 "Administração") (Recife, MinC/SPHAN/Pró-Memória, 1981) são os mais importantes. Destes últimos, o volume 1 reúne a mais farta coleção de documentos já publicada para a compreensão e estudo da economia e da sociedade açucareira no nordeste colonial, no período que vai do final do século XVI até a metade do XVII. A maior parte destes documentos, cujos originais encontram-se nos arquivos da Holanda, foram cuidadosamente decifrados, transcritos e traduzidos dos manuscritos góticos do holandês do século XVII.

Seu trabalho, porém, não se resumiu apenas à publicação de documentos relativos à história quinhentista ou seiscentista de Pernambuco. O historiador selecionou e publicou uma série de textos recolhidos nas páginas do *Diário de Pernambuco*, jornal editado naquele estado desde os anos 1825. O trabalho está dividido em três volumes: dois deles sobre a "história social do Nordeste" (Recife, Diário de Pernambuco, 1975) e mais outro sobre "arte e natureza" (Recife, Massangana, 1985), e todos trazem ampla documentação para o historiador da segunda metade do século XIX. Foram selecionados textos sobre economia, demografia, cultura, estudos biográficos, relações de Pernambuco com o Império, o uso da fotografia, o mobiliário etc., que nos permitem compor um quadro da economia e da vida social pernambucana nos tempos do segundo reinado. Iniciativa da direção do *Diário*, na comemoração dos seus 150 anos de vida, a pesquisa de Gonsalves de Mello permitiu que voltasse àquele antigo ambiente de trabalho, quando, ainda adolescente, colaborou com seu primo Gilberto Freyre.

Ainda coletou e fez publicar a *Obra reunida de Manuel Arruda da Câmara* (Recife, Fundação de Cultura Cidade do Recife, 1982), precedida de um estudo biográfico deste frei carmelita, "representante modelar da geração ilustrada do final do século XVIII", assim como foi autor de uma introdução sobre a obra e a vida de Domingos de Loreto Couto, autor pernambucano setecentista, na republicação de seu livro *Desagravo do Brasil e glórias de Pernambuco* (Recife, Fundação de Cultura Cidade do Recife, 1981), de 1757.

Esta dimensão generosa de sua obra poderia, sobretudo nos tempos de agora, servir de exemplo aos historiadores profissionais. Ao realizar a pesquisa em fontes manuscritas que demonstrem interesse não apenas ao esforço monográfico em curso, não poderia o pesquisador preparar a transcrição e publicação, ainda que simples, de documentos? Não resta dúvida, no entanto, que carecemos ainda de melhor preparo de nossos jovens profissionais, que por vezes, como é o caso da Universidade de São Paulo, não tiveram sequer uma aula de paleografia em seu curso de graduação.

As pesquisas realizadas nos arquivos portugueses, entre os anos de 1951 e 1952, foram patrocinadas com o intuito de permitir a redação de uma série de biografias para as comemorações do Tricentenário da Restauração de Pernambuco, em 1954. O historiador havia planejado escrever sobre a vida dos dez mais importantes restauradores e, demonstrando sua enorme capacidade de trabalho, fez vir a público, naquela data, as biografias de *Francisco de Figueroa, Antônio Dias Cardoso, Henrique Dias* (esta com segunda edição de 1988, pela Massangana), *Dom Antônio Felipe Camarão, Felipe Bandeira de Melo* e *Frei Manoel Calado do Salvador* (todas pela Universidade do Recife, 1954).

Dois anos depois, publicaria a biografia de *João Fernandes Vieira*, em dois grossos volumes (*idem*, 1956).

As de Francisco Barreto de Menezes, André Vidal de Negreiros e de Martim Soares Moreno, igualmente previstas, não foram concluídas. Talvez esta última pelo fato de Afrânio Peixoto já haver publicado, em Lisboa, uma estudo da vida deste "fundador do Cear, iniciador do Maranhão e do Pará, herói da restauração do Brasil, contra franceses e holandeses" – trabalho que, no entanto, peca pela parcialidade e patriotice. Quanto ao "General Comandante das Forças da Restauração e Governador Geral do Brasil", Gonsalves de Mello acabou por publicar um estudo biográfico, em 1976, como introdução à edição de seu testamento (*O testamento do General Francisco Barreto de Menezes*, Recife, IPHAN/MEC, 1976). O documento, que havia sido descoberto no Algarve, "oferece-nos um flagrante precioso da sociedade luso-brasileira do século XVII,

40   Brasil Holandês: história, memória e patrimônio compartilhado

pois nos revela fidalgo e alto administrador do Ultramar a exercer a mercância, lado a lado com sua função de governo" (p. 9).

As seis biografias, publicadas em 54, são estudos monográficos muito precisos, onde o autor reuniu "todos os elementos que lhe foi possível obter, indicando os pontos perfeitamente conhecidos de suas vidas e as indicações que lhes dizem respeito e que ainda não foram trazidos ao conhecimento dos estudiosos". Apesar de sua intenção de "simples pesquisador", é inegável que este esforço foi de vital importância para o entendimento das guerras coloniais entre luso-brasileiros e os soldados da Companhia das Índias Ocidentais, bem como para toda a história da presença holandesa no Nordeste brasileiro. Gonsalves de Mello, fazendo uso de um gênero um pouco mal visto pela historiografia de então, preocupada com as estruturas e a história econômica, acabou trilhando um caminho importante para a reconstrução histórica, não só ao nível do acontecimento, mas do cotidiano, rastreando a vida de homens tidos e glorificados como heróis da pátria e de Pernambuco, seja para mostrar algumas de suas virtudes, mas essencialmente para enfrentar o passado em suas mistificações. Deste modo, Gonsalves de Mello não hesitou em mostrar que o Governador da gente preta, como era chamado no tempo dos conflitos o negro Henrique Dias (consagrado herói da restauração, usado à direita e à esquerda, seja como símbolo de harmonia e acomodação entre as raças no Brasil, seja como exemplo da bravura e dedicação do elemento negro) havia sido capitão-de-mato e se envolvido também no combate a quilombos. Tudo isto sem cair em julgamento anacrônico, coisa que certamente não lhe cabia fazer. Como ele mesmo alertava ao leitor, "embora já se tenha lamentado que o Governador dos negros se tivesse prestado a servir de capitão-de-campo para a recaptura dos de sua cor, deve-se compreender o caso não com os sentimentos de nossos dias, mas do ponto de vista do século XVII, de uma sociedade escravocrata" (p. 28).

A biografia de João Fernandes Vieira difere não só por ser mais completa e extensa que as demais (são cerca de 750 páginas, em dois volumes), mas por tratar, com nova e abundante documentação de arquivos do Brasil e Europa, de diversos episódios da presença holandesa no Brasil e da história de Pernambuco no século XVII, entre eles, por exemplo, uma importante discussão das causas da eclosão do movimento restaurador, em 1645. Todavia, como já foi notado, o estudo peca pela pouca importância dada aos episódios da recolonização luso-brasileira em Angola. Em verdade, a "escola pernambucana", atenta às glórias do episódio da restauração, não tem dado devida atenção ao desenrolar dos episódios na outra margem do Atlântico. Assim, a biografia de Gonsalves de Mello não confere atenção ao período em que Vieira fora governador de Angola entre os anos 1658 e 1661, título que obtivera como remuneração pelos serviços prestados na guerra contra os holandeses. Das cerca de 750 páginas de sua biografia, apenas 35 são dedicadas ao período, quando é aí que se revelaria parte da trama que unira Angola ao Brasil e constituíra um grupo de luso-brasileiros diretamente interessados no controle dos negócios africanos, notadamente do tráfico de escravos.

Nada, contudo, pode nublar tamanho esforço. O livro não apenas é magnífico, como sua escrita agrada a nosso espírito moderno. Em poucas palavras: uma obra-prima. Esta sua série biográfica, sobre os restauradores de Pernambuco ("um dicionário biográfico de um episódio", nas palavras de J. H. Rodrigues), não encontra paralelo na historiografia nacional, pela sua extensão e importância. Escapando do interesse personalista ou do retrato político das biografias que pipocaram no Brasil na primeira metade deste nosso século, Gonsalves de Mello faz, ao contrário, através do enfoque individual, uma verdadeira história social do episódio da restauração.

No ano de 2000, saiu uma nova edição deste livro pela Comissão Nacional para as Comemorações dos Descobrimentos Portugueses, em parceria com o Centro de Estudos de História do Atlântico, da Ilha da Madeira. Mais uma vez, tivemos de lá, da outra margem do Atlântico, exemplos de competência e bem-fazer. A explicação mais prosaica fica pelo fato de que o restaurador era natural dessa ilha, filho de um português com "uma mulata rameira a quem chamam a Bem-feitinha" – pelo menos segundo um testemunho da época. Condensando dois volumes em um só, esta edição ainda supera a "princeps", não apenas pela beleza da composição, como pelo fato de nos oferecer as notas no rodapé, cortesia que nossos modernos editores já não têm prestado ao leitor. Que, por sua vez, parece cada vez mais desinteressado em valorar essas pequenas coisas.

As pesquisas de José Antonio na Europa, nos anos 50, ainda resultariam na redação de mais uma biografia, publicada em 1957, sob o patrocínio da Diretoria do Patrimônio Histórico e Artístico Nacional. Desta vez, é da vida de *Antônio Fernandes de Matos* (Recife, Ed. dos Amigos da DPHAN, 1957), "personalidade de maior relevo da vida do Recife seiscentista", que o historiador se ocupa. Mestre pedreiro português, Matos ascendeu social e economicamente na segunda metade do século XVII, tendo sido responsável pela construção de várias Igrejas em Olinda e no Recife, entre outras obras, como a casa da Moeda e fortalezas. A monografia, além de contribuir para a história das artes e da arquitetura colonial, assim como das irmandades e ordens religiosas, nos ajuda a entender o cotidiano daquela "burguesia" recifense, da qual sairia o movimento dos mascates. A descrição dos termos do testamento de Antônio Fernandes de Matos são surpreendentes, e nos ajudam a dimensionar os parâmetros nos quais navegavam os interesses "capitalistas" destes homens obcecados pelo enriquecimento. A densidade do espírito religioso imprimia marca indelével na vida cotidiana; exemplo disto é a determinação das "despesas da testamentaria", isto é, gastos com enterro, obrigações religiosas e caridade, onde o burguês havia despendido a quantia de 174:354$476. Para se ter uma ideia, entre os anos de 1703 e 1722, só na Ordem III de São Francisco, foram mandadas rezar perto de 120 mil missas pela alma do falecido! (p. 81-89)

Se o exercício de criar uma série biográfica, associava-se, em 1954, às determinações do movimento comemorativo, e resumia-se, portanto, apenas aos mais importantes restauradores, em seu livro *Gente da nação:*

cristãos-novos e judeus em Pernambuco, 1542-1654 (Recife, Massangana, 1989), o historiador nos ofereceu um vasto painel biográfico. Desta feita, seus personagens principais são os judeus residentes no Nordeste, entre os anos 1630 e 1640. De fato, a parte terceira do livro é um dicionário biográfico que, diferentemente da obra monumental de Pereira da Costa (1882), onde interessava apenas a vida dos "brasileiros célebres", preocupa-se em enumerar as informações obtidas sobre a vida de anônimos (ou mesmo conhecidos) comerciantes, "carregadores", fabricantes de camisas, traficantes de escravos etc., sejam eles cristãos-novos, sejam judeus confessos. O historiador proporciona, assim, uma fonte de informações de inigualável valor à pesquisa.

O livro *Gente da nação*, resultado de incansáveis trabalhos nos arquivos da Holanda, Inglaterra, Portugal e Brasil, desenvolve as páginas finais de seu primeiro livro, onde trata da presença dos judeus no Brasil holandês. Esta sua obsessão pela genealogia e história dos cristãos-novos e judeus pode explicar-se, curiosamente, pelo fato de que entre seus antepassados estaria Duarte de Sá, que em Olinda, no ano de 1594, confessara ao Visitador do Santo Ofício "ter raça de cristão-novo pela parte da mãe". José Antonio faz assim sua a história que é seu ofício. Mas o aspecto quase proustiano do estudo não descarta sua importância para a história da presença holandesa no Nordeste brasileiro. Um crítico mais apressado poderia ver neste livro apenas mais uma obra de um historiador preocupado apenas com minúcias, e deixar de perceber que as conclusões a que chega este autor trazem elementos fundamentais para a compreensão dos enredos que reuniam nossa história colonial aos episódios da história europeia. Em verdade, acredito que a leitura deste livro permite-nos reforçar a hipótese do historiador Eddy Stols, para quem o grupo de mercadores ligados à aventura colonial da Companhia das Índias Ocidentais era um "novo grupo de empreendedores corsários, incipiente burguesia popular e nacionalista", em oposição à "burguesia tradicional" que tinha os seus interesses comerciais já definidos. Isto se for possível a aproximação ou identificação dos interesses dessas "burguesia tradicional" com os do grupo de judeus e cristãos--novos portugueses, moradores em Lisboa, Amsterdam ou Brasil, que detinham o controle deste comércio colonial. Segundo Stols, o "novo grupo", que procurava o estabelecimento de uma nova dinâmica e a conquista de espaço no lucrativo comércio de produtos tropicais, teria imposto a solução da fundação de uma Companhia de Comércio como maneira de controlar o iminente conflito entre os dois grupos de interesses. Tratava-se de uma solução para que os Estados Gerais mantivessem o controle e organização da vida econômica das Províncias Unidas, ameaçadas por "guerra civil, no nível econômico". A fundação da Companhia das Índias Ocidentais teria sido, em suas palavras, uma "nacionalização" *avant la lettre* (cf. "Os mercadores flamengos em Portugal e no Brasil antes das conquistas Holandesas", *Anais de História*, Assis, 5;9-54, 1973). Deste modo, os conflitos surgidos no Brasil Holandês, entre os anos 1638 e 1645 entre o grupo de comerciantes holandeses e a comunidade judaica, que eram "antes de natureza econômica que religiosa" (*Gente da Nação*, p. 261), podem ser vistos também como ricochetes das disputas travadas na Holanda.

Este livro foi produzido, em sua primeira edição de 1989, com apoio de uma subscrição. Entre os interessados em ver o livro impresso, estavam José Mindlin e a Metal Leve S.A. Esta logo se esgotou, exigindo uma segunda – que foi feita com alguns acréscimos. Desta vez com apresentação de José Mindlin, que notava a importância do estudo "feito com paciência beneditina". Nas suas palavras (que evoco aqui para encerrar esta minha apresentação), o autor "transforma o que poderia ser uma simples transcrição de nomes e fatos, num fascinante (e horripilante) relato dos extremos de crueldade a que o fanatismo pode conduzir. Ao mesmo tempo, dá a conhecer uma face importante da história do Nordeste brasileiro, de seu desenvolvimento econômico e intelectual, e do papel que tanto judeus como cristãos-novos exerceram no período holandês, e mesmo antes dele".

REFERÊNCIAS BIBLIOGRÁFICAS

Brandão, Ambrósio Fernandes. *Diálogos das grandezas do Brasil*. Organização de José Antonio Gonsalves de Mello; Prefácio de Leonardo Dantas Silva. 3ª ed. Recife: FUNDAJ; Massangana, 1997.

Calado, Manoel, Frei, 1584-1654. *O valeroso lucideno*. São Paulo: Itatiaia/Edusp, 1987.

Câmara, Manuel Arruda da. *Obras reunidas c. 1752-1811*. Recife: Fundação de Cultura Cidade do Recife, 1982.

Cascudo, Luís da Câmara. *Geografia do Brasil holândes*. Rio de Janeiro: José Olympio, 1956.

_____. *Geografia do Brasil Holandês: Presença holandesa no Brasil. Bahia, Sergipe, Alagoas, Pernambuco, Paraíba, Rio Grande do Norte, Ceará, Maranhão*. Rio de Janeiro: José Olympio, 1956.

_____. *História do Rio Grande do Norte*. Rio de Janeiro: MEC; Serviço de Documentação, 1955.

_____. *Os holandeses no Rio Grande do Norte*. [Natal]: Departamento de Educação, 1949.

Cortesão, Jaime. *História do Brasil nos velhos mapas*. Rio de Janeiro: Instituto Rio Branco, 1971.

Costa, F. A. Pereira da, 1851-1923. *Anais Pernambucanos*. Prefácio de Leonardo Dantas Silva; Texto de José Antonio Gonsalves de Mello. 2ª ed. Recife: Fundarpe, 1983.

Costa, Luiz Monteiro da. *D. Antônio Felipe Camarão*: (Em torno de uma monografia de J. A. Gonsalves de Mello). Salvador: Estudos Bahianos, 1958.

_____. *Henrique Dias: governador dos pretos, crioulos e mulatos*. Salvador: Estudos Bahianos, 1957.

Couto, Domingos Loreto, Dom. *Desagravos do Brasil e glórias de Pernambuco*. Prefácio de Leonardo Dantas Silva; Apresentação de José Antonio Gonsalves de Mello. Recife: Fundação de Cultura Cidade do Recife, 1981.

Freyre, Francisco de Brito. *Nova Lusitânia*: história da Guerra Brasílica. Posfácio de José Antonio Gonsalves de Mello. 2ª ed. Recife: Secretaria de Educação e Cultura, 1977. 459+64, il. (Coleção Pernambucana, vol. 5).

Freyre, Gilberto, 1900-1987. *Casa-grande & senzala: formação da família brasileira sob o regimen de economia patriarchal*. Rio de Janeiro: Maia & Schmidt, 1933.

_____. *Novos estudos afro-brasileiros*. Prefácio de Arthur Ramos. Rio de Janeiro: Civilização Brasileira, 1937.

46 Brasil Holandês: história, memória e patrimônio compartilhado

MELLO, José Antônio Gonsalves de (org.). *O Diário de Pernambuco e a história social do Nordeste (1840-1889)*. Rio de Janeiro: O Cruzeiro, 1975.

MELLO, José Antônio Gonsalves de, 1916-2002. *A cartografia holandesa do Recife*: estudo dos principais mapas da cidade, do período 1631-1648. Recife: IPHAN/MEC, 1976.

_____. *Antônio Dias Cardoso: sargento-mor do Têrço de Infantaria de Pernambuco*. Recife: Universidade do Recife, 1954.

_____. *Antônio Fernandes de Matos: 1671-1701*. Recife: Amigos da DPHAN, 1957.

_____. *Diálogo das grandezas do Brasil*. 2ª ed. aum. Recife: UFPE: Imprensa Universitária, 1966.

_____. *Diário de Pernambuco: arte e natureza no 2º Reinado*. Recife: Fundação Joaquim Nabuco: Massangana, 1985.

_____. *Estudos pernambucanos: crítica e problemas de algumas fontes da história de Pernambuco*. Recife: Universidade do Recife: Imprensa Universitária, 1960.

_____. *Fontes para a história do Brasil holandês*. Recife: MEC: SPHAN: Fundação Pró-Memória, 1985.

_____. *Gente da nação: judeus residentes no Brasil Holandês, 1630-54*. Recife: IAHGP, 1979.

_____. *João Fernandes Vieira: mestre de campo do Terço de Infantaria de Pernambuco*. Recife: Universidade do Recife, 1956.

_____. *Pernambuco ao tempo do governo de Câmara Coutinho (1689-90)*. Recife: IAHGP.

_____. *Tempo dos flamengos: influência da ocupação holandesa na vida e na cultura do norte do Brasil*. Prefácio de Gilberto Freyre. São Paulo: José Olympio, 1947.

_____. *Testamento do general Francisco Barreto de Menezes*. Recife: IPHAN, 1976.

MELLO, José Antonio Gonsalves de; ALBUQUERQUE, Cleonir Xavier de. *Cartas de Duarte Coelho a El Rei*. Prefácio de Leonardo Dantas Silva. Recife: FUNDAJ; Massangana, 1997.

MENEZES, José Luiz Mota. *Atlas histórico-cartográfico do Recife*. Recife: FUNDAJ; Massangana, 1988.

RODRIGUES, José Honório. *A pesquisa histórica no Brasil: sua evolução e problemas atuais*. Rio de Janeiro: Departamento de Imprensa Nacional, 1952.

As perspectivas da Holanda e do Brasil do "Tempo dos Flamengos"

ERNST VAN DEN BOOGAART

Historiador e curador de exposições históricas sobre o Brasil Holandês

O JESUÍTA ANTONIO VIEIRA DESCREVEU MEU PAÍS DE ORIGEM como "aquele inferno frio e aguado". Como vocês vão entender, estou extremamente grato ao Instituto Ricardo Brennand pela oportunidade de fugir daquela região condenada. Considero uma honra dar a palestra final deste encontro.

Esta conferência é dedicada ao "passado compartilhado" entre Brasil e Holanda durante o século XVII. Esse rótulo é uma descrição diplomática. Afinal, aquele "passado compartilhado" consistia de uma década de conflito violento, um período muito curto de ocupação holandesa e outra década de guerra destrutiva. Os protagonistas desse conflito lutaram pelo domínio exclusivo de um país. Não estavam inclinados a compartilhar muita coisa ou, caso necessitassem, o fariam estritamente nos seus próprios termos. No entanto, é certamente verdadeiro que os *historiadores* brasileiros e holandeses compartilharam esse passado por muito tempo.[1] Por mais de cento e cinquenta anos estudaram e escreveram a respeito dele.

---

1   J. H. Rodrigues, *A pesquisa histórica no Brasil* (Rio de Janeiro, 1952); Marcos Cezar de Freitas (ed.), *Historiografia brasileira em perspectiva* (São Paulo, 1998).

Nos seus estudos sobre o século XVII, quanto aos confrontos entre os holandeses e os habitantes do Nordeste, os historiadores brasileiros e holandeses estabeleceram muito terreno em comum. Porém, isso não quer dizer que vejam as questões sob a mesma ótica, que atribuam significados idênticos ou até semelhantes aos pontos sobre os quais concordam. Nesta fala gostaria de apresentar algumas observações sobre essas perspectivas e atribuições de significado divergentes. O que tenho a oferecer é uma exploração preliminar, uma obra em andamento. Ofereço as observações como questões para discussão; de maneira nenhuma como afirmações definitivas sobre a questão.

As primeiras duas monografias sobre o período holandês no Brasil foram escritas no meio do século XIX pelo brasileiro Francisco Adolfo de Varnhagen e o holandês Pieter Marinus Netscher. Consideravam-se historiadores científicos. Para eles isso significou várias coisas. Primeiro, tiveram que evitar pressuposições teológicas e partidarismo definido. Era para se estudar a história como assunto puramente secular, centrado sobre a política. Na sua visão, não a igreja, e sim, o estado nacional mantinha o povo junto, exprimia sua vontade coletiva mais rigorosamente e determinava sua vida da forma mais profunda. Segundo, a abordagem científica implicava numa obrigação de tentar encontrar a verdade, toda a verdade e nada além da verdade. Antes de escrever, os historiadores científicos tiveram de coletar e avaliar criticamente em princípio todas as fontes disponíveis, publicadas e não publicadas, portuguesas e holandesas. Como juízes imparciais tiveram que evitar não só partidarismo religioso, mas também nacional. Por mais que tentassem ser científicos, tanto Varnhagen como Netscher, mesmo assim, queriam celebrar os grandes feitos dos seus ancestrais masculinos. Nesse sentido, suas histórias científicas ainda estavam claramente conectadas ao estilo laudatório e exemplar de escrever a história.

Embora Varnhagen e Netscher concordassem amplamente sobre como estudar seu tema e escrevessem sobre os mesmos fatos e eventos históricos, suas obras demonstram uma divergência de perspectiva de-

As perspectivas da Holanda e do Brasil do "Tempo dos flamengos" 49

vida à estrutura nacional e política que aplicaram às suas narrativas. A forma pela qual cada historiador viu seu passado foi moldada segundo as preocupações contemporâneas das comunidades do estado nacional em que cada um viveu.

O diplomata e historiador Varnhagen começou a estudar o período holandês como parte do seu trabalho mais abrangente: a *História geral do Brasil* e mais tarde dedicou um estudo separado a isso: a *História das lutas com os holandeses no Brasil*. Ele dedicou a *História Geral* principalmente ao período colonial, mas nela passou uma mensagem que ele considerou ser altamente relevante para seus contemporâneos no Império independente brasileiro. Para Varnhagen as continuidades entre os períodos coloniais e nacionais importavam mais que as diferenças. Ele valorizou a continuidade do reinado no Brasil de monarcas da Casa Portuguesa de Bragança. Para ele, o centralismo inerente à monarquia garantiu a integridade do imenso território adquirido durante o período colonial; o princípio monárquico de *classificação* social por descendência manteve uma hierarquia social que havia se justificado durante muitos séculos; a monarquia manteve o papel principal no governo e sociedade dos homens, brancos, de língua portuguesa; a continuidade entre os períodos colonial e nacional havia protegido o Brasil dos recorrentes separatismos regionais e de revoluções sociais que contaminaram os países de língua espanhola circundantes; a unidade do seu imenso território e a estabilidade social foram as melhores garantias do Brasil pelo seu continuado desenvolvimento e pela sua posição enquanto poder nas Américas.

A perspectiva nacional-monárquica do século XIX sobre o passado colonial brasileiro moldou a visão de Varnhagen sobre o período da ocupação holandesa no século XVII. As lutas contra os invasores, conduzidas pelo governo imperial português e os homens de poder locais haviam evitado a divisão da costa brasileira entre várias nações europeias. Enquanto durante os mesmos anos no século XVII, os espanhóis perderam o monopólio de colonização no Caribe e tiveram que permitir a ocupação pelos holandeses, pelos ingleses e pelos franceses, os portugueses no Brasil reafirmaram seu monopólio através da expulsão dos holandeses. O conservadorismo monarquista de Varnhagen parece ter um traço liberal, mas isso não parece ter influenciado seu tratamento do período holandês. Diferentemente de historiadores depois dele, Varnhagen não se ateve aos possíveis benefícios que a presença holandesa continuada pudessem ter trazido ao Brasil, tais como representação política, tolerância religiosa, a imprensa ou a universidade.

Guiado por preocupações dentro da *sua* comunidade do estado nacional, Pieter Marinus Netscher aplicou uma estrutura ao seu tratamento do período holandês no Brasil que foi em alguns aspectos bastante semelhante, mas, em outros, muito diferente da estrutura de Varnhagen. No final do século XVIII, a república holandesa conheceu uma revolução democrática. Havia sido conquistada pela França revolucionária e perdido temporariamente a maioria das suas colônias para a Inglaterra contrarrevolucionária. No começo do século XIX, os ingleses haviam restaurado o estado holandês não como república, mas como monarquia constitucional regida pela Casa de Orange-Nassau, a família que havia fornecido os Stadhouders (regentes) durante a república. O novo estado, engrandecido com os Países Baixos do sul, iria servir como amortecedor contra a expansão francesa para o Norte. A Inglaterra também havia devolvido aos holandeses a maioria das posses coloniais. A perda temporária da soberania nacional e a dependência quanto aos estados vizinhos maiores e mais poderosos havia encorajado um movimento de renascimento nacional entre as classes educadas do pequeno território da Holanda. Muitos holandeses começaram a ver o século XVII como período exemplar, a Era de Ouro na história holandesa. No período glorioso entre 1590 e 1650 a Holanda ganhou independência nacional na guerra em âmbito mundial contra o Império Espanhol-Português. Os holandeses também ganharam reconhecimento internacional como entidade cultural separada e distinta, particularmente através de seus pintores. Além do mais, a república independente holandesa havia se tornado um importante poder europeu com posses coloniais no Oriente e no Ocidente. No meio do século XIX, as posses coloniais, especialmente aquelas do arquipélago da Indonésia, eram de suma importância para aqueles que, como Netscher, queriam que a Holanda, guiada pela Casa de Orange-Nassau, retomasse sua posição enquanto poder principal europeu. Sem colônias, a Holanda passaria à insignificância, tornando-se um poder do *ranking* da Dinamarca. Um historiador holandês do século XIX, Conrad Busken Huet, exprimiu sucintamente essa ideia do início do século XVII como período formativo exemplar da nação holandesa: O *Night Watch* de Rembrandt e Java representam nossas melhores cartas de recomendação para a comunidade internacional.

Netscher compartilhou com Varnhagen uma perspectiva nacional-monarquista, mas o estado nação-estação que manteve *sua* lealdade era uma potência colonial do Velho Mundo lutando por um lugar entre as grandes potências europeias imperiais, não uma colônia do Novo Mundo que tinha crescido para fora do casulo imperial para se tornar um Estado Nacional independente, buscando se colocar como grande potência do Novo Mundo. Netscher era um militar que havia servido numa variedade de funções nas Índias do Oriente e Ocidente. Ele colecionou e publicou informações cartográficas, econômicas e demográficas úteis para o funcionamento do império holandês. Partes da sua monografia, *Les Holandaais au Brésil*, apareceram previamente no *Moniteur des Indes Orientales et Occidentales*. Esse jornal tinha no seu conselho o príncipe Henrique de Orange-Nassau, o filho do rei holandês Guilherme II, e saía em francês para mostrar a um público internacional o que o Império holandês representava.

Com sua experiência pessoal nas Índias do Oriente e do Ocidente, um estudo do período holandês no Brasil deve ter despertado Netscher por causa do interesse renovado no século XVII como período de inspiração na história holandesa. Enquanto para Varnhagen a questão central nas lutas contra os holandeses havia sido o monopólio da monarquia portuguesa sobre o território brasileiro, a questão central para Netscher era por que a Companhia das Índias Ocidentais (a *WIC*) fracassara enquanto potência colonizadora nas Américas, em contraste com a Companhia das Índias Orientais, que conseguira adquirir um império colonial na Ásia.

Netscher discerniu alguns traços resgatáveis na história da Companhia das Índias Ocidentais. A guerra de corsários e a tentativa de conquista do Brasil tinha causado vários danos ao Império Espanhol--português e assim ajudado o estado holandês a ganhar reconhecimento como potência soberana. O Conde Maurício de Nassau-Siegen havia se mostrado um governador capaz, cujas realizações foram frustradas pelas políticas menos previdentes dos diretores da *WIC*. Esse homem, de um ramo da Casa de Orange-Nassau, havia mostrado a importância de uma orientação aristocrata aos comerciantes holandeses e empreendedores coloniais. Outra parte da explicação pelo fracasso final da *WIC* foi a firme resistência oferecida pelos portugueses na Europa e na América. Tinham sido oponentes valentes. Netscher estava tão convencido que ele havia tratado o inimigo de forma justa, que ele dedicou *Les Holandaais au Brésil* ao Imperador brasileiro, Dom Pedro II. Duvido que Varnhagen considerasse a ideia de fazer semelhante gesto.

Além dos variantes da ótica nacional monarquista, Varnhagen e Netscher compartilhavam outro ponto de vista. Ambos consideravam a colonização europeia, e mais tarde a formação de estado independente nas Américas, como missões civilizadoras. Cada um à sua maneira, os portugueses e os holandeses haviam ajudado os habitantes do Brasil a aumentarem seu poder sobre a natureza, a explorarem os recursos naturais pelo benefício geral da humanidade e a se tornarem mais educados. Netscher estimava Dom Pedro, porque, de um ponto de vista científico, ele se engajava num empreendimento semelhante ao do rei holandês Guilherme II e de seu filho o príncipe Henrique.

Depois de Varnhagen e Netscher, na segunda parte do século XIX, historiadores no Brasil e na Holanda fizeram um esforço para fortalecer a abordagem histórica científica ao período holandês no Brasil. Colecionar e publicar mais fontes receberam prioridade. Os brasileiros em particular fizeram um esforço impressionante para se valerem das fontes holandesas através da missão de José Hygino Duarte Pereira em 1885-6. Esse membro do Instituto Histórico Pernambucano investigou rigorosamente os arquivos da *WIC* em Haia e copiou muitos documentos. Outro membro proeminente do Instituto, Alfredo de Carvalho, traduziu muitas fontes holandesas para o português para publicação no jornal do Instituto. Notavelmente, os brasileiros também demonstraram forte interesse em localizar e se possível recuperar as fontes visuais do período holandês, por serem incomuns na cultura histórica e científica da época. Esse esforço começou com a visita de Dom Pedro II e Varnhagen a Copenhagen onde haviam visto as pinturas de Eckhout, e mandaram copiá-las para o Instituto Histórico Brasileiro. José Hygino tentou, sem sucesso, localizar em Paris as pinturas de Frans Post que Mauricio de Nassau apresentou a Luis XIV. Em 1911, Pedro Souto Maior teve êxito onde seu antecessor falhou. O diplomata brasileiro de Pernambuco e também membro do Instituto Histórico Pernambucano, Manuel de Oliveira Lima admirou, no começo da década de 1890, pinturas de Post no Rijksmuseum em Amsterdã. Ele pode ter sido instrumental nas primeiras compras das obras de Post pelos seus amigos Eduardo Prado de São Paulo na década 1890 e Artur Cavalcanti e Alfredo de Carvalho de Recife, em 1895 e 1906 respectivamente. O próprio Oliveira Lima comprou um quadro de Post em 1910. Mas sua influência no resgate de Post provavelmente foi além. Ele fez amizade com o pai de Joaquim de Sousa Leão, o diplomata brasileiro que mais faria para reconstituir a obra de Post, e fazer das pinturas algo do passado que alguns brasileiros realmente queriam compartilhar com os holandeses. O diplomata Oliveira Lima pode bem ter inspirado o jovem Joaquim, que também se tornaria diplomata. É somente um pequeno exagero dizer que Frans Post foi "reinventado" pelo Itamaraty.

Historiadores holandeses ajudaram a publicar fontes holandesas, mas fizeram pouco para se familiarizarem com os arquivos portugueses. Esse interesse "morno" no período brasileiro pode ser explicado pela dominância da estrutura nacionalista-imperial até 1945. Conforme observei antes, nesse paradigma, o status do estado holandês foi determinado pelas posses coloniais na Indonésia. Historiadores holandeses continuaram a tratar a ocupação do Nordeste brasileiro como apenas um episódio insignificante e infeliz. Nos levantamentos da história colonial holandesa, trataram do tema em pouquíssimas páginas. Após Netscher, a próxima monografia sobre os holandeses no Brasil por um autor europeu foi *Das holländische Kolonialreich no Brasilien* de Herman Wätjen (1921). Embora Alemão, Wätjen aceitava o paradigma holandês predominante da história colonial. Através do seu tratamento extensivo de questões econômicas, ele suplementou bem a história política de Netscher. Como seus colegas holandeses, Wätjen elogiou as políticas previdentes de Maurício de Nassau, que afinal havia se criado na Alemanha e depois se tornado figura importante na história da Prússia. Historiadores holandeses também mantiveram viva a memória de Nassau nas monografias biográficas, que dedicaram mais atenção aos seus anos na República Holandesa e na Alemanha do que àqueles que passou no Brasil.

Diferentemente dos brasileiros, os historiadores holandeses mostraram pouco interesse nas fontes visuais. Tinham consciência de Frans Post, mas Eckhout parece ter fugido totalmente da abrangência da sua visão até a publicação do livro de Thomsen em 1938. Na estrutura nacionalista-imperialista predominante, os pintores da Idade de Ouro eram considerados um bem nacional valioso, mas Frans Post foi classificado como mestre de menor porte, um de muitos. Mais importante: Post não havia pintado a paisagem nacional e nem o meio de vida holandês, e sim, cenas exóticas. Foi aceito como normal o fato que ele fez isso de maneira naturalista, e realista; naturalismo e realismo eram considerados como os atributos distintivos da pintura holandesa na Idade de Ouro. Os historiadores brasileiros aceitaram essa caracterização da forma de pintura de Post, mas não o criticaram por essa abordagem supostamente holandesa. Isso pode ter relação com sua devoção à ciência. A ciência, afinal, iria revelar a realidade como era de fato. Para eles, ele foi o primeiro e único pintor profissional no período colonial que havia conseguido retratar sua terra e seu povo como tinham sido. Além do mais, o homem que havia assinado uma das suas obras pintadas em Recife como Francisco Correio o fez de forma bem enfática. Como Nassau antes dele, Post se tornou um tipo de brasileiro honorário.

Nos anos em que os brasileiros começaram a comprar pinturas de Frans Post, Manuel de Oliveira Lima formulou uma alternativa ou ao menos uma revisão rigorosa da ótica de Varnhagen sobre o período holandês. Em *Pernambuco, seu desenvolvimento histórico* (1895), ele adotou um ponto de vista regionalista, em vez de nacional. O que importava para ele era o que a luta contra os holandeses havia significado para os pernambucanos e como havia contribuído ao papel distinto de Pernambuco na história brasileira. Oliveira Lima argumentou que a resistência contra a conquista holandesa havia potencializado e muito, entre pernambucanos, a lealdade a lideranças que sabiam mobilizar os distintos grupos étnicos para uma finalidade comum e como afirmar os interesses da região, não apenas contra os holandeses, mas também se necessário, contra os desejos da monarquia na metrópole e do governador-geral em Salvador. Ele redefiniu a luta como não sendo primariamente entre os impérios coloniais holandeses e portugueses, e sim, entre o império colonial holandês e os pernambucanos de origens portuguesa, africana e indígena. Assim, ele modificou seriamente o compromisso unitário e centralista da perspectiva de Varnhagen.

Diferentemente de Varnhagen, Oliveira Lima também perguntava se o regime holandês podia ter tido atrações para os pernambucanos do século XVII, ou não. De fato, ele pensou que esse poderia ter sido o caso, ao menos se o Governo da Holanda tivesse assumido a colônia no lugar da *WIC* e seguido as políticas iluminadas de Nassau. Ele elogiou Nassau pela sua tolerância religiosa, pela introdução de uma assembleia representativa e de um comércio livre, pelo compromisso com as ciências naturais, a tecnologia, a arquitetura civil e com a arte naturalista, mencionando as pinturas de Frans Post que ele viu primeiro no Rijksmuseum no início da década 1880. Se os holandeses tivessem permanecido mais tempo, eles talvez tivessem introduzido a imprensa e fundado uma universidade, benefícios que os brasileiros não teriam por mais um século. Porém, embora alguns atributos da cultura holandesa possam ter atraído alguns pernambucanos do século XVII, sua apreciação pelos seus traços progressistas foi subtraída pelo comportamento extorcionário de um número maior de oficiais da Companhia e o comercialismo restrito da *WIC*, segundo argumentou Oliveira Lima. Os pernambucanos haviam resistido ao ataque brutal contra seus meios de vida ao recorrer ao catolicismo português conforme definido pelo clero secular, as ordens religiosas e a Inquisição. Encontraram encorajamento na sua mensagem de redenção através da verdadeira e única igreja cristã e no amor fraterno praticado pelas suas instituições caritativas. Através da introdução de declaradas posições liberal e republicana à sua perspectiva regionalista, Oliveira Lima se distanciou dos compromissos monarquistas, e predominantemente conservadores do paradigma de Varnhagen.

A alternativa regionalista ao ponto de vista nacional-monarquista de Varnhagen teve suas raízes na longa tradição de patriotismo regional, belamente analisada por Evaldo Cabral de Mello em *Rubro veio*. Oliveira Lima levou essa tradição venerável do campo do imaginário e a transformou numa versão moderna da história do seu estado de origem. Ao fazer isso, ele se sentiu limitado pelas restrições da história científica. Ele usou algumas das fontes holandesas que haviam recentemente sido disponibilizadas: por exemplo, as minutas da Assembleia Geral convocada pelo Conde Maurício. A sua ótica regionalista e a sua avaliação da cultura holandesa do século XVII foram claramente influenciadas por grandes mudanças recentes na forma tradicional de viver em Pernambuco e no Brasil, tais como a abolição da escravatura (no qual o estadista pernambucano Joaquim Nabuco havia tido um papel tão essencial), a transição de Império para República, o início de um tipo de sociedade mais industrializada, urbanizada e secularizada e a dinâmica nas relações de poder entre as várias regiões do Brasil.

No começo do século XX, diminuiu o interesse no período holandês entre brasileiros. Ele foi resgatado pelo ressurgimento do regionalismo não apenas pernambucano, mas nordestino nas décadas 1920 e 30, que se exprimiu em eventos notáveis como o Primeiro Congresso Regional do Nordeste (1926) e a Comemoração Tricentenária da chegada de Maurício de Nassau (1937). Esse evento controvertido foi a ocasião que encorajou Joaquim de Sousa Leão a publicar seu primeiro inventário das pinturas de Frans Post, como nos lembra Daniel Souza de Leão Vieira. O grande número de pinturas de Post possuídos por brasileiros, elencadas por Joaquim de Sousa Leão no seu inventário é outra indicação do interesse renovado no período holandês.

O livro *Casa-grande e senzala*, de Gilberto Freyre, foi um ingrediente poderoso no movimento regional nordestino. A imaginação histórica, sociológica e literária muito especial de Freyre evocou uma identidade brasileira profundamente moldada pelo estilo de vida da sociedade das plantações e usinas no Nordeste. A estrutura das plantações havia surgido no período colonial, mas continuava como força histórica durante o Império e além. Era um mundo que os portugueses tinham criado, porém para o qual os negros africanos e ameríndios haviam contribuído de forma significativa. O estado colonial e nacional havia resguardado uma missão civilizatória envolvendo todos os grupos étnicos. A civilização que surgiu era singelamente mestiça, singelamente brasileira e não meramente portuguesa, europeia nem branca. Nisso Freyre divergiu de seu mestre Oliveira Lima que favorecia a imigração branca e o *branqueamento*. Foi essa versão freyriana da ótica histórica regionalista de Oliveira Lima que influenciou as monografias sobre o período holandês no Brasil de José Honorio Rodrigues e José Antonio Gonsalves de Mello, publicadas na década de 40. Ambos esses autores estão comprometidos com as normas da história científica do século XIX, mas a imaginação freyriana claramente as afetou. Nos seus estudos, a sociedade e a cultura representam os principais conceitos organizadores, não mais a política.

Rodrigues e Gonsalves de Mello se focaram no encontro entre dois tipos de cultura e sociedade, menos nas lutas entre os Impérios português e holandês (Varnhagen) ou entre os holandeses e os pernambucanos (Oliveira Lima). Na sua obra *Civilização holandesa no Brasil* (1940), Rodrigues se preocupou principalmente com classificações. Ele definiu os tipos de sociedades (calvinista, capitalista, e burguesa por um lado, e católica, feudal e aristocrata pelo outro). Ele elencou os vários campos sociais que deveriam ser levados em conta na análise do encontro e preencheu essas caixas conceituais com tantos fatos históricos quanto possível. Finalmente, ele ofereceu uma teoria um pouco mais marxista da superestrutura cultural e base material para explicar o que tinha acontecido. Em *Tempo dos flamengos*, Gonsalves de Mello se preocupou menos com exercícios teóricos ou conceituais. Ele se ateve aos fatos históricos, muitos, muitos, muitos deles, obtidos das fontes que José Hygino copiou na Holanda. Porém, ele usou algumas das categorias de Rodrigues para organizar sua exposição dos fatos. Apesar dessas diferenças em metodologia, ambos os autores fizeram perguntas semelhantes: o que acontecia nos confrontos entre as unidades socioculturais holandesas e pernambucanas? Eram fundamentalmente incompatíveis ou havia áreas em comum? Os holandeses deixaram alguns traços duradouros na sociedade e na cultura do Nordeste? Não irei resumir as respostas porque todos vocês as conhecem bem. Em vez disso, voltarei às perspectivas usadas por historiadores holandeses quando eles abordaram o período holandês no Brasil.

O paradigma nacional-imperial de Netscher permaneceu em vigor entre historiadores coloniais holandeses até o final da Segunda Guerra Mundial. Continuaram a buscar no Oriente em vez do Ocidente. A parte *imperial* do paradigma nacional-imperial foi desaparecendo após a independência da Indonésia em 1949 e os graduais processos de descolonização na Ásia e na África. A visão de que os holandeses ou outras nações europeias pudessem impor sua dominância e cunho cultural sobre não-europeus maleáveis foi substituída por aquela de que os povos colonizados haviam sido atores, não apenas sujeitos, e continuavam a desenvolver seus jeitos de viver. A parte *nacional* do paradigma nacional-imperial perdeu sua força constrangedora e recebeu novo significado. Após a perda do império no Oriente, os holandeses tiveram que abandonar a pretensão de ser a menor das grandes potências europeias. O pequeno estado holandês se deu conta, como nunca, da sua dependência dos outros, especialmente da Inglaterra e dos EUA. Após a ocupação pelos nazistas totalitários da Alemanha e sob a ameaça de uma repetição disso pelo igualmente totalitário Bloco Soviético, os holandeses estavam dispostos a compartilhar sua soberania com outras nações democráticas europeias. Tornaram-se campeões de uma Europa Ocidental unida. Estudava-se cada vez mais a história nacional como parte da história europeia, enfocando nas tradições clássicas, judaico-cristã e do Iluminismo que a Holanda compartilhava com outras nações da Europa (Ocidental), em vez de se concentrar no que fez a Holanda distinta. Homens instruídos que ganhavam nome na Europa promovendo o humanismo, uma forma tolerante de cristianismo e a lei internacional, tais como Erasmus e Grotius, foram promovidos como figuras-chave que representavam a nação holandesa no lugar de generais e almirantes que haviam lutado para estabelecer a soberania nacional e o império colonial ou os campeões do calvinismo que transformaram o estado holandês numa potência protestante.

Aos poucos, a perspectiva europeia sobre a história nacional holandesa foi ampliada para uma do mundo ocidental. O Ocidente constituía não apenas a Europa, mas incluía a América do Norte e a América Latina. Em primeira instância, essa perspectiva foi experimentada em universidades dos EUA. e se disseminou no início da década 60 para muitas universidades europeias; apresentou a história europeia como a história da Civilização Ocidental. A Civilização Ocidental teve suas raízes no Oriente Médio Judeu, na Grécia Clássica e no Império Romano, atingindo seu desenvolvimento máximo na Europa durante a Idade Média Cristã. Gradualmente seus valores centrais se institucionalizaram em direitos de propriedade privada, economia de mercado, fiscalizações representativas no poder do estado e instituições de aprendizagem que faziam o conhecimento teórico e prático avançar para aumentar o controle do homem sobre a natureza e sua capacidade de criar rique-za. Através da colonização europeia, a Civilização Ocidental passou ao Novo Mundo. Nessa visão, a descolonização ia bem, uma vez cumprida a missão civilizatória europeia, pelo menos enquanto as nações recém--independentes permanecessem democráticas e respeitassem a iniciati-va privada. O paradigma do crescimento e a disseminação da Civiliza-ção Ocidental substituiu o paradigma nacional-imperial no estudo das relações da Holanda com o mundo não europeu.

Graças a essa mudança de paradigma, a expansão holandesa para o Atlântico agora se tornou tão importante quanto a expansão na Ásia, mas como parte da expansão europeia. A construção e manutenção de impé-rios por via marítima foi estudada de maneira comparativa e as interações entre impérios receberam maior atenção. Nisso, os historiadores holan-deses seguiram o exemplo do grande historiador inglês Charles Boxer. A aquisição de império no Oriente agora era vista como parte de uma luta mundial com o Império Espanhol-Português, com teatros na África, na América e na Europa, além da Ásia. A tentativa holandesa de conquistar o Brasil pode ter sido um fracasso para a *WIC*, mas permitiu a construção de colônias de açúcar competitivas pela Inglaterra e pela França no Cari-be. O caráter internacional da *WIC* e pessoal da *VOC* foram destacados, e as grandes contribuições de alemães, escandinavos e franceses às com-panhias receberam o devido reconhecimento. Pesquisas sobre o comércio holandês de escravos se tornaram parte do esforço internacional de re-construir o comércio de escravos do Atlântico como um todo, culminando na base de dados construída por David Eltis e muitos outros. Os dados detalhados sobre a divisão por sexo e idade dos escravos importados para Recife durante a ocupação holandesa que eu recuperei, mostraram ser os primeiros desse tipo, e levantam questões sobre os fatores de oferta e de-manda no comércio de escravos do Atlântico.

O interesse na escravatura e o comércio de escravos indicam que os historiadores holandeses não percebiam a disseminação da Civilização Ocidental como bênção irrestrita, espalhando somente liberdade, ilu-minação, e prosperidade. Estudos sobre a imagem da África e do negro africano, aos quais fiz algumas contribuições, revelaram como surgiram preconceitos sobre a superioridade cultural da Europa e dos brancos sobre os negros no curso da expansão europeia, moldando atitudes holandesas durante a ocupação do Nordeste brasileiro. Temas propostos por Gilberto Freyre entraram na perspectiva do Mundo Ocidental através do trabalho sobre escravatura comparativa e relações raciais pelos estudiosos norte-americanos Frank Tannenbaum, Stanley Elkins, Eugene Genovese e outros. Mostraram que classificações étnicas e hierarquias sociais haviam assumido formas diversas no Brasil, no Caribe e nos EUA. O historiador/sociólogo holandês Harry Hoetink contribuiu de maneira original para esse tipo de estudo. Tomando seu exemplo, tenho buscado mostrar que os argumentos levantados nesses estudos são relevantes para a interpretação dos retratos étnicos de Eckhout e das paisagens brasileiras de Frans Post. Houve um viés decididamente crítico na adoção do paradigma da Civilização Ocidental pelos historiadores holandeses, pelo menos no último quarto do século XX.

Enquanto os holandeses se ocupassem em entrelaçar sua história nacional e colonial nas narrativas mais abrangentes da expansão europeia e da disseminação da Civilização Ocidental, os brasileiros que escreviam sobre o período holandês parecem ter mantido, ao menos à primeira vista, uma perspectiva nacionalista ou regionalista. Continuaram a escrever a história brasileira ou pernambucana. Isso pelo menos é a impressão que ganhei das biografias de Gonsalves de Mello sobre *Os restauradores* e de *Olinda restaurada* e *Rubro veio* de Cabral de Mello. Seu nacionalismo ou patriotismo regional foi, porém, do tipo muito abafado. Gonsalves de Mello desmistificou *Os restauradores* e as duas obras de Cabral de Mello podem ser lidas como uma desconstrução do patriotismo pernambucano, embora ele nunca usasse esse termo, acredito. Os estudos sobre os judeus em Recife por Gonsalves de Mello e Vainfas, porém, fogem da estrutura brasileira ou regional como também faz a análise astuta deste último sobre as peregrinações de Manuel de Morais e *O negócio do Brasil* de Cabral de Mello, uma das narrativas mais instrutivas sobre as grandezas e misérias da diplomacia. Além do mais, não tenho dúvidas que – do mesmo jeito que suas contrapartidas holandesas – todos esses autores brasileiros tiveram nas suas cabeças uma noção da Civilização Ocidental, quando escreviam história brasileira ou pernambucana.

Na minha contribuição, tentei esboçar as principais óticas e significados atribuídos por historiadores brasileiros e holandeses ao seu passado compartilhado. Durante os últimos cento e cinquenta anos, os pontos de vista tiveram algumas coisas em comum, mas diferiram em outras. Isso é inevitável, e não deve ser levado como sinal do caráter não científico da prática da história. Devemos tentar ter consciência das suposições que nós e outros aceitamos sem mais nem menos. Devemos valorizá-las ou criticá-las, mas nunca ignorá-las. Como o historiador holandês Pieter Geyl destacou corretamente, o estudo da história é, e deve sempre ser, um debate sem fim.

Como comentário final, deixo acrescentar somente isso: Esta conferência, a terceira este ano, parece ser um sinal que nosso "passado compartilhado" está atraindo interesse renovado. Mestres da arte da história tais como Evaldo Cabral de Mello e Ronaldo Vainfas têm acrescentado recentemente contribuições importantes aos seus primeiros estudos do período holandês. Durante a última década, vários jovens acadêmicos brasileiros e portugueses pesquisaram em arquivos e bibliotecas holandeses e espanhóis e publicaram dissertações valiosas. Alguns historiadores holandeses mais jovens parecem ter vontade de se juntar a eles. O estudo das fontes visuais tem atraído cada vez mais atenção a algumas publicações cruciais recentemente. A Editora Index cumpriu um serviço precioso ao publicar todas as pinturas do *libri picturati* em Cracóvia. Bia e Pedro Corrêa do Lago nos deram o novo catálogo de obras de Frans Post e Rebeca Brienen-Parker, o das obras de Eckhout. Sempre é extremamente difícil fazer previsões precisas, especialmente sobre o passado. Porém, parece seguro afirmar que nosso "passado compartilhado" receberá um novo sopro de vida.

REFERÊNCIAS BIBLIOGRÁFICAS

BOXER, C. R. *Os holandeses no Brasil: 1624-1654*. Tradução de Olivério M. de Oliveira Pinto. São Paulo: Companhia Editora Nacional, 1961.

FREYRE, Gilberto, 1900-1987. *Casa-grande & senzala: formação da família brasileira sob o regimen de economia patriarchal*. Rio de Janeiro: Maia & Schmidt, 1933.

MELLO, Evaldo Cabral de. *O negócio do Brasil: Portugal, os Países Baixos e o Nordeste 1641-1669*. Apresentação de Joaquim Romero Magalhães. Lisboa: Comissão Nacional para as Comemorações dos Descobrimentos Portugueses, 2001.

_____. *Olinda restaurada: guerra do açúcar no Nordeste, 1630-1654*. Rio de Janeiro; São Paulo: Forense Universitária: Edusp, 1975.

_____. *Rubro veio: imaginário da Restauração Pernambucana*. 3ª ed. rev. São Paulo: Alameda, 2008.

MELLO, José Antônio Gonsalves de, 1916-2002. *Tempo dos flamengos: influência da ocupação holandesa na vida e na cultura do norte do Brasil*. Prefácio de Gilberto Freyre. São Paulo: José Olympio, 1947.

NETSCHER, P. M. *Os holandeses no Brasil: notícia histórica dos Países-Baixos e do Brasil no século XVII*. Tradução de Mario Sette. São Paulo; Rio de Janeiro: Companhia Editora Nacional, 1942.

RODRIGUES, José Honório; RIBEIRO, Joaquim. *Civilização holandesa no Brasil*. São Paulo; Rio de Janeiro: Companhia Editora Nacional, 1940.

VAINFAS, Ronaldo. *Traição: um jesuíta a serviço do Brasil holandês processado pela Inquisição*. São Paulo: Companhia das Letras, 2008.

VARNHAGEN, F. *História das lutas com os holandeses no Brasil desde 1624 a 1654*. Salvador: Progresso, 1955.

VARNHAGEN, Francisco Adolfo de. *História geral do Brazil*. Revisão de Cassimiro de Abreu. Rio de Janeiro; São Paulo: Laemmert & C., 1907.

VIEIRA, Antonio, Padre, 1608-1697. *Sermões: problemas sociais e políticos do Brasil*. São Paulo: Cultrix, 1975.

WÄTJEN, Hermann. *O domínio colonial hollandez no Brasil: um capítulo da história colonial do século XVII*. Tradução de Pedro Celso Uchôa Cavalcanti. São Paulo: Companhia Editora Nacional, 1938.

PARTE II
ARTE, ICONOGRAFIA E CULTURA VISUAL NO BRASIL HOLANDÊS

A OBRA DE FRANS POST

BIA E PEDRO CORRÊA DO LAGO
Especialistas em Frans Post e no Brasil Holandês,
pesquisadores e autores do Catalogue Raisonné de Frans Post

FRANS POST NÃO SÓ É O PRIMEIRO PINTOR da paisagem brasileira, mas também o primeiro paisagista das Américas. Ele ocupa, para a arte brasileira, uma posição de importância primordial como primeiro artista estrangeiro a descobrir nossa paisagem.

De fato, não é difícil imaginar a surpresa e fascínio de um jovem pintor de 25 anos, formado na escola de Haarlem, acostumado aos céus baixos e à topografia plana da Holanda, fascinado pela natureza exuberante, revelando a fauna e a flora sob uma nova luz, tendo diante de si raças que descobre ao desembarcar em Pernambuco. A *Vista de Itamaracá*, feita por Post dois meses após sua chegada, em 1637, é o primeiro quadro a óleo de tema profano executado por um artista profissional nas Américas.

Foi preciso um conjunto de circunstâncias bastante improváveis para que Post atravessasse o Atlântico e viesse ao Brasil para se tornar o primeiro pintor do Velho Continente a representar o Novo Mundo. O principal acaso histórico talvez tenha sido a própria personalidade do príncipe Maurício de Nassau. Além de ser o chefe militar que a Holanda precisava para governar as províncias brasileiras invadidas, produtoras do açúcar tão cobiçado pela Europa, era também um homem culto, de ampla visão, que quiz cercar-se de cientistas e artistas talentosos para registrar o desconhecido que o aguardava, adivinhando de antemão o grande interesse que esta documentação despertaria entre os nobres europeus quando de sua volta à Holanda.

A produção de Frans Post conhecida hoje é constituída exclusivamente por quadros com temas brasileiros. Ignora-se tudo sobre sua produção anterior à ida para Pernambuco. Na volta, especializou-se em um segmento do mercado sem concorrência: o exotismo das vistas do Brasil. Em museus e coleções particulares, espalhadas por todo o mundo, foi possível identificar pouco mais de 160 óleos de sua autoria de qualidade desigual. No estudo empreendido por mais de dez anos pelo autor deste texto, em colaboração com sua mulher Bia Corrêa do Lago, para realização de um catálogo explicativo da obra do artista, lançado em 2006, puderam apontar quatro etapas importantes da carreira de Post.

OS ANOS BRASILEIROS (1637-1644)

O primeiro momento da produção de Post é, com certeza, também o mais espontâneo e original. Cobre os sete anos que passou no Brasil, onde sabemos que pintou apenas dezoito paisagens brasileiras representando as províncias sob controle de Nassau, das quais só restam sete conhecidas.

Os sete quadros "brasileiros" representam o momento excepcional da descoberta da paisagem da América. O Louvre possui quatro quadros pintados por Post no Brasil. Os demais quadros "brasileiros" são provenientes de uma coleção particular nos Estados Unidos, do Mauritshuis e do Instituto Ricardo Brennand (p. 24 do catálogo Frans Post e o Brasil Holandês na Coleção do IRB).

São estas obras que formam o conjunto do primeiro período do trabalho do artista que, quase milagrosamente, chegou até nós. É lamentável que somente esses poucos quadros possam ser apreciados pelos especialistas que analisaram sua obra no século XX. Se os dezoito quadros executados no Brasil tivessem permanecido agrupados, a série se constituiria em um caso único na história da arte: materializaria plenamente o encontro artístico entre dois continentes, cada quadro enriquecendo a percepção dos outros, para formar uma visão magistral de conjunto da realidade distante de uma América por muito tempo imaginada, e finalmente revelada. A força expressiva das composições extremamente originais de Post teria, provavelmente, permitido reconhecer bem antes a qualidade do artista e saudá-lo com o entusiasmo que merecem hoje suas melhores realizações.

OS ANOS REALISTAS (1645-1659)

A segunda fase importante da obra de Frans Post corresponde aos quinze anos imediatamente posteriores ao seu retorno à Holanda, de 1645 a 1659. Durante esse período, o artista ainda parece preocupado em pintar com extrema precisão o que havia observado *in loco*, graças aos preciosos cadernos de esboços e de desenhos, infelizmente hoje desaparecidos, que havia trazido do Nordeste. Todos os quadros produzidos neste período têm grande valor documental. Permanecem fiéis às observações arquitetônicas e topológicas que Post havia feito no Brasil, ricos em detalhes que confirmam o talento de miniaturista do pintor.

Vários quadros deste período foram recentemente encontrados. Outros, cuja data havia sido mal lida, também foram reclassificados nesta fase especialmente bem-sucedida, talvez a mais interessante da obra do pintor, se excluirmos o momento quase mágico em que Post executa, no Nordeste, as dezoito vistas das províncias de Nassau.

A impressionante qualidade da produção dos quinze anos posteriores ao retorno de Post à Holanda talvez não tenha sido suficientemente destacada pelos especialistas que dissecaram a obra conhecida de Post. Por outro lado, os autores responsáveis pelos dois últimos inventários da obra do artista não se preocuparam em estabelecer um sistema rigoroso de datação, muitas vezes aceitando como integrantes deste período quadros de um estilo claramente posterior, sem verificar as datas. Post tinha o costume de omitir a data em muitos de seus trabalhos, e várias obras não datadas podem agora ser inscritas nesta segunda fase, que merece ser melhor conhecida, durante a qual o artista realizou alguns de seus trabalhos mais notáveis. Nesse período, seus clientes eram, com certeza, pessoas que na maioria tinham compartilhado sua estadia no Brasil, e para quem a precisão no detalhamento dos locais que haviam conhecido era importante. No entanto, com o passar dos anos, a demanda se diversificou e os novos clientes tornaram-se menos ciosos desta autenticidade. O Instituto Ricardo Brennand tem quadros dessa fase. (ver p. 28 a 35 do catálogo do IRB).

O PERÍODO DE FAUSTO (1660-1669)

A terceira fase da obra de Post, que se estende por aproximadamente dez anos, de 1659-60 a 1669 (ano de seu último quadro conhecido datado), é a mais fecunda e talvez corresponda à maturidade artística de Frans Post, que havia conseguido dominar plenamente sua técnica e o tratamento de temas brasileiros. Corresponde também, sem dúvida, a seu apogeu em termos comerciais, e o número de quadros desta época (seguidamente de grandes dimensões) que sobreviveram mostra que a demanda deveria ser bastante grande ao longo do decênio, época que o artista realizou algumas de suas composições mais ambiciosas.

Mas, o que é que muda em Post no momento em que a decisão de especializar-se nos temas brasileiros, tomada nos anos 1640, começa finalmente a lhe proporcionar conforto e prosperidade? Com certeza, sua obra perde muito, ou quase tudo, da espontaneidade dos primeiros trabalhos pintados no Brasil, e ele também abandona a preocupação documental do período de quinze anos após seu retorno.

Na verdade, Post deve ter descoberto, no final dos anos 1650, que a exatidão topográfica não tinha grande importância para a maioria dos compradores de seus quadros: eles esperavam dessas vistas das "Índias Ocidentais" o máximo de exotismo, com o maior número de elementos curiosos e, sobretudo, diferentes da natureza europeia. Raros eram os clientes que insistiam na reprodução exata do que haviam visto no Brasil.

Os novos e prósperos clientes de Post agora queriam composições ricas em detalhes tropicais, árvores, moinhos de açúcar, vegetação exótica, pássaros, tatus, formigueiros, ruínas de construções portuguesas, vilarejos de casebres dispersos e, sobretudo, índios e muitos escravos negros (de preferência dançando). Assim, nos anos 1660, Post decidiu atender as encomendas de seus clientes realizando arranjos decorativos desses diversos elementos "brasileiros" em quadros que, a partir de então, passaram a ter uma tênue relação com a realidade que ele havia observado, mas nos quais nenhum elemento em si era inexato ou inventado.

Esses *"capricci"* sobre um tema brasileiro contribuíram muito para o sucesso e para a reputação póstuma do artista, pois representam a maior parte de suas obras conhecidas. É inegável que muitas destas são notáveis, graças a uma composição hábil e agradável. Mais da metade dos quadros conhecidos de Post foram, provavelmente, executados ao longo desses dez anos de intensa atividade, durante os quais o artista parece ter atingido o apogeu de sua vida pessoal e obtido o reconhecimento profissional do mercado de arte, extremamente competitivo como o da Holanda de fins do século XVII.

Post produziu mais de oitenta obras durante esta terceira fase de dez anos, sendo trinta deles datados pelo artista. O pintor executava variações em torno a seis ou sete temas de base, e eventualmente repetia as mesmas composições com poucas variantes. Os quadros deste período sempre oferecem a mesma concepção de composição, onde se misturam elementos vegetais e árvores no primeiro plano, que servem de realce, ou seja, dão ao observador a impressão de distanciamento em relação à cena principal, no centro do quadro, acentuada ao longe por um horizonte de vegetação uniforme. A fórmula correspondia ao velho esquema flamengo, já em desuso na época de Post, que consistia em separar o primeiro plano do centro e do fundo da paisagem por zonas de cores dominantes. Ao longo desta fase, o talento de miniaturista de Post permaneceu presente, ainda que menos preciso que no período anterior, os personagens assumindo formas alongadas.

Curiosamente, dois fenômenos químicos, não previstos pelo artista, agem hoje sobre a maneira como percebemos sua obra. De fato, os pigmentos utilizados por ele para o verde da vegetação do primeiro plano, em muitos casos oxidaram ou escureceram, tornando-se agora marrons, acentuando (se bem que de forma um pouco teatral, como se uma cortina escura surgisse diante do palco) o efeito de realce. Outra alteração cromática que progrediu com o passar do tempo: o desaparecimento do pigmento amarelo que o artista utilizava para a linha verde da vegetação na paisagem distante, que constituía o horizonte, e da qual só resta o azul da mistura original. Este estranho fenômeno talvez tenha servido à intenção do artista, pois, ainda que irreal, a proximidade com o azul do céu oferece um efeito agradável e tende a acentuar a linha do horizonte, contribuindo para o resultado atraente que, com certeza, o artista desejava atingir neste período. Exemplos dessa fase podem ser apreciados no catálogo da coleção do IRB, das páginas 36 a 44.

O DECLÍNIO (1670-1680)

A quarta fase da produção de Frans Post é, sem dúvida, a mais fraca e corresponde a um período de franca decadência artística e pessoal. Informações precisas mostram que, em 1679, um ano antes de sua morte, o alcoolismo de Post o deixara em situação tão degradada que Nassau renunciara ao projeto de enviá-lo a Versalhes para explicar ao Rei Luis XIV as vistas brasileiras que o príncipe holandês havia lhe oferecido.

O último quadro que conhecemos de Post é de 1669, onze anos antes de sua morte. Pode-se presumir que o artista percebera seu declínio e, talvez movido por um certo pudor, parara de datar os trabalhos realizados durante este período de sua vida. O fato é que cerca de quarenta quadros, todos sem data, apresentam características comuns, permitindo agrupá-los nesta última fase. As obras mostram falhas de execução e hesitações técnicas dificilmente compatíveis com o que conhecemos do melhor do talento do artista. Uma situação dramática, como um rápido declínio físico e mental, resultado da idade avançada e do alcoolismo, poderia explicar uma queda tão evidente na qualidade dos quadros desta fase. Como estes quadros menos bem-sucedidos frequentemente são mostrados ao lado de outros mais representativos do talento do artista – sem serem diferenciados do melhor de sua produção –, a percepção da qualidade da obra de Post ficou prejudicada para um grande número de especialistas e amadores da arte.

O Instituto Ricardo Brennand possui quadros desse período (p. 46 a 57 do catálogo da coleção do IRB), assim como de todos os outros três, o que permite que se possa estudar o pintor holandês em todas as fases por que passou sua pintura de motivo brasileiro.

A divisão de seu trabalho em quatro períodos distintos permite avaliar o talento e a evolução de sua carreira, hoje reconhecida como uma das mais notáveis da pintura holandesa do século XVII. Os principais museus da Europa e dos Estados Unidos também compreenderam e, já há algum tempo, esforçam-se por obter obras representativas de Frans Post para completar suas coleções.

As mais importantes exposições de pintura holandesa organizadas por grandes museus ao longo dos dois últimos decênios incluiram obras de Post; e duas mostras, uma na Alemanha e outra no São Paulo, mostraram cada uma cerca de trinta de seus quadros. Na França, graças a iniciativa do museu do Louvre, foi organizada em 2005 pela primeira vez uma exposição dedicada a Frans Post, que finalmente, pela primeira vez, reuniu seus quadros mais importantes, os sete quadros pintados no Brasil.

(Este texto teve como base o capítulo "A obra de Frans Post" do Catálogo da Exposição do Museu do Louvre em 2005, *O Brasil na Corte de Luis XIV*, de autoria e curadoria de Pedro Corrêa do Lago)

O envolvimento mitológico do Brasil Holandês: interpretação dos trabalhos de Albert Eckhout e Frans Post (1637-2011)

Rebecca Parker Brienen
Professora Titular de História da Arte da Universidade de Miami

NESTE ENSAIO EXPLORO UMA VARIEDADE de interpretações que foram feitas sobre os quadros Brasileiros de Albert Eckhout e de Frans Post durante os últimos 375 anos, dando atenção à significância e valor (tanto literal quanto simbólica) atribuídos a essas obras por patrocinadores, colecionadores e instituições holandesas e brasileiras. Muitas ideologias ou mitologias já foram projetadas sobre as naturezas-mortas, obras figurativas e paisagens de Eckhout e especialmente de Frans Post no decorrer dos séculos; nos séculos XVII e XVIII, dominou o discurso do imperialismo e do *exotismo*; isso abriu o caminho para as narrativas explícitas da construção de nações e para a nostalgia dos séculos XIX, XX e XXI. Em última análise, são as obras realistas, porém idealizadas, da paisagem brasileira de Post, que têm se mostrado muito mais maleáveis e importantes enquanto instrumentos para o nacionalismo holandês e brasileiro do que as de Eckhout.

O primeiro colecionador dos quadros de Post e de Eckhout foi, evidentemente, seu patrono e governador-geral do Brasil Holandês, Johan Maurits van Nassau Siegen, conhecido como Maurício de Nassau. Não sabemos precisamente qual foi a orientação dada por Maurício de

Nassau aos seus artistas, mas geralmente se parte do princípio de que receberam a incumbência de "documentar" a colônia e suas terras, seu povo, e sua flora e fauna. Post fez numerosos quadros das paisagens brasileiras, imagens das fortalezas holandesas e das batalhas entre holandeses e portugueses, e ele criou vários quadros de paisagens durante seu tempo na Colônia. Eckhout também pintou seus entornos brasileiros, fazendo naturezas-mortas, retratos de vários povos, e centenas de quadros e estudos em óleo da flora e fauna brasileiras. Desde a década 1970, tem existido uma tendência a destacar as estruturas e preconceitos implícitos (étnico, religioso, cultural) presentes nas pinturas de Eckhout e Post. Esta abordagem interpretativa pressupõe que esses quadros, enquanto obras de arte colonial, reproduzem e reforçam as desigualdades da cultura colonial a favor dos pontos de vista do governador colonial ou da Companhia Holandesa das Índias Orientais.

Considerando, em primeira instância, as imagens do Post, pode ser argumentado que seus primeiros quadros brasileiros criam uma pequena excursão das áreas ocupadas, civilizadas e economicamente importantes da colônia novamente ocupada. Os quadros de Post encontram, fazem levantamentos, e se apropriam da terra, mas não destacam a violência da apropriação, apesar da presença levemente ameaçadora dos fortes holandeses nos fundos de muitas dessas imagens. O Brasil de Post é pacificado e domesticado; seu povo – indígenas, escravos, e até os portugueses – são dóceis, plácidos, e até, de certa maneira, infantis, desempenhando suas funções atribuídas no palco colonial. Embora não figurados nessas obras, os olhos sempre vigilantes do governador colonial e da "figura paterna", Maurício de Nassau, estão sempre presentes. Essas primeiras paisagens, provavelmente expostas em conjunto, ou no Palácio da Boa Vista, ou no Palácio de Vrijburg, podem ter criado para Nassau uma imagem confortante do Brasil; elas criam uma sequência de vistas de uma terra conquistada, porém tranquila – vistas essencialmente idealizadas da vida cotidiana na colônia – que afirmou a força militar da WIC e a sabedoria beneficente do domínio de Maurício de

Nassau. Dado que tão pouco do Brasil foi de fato ocupado pelos holandeses, é, outrossim, possível dizer que essas imagens funcionavam no Brasil Holandês como propaganda para o Conde e seus empregados – vários criados da WIC – além de dignitários estrangeiros. Finalmente, deve-se também observar que a domesticação do Brasil nesses quadros também ocorre de forma estilística; o estilo realista de Post familiariza o espectador com o Brasil e com uma parte do mundo holandês. Post não apenas registrava o que via, mas o modelava com base nos conhecimentos adquiridos nos treinamento na escola paisagista de Haarlem. Porém os motivos brasileiros são novos: como reconheceu há muito tempo o Wolfgang Stechow: "encheu-se a garrafa velha com vinho novo."[1]

Com seu modo naturalístico e especialização na natureza-morta e quadros figurativos, as imagens brasileiras de Eckhout também se declaram holandesas, embora seu estilo seja muito mais simples e deva muito mais a uma estética emergente de ilustração científica que à obra de Post. Além de doze naturezas-mortas, as mais famosas obras brasileiras de Eckhout constituem uma série de oito retratos etnográficos: um africano e duas africanas; um homem e uma mulher tupinambás ou indígenas brasileiros, indígenas tapuias, e finalmente, um homem e uma mulher mestiços, além de uma representação em grande escala de uma *Dança tapuia*. De acordo com o próprio Maurício de Nassau, esses quadros retratavam o *wilde natien* ou povos selvagens sob seu domínio no Brasil.[2] São esses os povos colonizados, povos não ocidentais do Brasil, os africanos ocupando um espaço algo liminar entre a África e o Novo Mundo, entre a escravidão e a liberdade. O argumento, colocado primeiro em 1979 por Ernst van den Boogaart, de que as figuras nessas obras personificam uma hierarquia de civilidade, com o casal de "raça" mista em cima – o mais próximo ao ideal europeu branco não

---

1   Brienen (2001), 66.

2   Para uma completa discussão dos trabalhos de Eckhout leia meu *Albert Eckhout: Visões do Paraíso Selvagem: Obra Completa* (revisado e estendida segunda versão edição de *Visions of Savage Paradise*), em português e inglês (Rio de Janeiro: Capivara, 2010).

representado, porém, implícito – e o "irresgatável" e canibalesco Tapuia embaixo, tem sido largamente aceito na literatura sobre esses quadros. No seu nível mais básico, os retratos etnográficos pretendiam representar as diferentes nações encontradas e dominadas no Brasil Holandês, enquanto as naturezas-mortas exibiam as frutas e verduras cultivadas tanto pelos indígenas como pelos europeus, representando um microcosmo da produção de alimentos na colônia. Como no caso das obras de Post, a função desses quadros brasileiros era outra vez propagandista e autocongratulatória.

Evidentemente, a época e a localização alteram significados de forma dramática. Na volta aos Países Baixos de Johan Maurits em 1644, ele exibiu os quadros no seu palácio novíssimo em folha, agora a galeria real Mauritshuis, e ele se tornou popularmente conhecido como o "brasileiro" num esforço, se imagina, de divulgar sua coleção e levantar seu status tanto como governador geral como patrocinador principesco da arte e da ciência. Essas obras divulgaram a beleza da colônia e da sua fecundidade aos espectadores holandeses contemporâneos na Haia como meio de gerar apoio pela esperada (embora frustrada) volta do Nassau à colônia. Seria difícil argumentar, no entanto, que a mudança do local de Mauritsstad para a Haia, e do Palácio de Vriburg à galeria de Mauritshuis não transformasse fundamentalmente o significado e a função dos quadros de Eckhout e de Post na sua coleção, cujo valor ficou medido cada vez mais, em termos de sua novidade e exotismo, como objetos apropriados para um gabinete de curiosidades no lugar de uma sala de recepção principesca. Na volta de Frans Post em 1644, Frederick Hendrick encomendou ao pintor a Vista dos Índios Ocidentais em grande escala. Essa encomenda sugere que os quadros de Post, pelo menos durante um tempo, continuavam a vislumbrar o império do além-mar Holandês e o alcance do poder da República. As imagens do Brasil de Post podem ter tido um significado semelhante para Pieter van de Hagen, um Holandês que havia morado no Brasil. No entanto, a obra que ele encomendou ao artista em 1652, *Paisagem de Várzea com Casa Grande,*

O envolvimento mitológico do Brasil Holandês   79

demonstra que as novas obras de Post já se tornavam cada vez mais imaginárias, distantes, e generalizadas. Conforme observado por Pedro e Bia Corrêa do Lago, que mapeiam o estilo de Post em quatro períodos no seu recente catálogo das obras do artista, doze quadros por Post, daqueles criados entre 1656 e 1659, repetem esse tipo paisagem com um rio e prado no centro da composição e senzalas no fundo.[3] Parece provável que Post era nem preguiçoso nem acomodado em seu estilo, mas que ele respondia ao mercado de arte, que exigia paisagens das Índias Ocidentais idealizadas e algo genericamente "exótico" e "sereno", em vez de lembranças dolorosas da perda do Brasil Holandês, que foi devolvido aos portugueses em 1654.

Porém, mesmo antes de 1654, já estava escrito; em 1652, Maurício de Nassau fez seu primeiro principal "presente" do Brasil para Frederich Wilhelm, o eleitor de Brandenburg. De fato, Johan Maurits deliberadamente aproveitou da sua coleção brasileira para fins políticos; quase todas as obras de Eckhout saíram dos Países Baixos entre 1652 e 1654, entrando em coleções aristocráticas na Alemanha e na Dinamarca e permanecendo, comumente falando, fora do olho do público pelos dois séculos seguintes. Quantidades significativas de objetos exóticos e obras de arte permaneceram na Mauritshuis, mas, a partir do final da década 1640, não era mais a principal residência do Príncipe. No passar do tempo, o Brasil não ocupava mais um lugar central na identidade pública cultivada pelo Nassau, que se tornou Stadhouder de Cleves em 1647 e Príncipe Imperial em 1652. Post havia voltado a Haarlem em 1644, e, em 1653, Eckhout se tornou pintor da Corte para Johann Georg II na Alemanha. Os quadros de Post feitos no Brasil e, provavelmente também, os desenhos de tapeçaria de Eckhout – que estavam em armazenamento no Mauritshuis – ressurgiram de maneira famosa, em 1678-79, quando Maurício de Nassau reuniu seu notável "presente do Brasil" para o Rei Luís XIV.

---

3   Veja Pedro Corrêa do Lago e Bia Corrêa do Lago, *Frans Post (1612-1680): Catalogue Raisonné* (rev. English transl.; Milan, 5 Continents Editions, 2007), 84-237.

Curiosamente, depois de ter dado fim à maioria da sua coleção brasileira, foi nesse momento que ele escreveu para a Dinamarca para pedir a volta dos quadros de Eckhout, caso não fossem "apreciados", o que eram, para a sua infelicidade. No seu lugar, encomendou cópias do tamanho da metade do comprimento das originais, as quais podem ou não ter sido finalizadas, dada a sua morte logo após. Nesse ponto na vida de Johan Maurits — ele estava envelhecendo, com problemas de saúde, e enfrentando dificuldades financeiras. Os retratos de Eckhout não funcionavam mais como parte de uma mitologia de posse, mas só poderiam ter servido como lembranças de distração e nostalgia da sua juventude, quando Maurício de Nassau havia sido o soberano de sujeitos "selvagens" num paraíso brasileiro perdido.

Embora a história acabe aqui para Maurício de Nassau, e de forma ampla, também, para Albert Eckhout, pelo menos até tempos recentes, certamente não o faz para Frans Post, cujos quadros nunca perderam a graça nos séculos seguintes. No século XVIII, o apelo generalizado da obra de Post é testemunhado pelo número de coleções estrangeiras e aristocratas que incluíram quadros do artista. *Feira da Vila*, por exemplo, foi adquirido pelo pintor rococó italiano Giovanni Antonio Pellegrini durante suas viagens pelos Países Baixos em 1713; e, em 1762, esse mesmo quadro entrou para a coleção real inglesa, onde permanece até hoje. O Rei Maximiliano I da Bavária (1756-1825) também adquiriu quadros do artista durante esse período, hoje na coleção da Alte Pinakothek em Munique.[4] Na segunda parte do século XVIII, compradores e vendedores das obras de Eckhout incluem outros nobres e homens de influência, tais como Joshua Vanneck, 1º Baronete (1702-1777), um comerciante britânico-Holandês; o perito e colecionador francês Augustin Blondel de Gagny (1695-1776); o nobre francês Príncipe de Conti, Louis-François de Bourbon (1717-1776), para nomear apenas alguns. Interesse nos quadros de Post pode ter sofrido influência pelo fato de que obras do artista

---

4   Veja as imagens pendentes no *River Landscape with Armadillo* (1649) e *River Landscape with Anteater* (1649) em Pedro e Bia Corrêa do Lago (2007), 124-126.

O envolvimento mitológico do Brasil Holandês 81

estavam presentes na coleção Real francesa, concedendo-lhes, por ex-tensão, certa distinção cultural.

Certamente, esses colecionadores aristocratas também respondiam à novidade e "charmoso" exotismo das imagens de Post, que podem ter sido vistas como quase rococó em sensibilidade, como podemos ver nessa imagem idealizada de escravos dançantes. A popularidade das obras de Post durante esse período parece ser largamente independente do fato de que o artista pintava o Brasil. Até o início do século XIX, obras de Post ainda eram populares; seu naturalismo tendo menção frequente nos catálogos de leilão como fator importante para seu apelo e qualida-de, mas parece existir cada vez menos conhecimento sobre o artista ou sobre seus temas. Entre 1800 e 1837, por exemplo, catálogos de venda da Alemanha, da França, e dos Países Baixos oferecem para venda 131 quadros de Post.[5] Embora na maioria das vezes se chamem *paisagens das Índias Ocidentais*, também são intitulados *vistas da Índia* e *As Índias, paisagens americanas*, até *vistas das Índias Orientais*. Em alguns casos, ima-gens do Brasil de Post foram vendidas como representações da colônia francesa de Santo Domingo, que se tornou a nação independente do Haiti em 1804, ou Suriname, uma colônia holandesa produtora de açú-car onde a escravatura foi abolida em 1863. Quadros de Post, com seus escravos africanos e empregados indígenas, eram capazes de represen-tar vários distintos locais coloniais tropicais. Tanto a nacionalidade do pintor como seu tema, "brasileiros", eram ou invisíveis ou absoluta-mente irrelevantes para a maioria dos contemporâneos. No entanto, as coisas iriam mudar logo e esses aspectos das obras – suas características holandesas e sua conexão com o Brasil, se tornariam chave para sua popularidade e importância políticas.

Um despertar oficial do interesse nas obras de Frans Post (e em me-nor grau, Albert Eckhout) não ocorre, entre colecionadores brasileiros e holandeses, até o final do século XIX. Nesse período de renovação inten-sa, de construção de nações, e de desenvolvimento de uma identidade

---

5   Veja o índice Getty Provenance.

Brasil Holandês: história, memória e patrimônio compartilhado

nacional moderna para ambos os países, descobrimos que as obras de Post são usadas na formulação e promoção de uma visão específica do passado. Entre 1879 e 1900, seis quadros de Frans Post foram adquiridos para o Rijksmuseum em Amsterdam; dada a importância e natureza política desse museu de arte do Estado Holandês, que se tornou (até hoje) uma fonte de orgulho nacional, é importante abordar esse interesse "oficial" sem precedentes em Post com maior atenção. O primeiro quadro de Post a ser adquirido pelo museu foi *Vista da Ilha de Itamaracá*, pintado pelo artista no Brasil em 1637, e dado por Maurício de Nassau a Luís XIV em 1679. De alguma forma chegou nas mãos do comerciante de arte Eugène Odinot em Paris, de quem foi comprado em 1879 pelo diretor do Rijksmuseum, Johan Wilhelm Kaiser. Numa carta justificando a compra, Kaiser notou que "nenhum dos nossos museus possui uma paisagem do mestre".[6] Mas o interesse também era forte porque o Kaiser pensou que a figura central no cavalo (hoje interpretado como usineiro português) era Nassau na sua farda "brasileira"; o quadro foi instalado como parte da coleção histórica.[7] Dois outros quadros de Post, *Vila à Beira-rio* e *Convento Franciscano* também foram adquiridos para o Rijksmuseum in 1879, quando Kaiser era diretor.

Victor Stuers, um homem de muita influência, com boas conexões politicas, e esperteza estética também participou diretamente na aquisição de quadros de Post para o Rijksmuseum; além de ser secretário de um conselho de artes governamental em 1873, Stuers havia publicado o ensaio *"Holland op zijn smalst"* em *De Gids*.[8] Nessa obra conhecida, Stuers criticou duramente a perda continuada da herança cultural holandesa na forma de construções, artes decorativas, esculturas, e quadros. Seu tom estridente e muitos exemplos convenceram seus leitores

---

6   Kaiser to MBinZ, Rijksmuseum arquivos (476), 1807-1945 (1985), Noord-Hollands Archief, Haarlem.

7   Esses quadros foram um empréstimo do Rijksmuseum para o Mauritshuis desde 1953 (o ano em que Mauritshuis foi o anfitrião para a exibição Maurits de Braziliaan).

8   Victor de Stuers, *Holland op zijn smalst*, reeditado (Bussum, 1975).

O envolvimento mitológico do Brasil Holandês   83

de que havia uma verdadeira crise com respeito à custódia da herança cultural do país, e é nesse contexto que devemos compreender a compra por Stuers, em 1880, da bem-conhecida obra de Post de 1662, *Vista de Olinda*, e sua compra, em 1892, da *Paisagem no Brasil* de Post, ambos para o Rijksmuseum.

Embora, sem dúvida, os visitantes holandeses do Rijksmuseum no século XIX desfrutassem da beleza dos quadros de Post, especialmente sua vibrante e decorativa *Vista de Olinda*, num plano institucional e público proporcionaram evidência "documentária" importante do grande império Holandês no além-mar, fonte de orgulho significativo e nacionalista, além de nostálgico, no século XIX nos Países Baixos. Diferentemente de outros artistas holandeses, ele não parece ter sido erguido como modelo pelo resgate da arte holandesa; procura-se em vão nesses documentos oficiais do final do século XIX por discussões sobre a qualidade dos seus quadros ou a beleza das suas obras. Enquanto colecionadores individuais, certamente apreciavam a novidade das imagens da América do Sul de Post, num plano do estado, as obras de Post não eram vistas como exóticas, e sim históricas, e funcionavam como parte do discurso nacional que olhava para o sucesso da "Era de Ouro" do século XVII como modelo para o presente.

Como nos Países Baixos, o século XIX no Brasil foi um período de mudanças e de desenvolvimento enormes num plano nacional, e parece ter existido, entre os brasileiros, pouquíssimo interesse ou mesmo consciência sobre Frans Post ou Albert Eckhout até o final desse mesmo século. Como resultado direto da invasão de Portugal por Napoleão em 1807, a família Real se exilou no Brasil, chegando ao Rio de Janeiro em 1808. O príncipe regente Dom João (o Rei João VI em 1816) introduziu várias reformas e mudanças – sociais, econômicas e culturais. Entre elas, ele estabeleceu um museu, uma biblioteca Real, escolas de medicina e de Direito, um banco do Brasil, uma casa de moeda real, e relaxou as restrições sobre fabricação e comércio. Esses atos atrapalharam a própria identidade colonial da cidade e da nação, tornando os brasileiros menos subservientes em relação à Euro-

Brasil Holandês: história, memória e patrimônio compartilhado

pa e mais autônomos. Quando João VI voltou a Portugal em 1822, seu filho Dom Pedro foi declarado príncipe regente, e ele imediatamente apoiou um movimento pela independência e foi chamado Imperador do Brasil (Pedro I) em dezembro do mesmo ano. Em 1840, por sua vez, seu filho foi coroado Pedro II, e seu reino durou quase cinquenta anos até 1889. Na década de 1870, Pedro II encomendou cópias da metade do cumprimento da série etnográfica de Eckhout, em Copenhagen, que ficaram no Brasil até hoje. Ele pode ter tido conhecimento dos quadros por causa das descrições admiradoras de Eckhout e de Post feitas pelo historiador natural alemão, Alexander von Humboldt, publicadas na sua obra *Cosmos* (1845-62). Talvez o imperador, um homem intelectualmente sofisticado, tenha se comparado com Maurício de Nassau como coliderança iluminada do Brasil e promotor da arte e da ciência. Foi também durante o reino de Pedro II, por exemplo, que foi fundado o Instituto Histórico e Geográfico Brasileiro, que promoveu o estudo e preservação das terras. Em 1889, Pedro II abdicou, após uma revolta sem sangue contra ele, que foi liderada por militares, mas apoiada por muitos entre os proprietários da elite e o clero. O conhecimento desses eventos de fundo é essencial para compreender a decisão de Eduardo Prado de comprar dois quadros de Frans Post na casa de leilão de Frederik Muller & Co em Amsterdã em 1895. Além da única paisagem de Post adquirida pelo Visconde de Calvalcanti em Paris em 1895 e trazida ao Rio de Janeiro, esses foram os primeiros quadros do artista a existirem no Brasil em mais de 250 anos.

Eduardo Prado era intelectual altamente educado e membro de uma família rica e de influência de usineiros de São Paulo.[9] Ele foi, como se diz, um "aristocrata de café", que como jovem adulto preferiu morar em Paris. Prado também era escritor: colocando no papel relatos culturais e das suas viagens mundo afora. Prado não parece ter tido muita noção sobre o que era ser brasileiro até 1889, o ano da Exposição de Paris e celebração dos cem anos desde a Revolução Francesa. Esse

---

9   Veja Thomas E. Skidmore, "Eduardo Prado: A Conservative Nationalist Critic of the Early Brazilian Republic, 1889-1901," *Luso-Brazilian Review*, vol. 12, n. 2 (Inverno de 1975), 149-161.

também era, não insignificantemente, também o ano que o império brasileiro se acabaria. Entre outros expatriados brasileiros em Paris, Prado se envolveu na escritura de um livro sobre o Brasil em francês para acompanhar a Feira Mundial de Paris e promover seu país. *Le Brésil en 1889* passou a ter mais de 700 páginas quando finalizado e Prado escreveu os ensaios sobre imigração e arte. Esse projeto permitiu a Prado refletir sobre história, cultura e identidade brasileiras e compartilhar suas ideias com outros.

Em sua entrada de cinquenta páginas intitulada "L'Art,", Prado oferece um panorama do status das artes no seu país, incluindo pintura, escultura, cerâmica, arquitetura e música.[10] Ele nomeia e discute artistas, inclusive artistas indígenas, coloniais, e artistas da atualidade. Enquanto Prado admira pintores acadêmicos contemporâneos franceses e seus seguidores brasileiros, ele também elogia o trabalho pioneiro de Frans Post e Eckhout do século XVII.

Seguindo o exemplo do naturalista alemão Alexander Humboldt (1769-1859), esses artistas coloniais são responsáveis pela produção do que Prado reivindica serem as primeiras "verdadeiras" imagens da natureza americana.[11] Como tal, Prado propõe Post e Eckhout como exemplos a serem seguidos, afirmando que, desde a época deles, não haviam existido grandes artistas da paisagem brasileira.[12] Sua meta, obviamente, é de encorajar a criação de uma escola nacional de arte distintamente brasileira.

Com o colapso do império brasileiro em novembro de 1889 e a criação de uma República, Prado se tornou um dos escritores monarquistas mais conhecidos e mais eloquentes. Sua opinião era que o governo bom

---

10   M. E. de Silva Prado, "L'Art" (chapter 18) em *Le Brésil en 1889* (Paris, 1889): 519-572.

11   Lui et Albert Eckhout… révélèrent les premiers à Europe l'aspect vrai de la nature américaine qu'ils out traduite avec un sentiment dont Humboldt a exalté le bonheur et la vérité (*Cosmos*, vol. II), 523.

12   Prado, 534. "Depuis Post et Eckhout les paysages du Bresil n'ont encore trouve leur grand peintre." Ele também se refere às gravuras feitas por Post (reproduzidas no Barleaus, 1647).

e benevolente de Pedro II havia permitido que o Brasil se transformasse numa nação estável. Ao se tornar uma república, o Brasil não ganhava e sim perdia sua identidade.[13] Prado voltou ao Brasil em 1892, juntou-se a uma conspiração monarquista e foi forçado a fugir quando o plano falhou. Em 1895, estava de volta ao Brasil novamente e foi na volta ao seu país nativo do exílio na Europa que Prado adquiriu duas paisagens de Post, que ele trouxe de volta a São Paulo com ele, onde permaneceriam na coleção da família até 1942, uma ficando no Brasil e a outra por fim voltando aos Países Baixos.[14]

Enquanto os quadros de Post eram vistos por Prado como exemplo a ser seguido em termos de uma abordagem à paisagem do Brasil e a criação de uma nova escola de arte, certamente, dada a radicalização política de Prado no período entre 1889 e 1895, as obras que ele comprou adquiriram uma significância a mais. Primeiro, ambas imagens mostraram os benefícios pacíficos e lucrativos de um governo colonial benevolente. Os quadros de Post demonstram que a autoridade imperial não precisa ser vista de forma negativa; dessa forma, Prado pode ter visto a conexão entre os bons governos do Brasil sob Maurício de Nassau e Dom Pedro II, uma conexão que até o próprio Dom Pedro pode ter encorajado. Além disso, na imagem como a da *Casa sendo construída em Serinhaem*, que mostra os Indígenas, os africanos, e os europeus (no fundo) juntos, Prado pode ter visto as origens históricas da sociedade brasileira.

Prado queria encorajar o conhecimento sobre a história brasileira entre a população geral do Brasil e promover a elaboração de uma identidade nacional moderna que, no entanto, tivesse raízes no passado. Para Prado, esses quadros de Post fizeram parte do registro histórico; representam como o Brasil já foi, e como tal, foram certamente investidos com certo grau de nostalgia pela simplicidade e harmonia do passa-

---

13   Skidmore, 151.

14   Uma tela está agora na coleção de Beatriz e Mario Pementa Carmago em São Paulo, e as outras foram doadas ao Mauritshuis em Haia em 2002.

do. Prado foi eleito ao Instituto Histórico e Geográfico Brasileiro no Rio de Janeiro pouco antes da sua morte de febre amarela em 1901; no seu discurso de posse, ele declarou que "o azar de muitas mentes é que são divorciadas do passado e lhes faltam raízes na terra. A cada dia nós nos tornamos um povo desnacionalizado, mas esta casa [o Instituto] é uma grande escola de nacionalismo."[15] Embora os quadros de Post possuídos por Prado permanecessem na sua coleção familiar por mais quarenta anos, a Viscondessa de Cavalcanti, cujo marido havia adquirido *Ruinas da Catedral de Olinda* de Post em Paris em 1895, daria a obra ao Instituto Histórico em 1926, onde está localizada até hoje.

Com base nos dados apresentados no excelente estudo por Pedro e Bia Corrêa do Lago sobre Frans Post, em 2007 somente haviam 17 quadros de Post em coleções públicas nos Países Baixos e três em mãos privadas, totalizando vinte quadros.[16] Três quadros adicionais de Post foram adquiridos pelo Rijksmuseum entre 1908 e 1909. *Paisagem de Varzea com Casa Grande* (1652) foi apresentado ao museu em 1933. Esses foram os últimos quadros de Post dados ao museu ou comprados pelo Rijksmuseum. Outros museus nos Países Baixos possuem ou já possuíram obras do artista: o museu Lakenhal Leiden adquiriu um Post no início do século XX, mas o vendeu antes de 1971. O Mauritshuis na Haia recebeu dois quadros do artista através de doações: um em 1908 e mais recentemente em 2002, também há o quadro, *Vista de Itamaracá*, do Rijksmuseum que tem estado por empréstimo na Mauritshuis desde 1953. Além disso, o Muséu Boijmans em Rotterdam adquiriu o singelo *Sacrifício de Manoah* de Post em 1935 e *Usina de Açúcar* antes de 1953.

Isso não quer dizer, porém, que o artista e suas obras não sejam valorizados hoje em dia nos Países Baixos. Com certeza a compra feita por Stuers em 1882 da *Vista de Olinda*, de Frans de Post é justificada pelo fato de que a pintura, com suas cores brilhantes e numerosos animais,

---

15 Como citado em Skidmore na tradução, p. 157.

16 Note que há desenhos do artista nos Países Baixos, mas eu não estou os incluindo nessa análise.

88 Brasil Holandês: história, memória e patrimônio compartilhado

passou a ocupar um lugar de destaque na narrativa das pinturas da era de ouro criada pelo Rijksmuseum. Isso foi reforçado pela inclusão de obras de Post na exposição no Rijksmuseum em 2000 *Glória da Era de Ouro*; em particular a exposição destacou a pintura como a (então) nova descoberta, *Frederikstad na Paraiba* (1638), vendida em leilão por $4.512.500 em 1997 à Coleção Cisneros de Caracas. Tanto a raridade da obra (é um de apenas sete quadros existentes do período brasileiro de Post), como o altíssimo preço que atingiu, fizeram valer o seu reconhecimento. A *Paisagem de Várzea* de 1652, porém, não é exibida como arte; até recentemente era incluída na coleção histórica do museu, de maneira parecida com o primeiro quadro de Post adquirido pelo museu, no longínquo ano de 1879.[17]

Embora as imagens feitas por Post e por Eckhout têm se tornado mais amplamente conhecidas, ainda é difícil construir uma narrativa gloriosa em torno de um empreendimento colonial fracassado. Houve, no entanto, três grandes exposições no Maurithuis durante o século XX que focaram no Brasil holandês e incluíram obras desses artistas: a exposição em 1953, Maurits o show brasileiro; a exposição "Zo Wijd de Wereld Strekt" de 1979; e, mais recentemente, a exposição de 2004 de Eckhout. Ainda em 2008, foram produzidos selos comemorativos em homenagem à relação histórica entre os Países Baixos e o Brasil.

A situação no Brasil no último século tem sido bem diferente. Entre 1895 e 2003, 81 quadros (de um total de 155 obras autenticadas) de Post passaram por mãos brasileiras, principalmente por coleções privadas e públicas do Rio de Janeiro e de São Paulo.[18] 69 dessas obras de arte permanecem no Brasil até hoje. Existem 45 quadros de Post em coleções públicas no Brasil, a grande maioria dos quais entraram no país no século XX. O perito e antiquário do Rio de Janeiro, Djalma da Fonseca Hermes

---

17 O Rijksmuseum está em construção há anos com apenas uma pequena parte dessa coleção exposta; não se sabe como e onde os quadros serão expostos quando o museu reabrir suas portas.

18 Baseado numa analise de informações de procedência pública em *Frans Post* (2007).

O envolvimento mitológico do Brasil Holandês   89

adquiriu dez quadros (doze se incluímos obras não mais consideradas como criações de Post) durante o século XX, e uma grande parte da sua coleção foi adquirido pelo governo brasileiro em 1941.[19] Joaquim de Sousa-Leão, que passou um tempo como embaixador nos Países Baixos, escreveu algumas das primeiras análises da arte histórica das obras de Post. Ele possuía seis quadros do artista (sete, se incluímos um de atribuição hoje questionada). Outros grandes colecionadores de obras de Post no século XX incluem Oscar Americano, que comprou sete quadros do artista entre 1968 e 1973; essas obras hoje estão na coleção da Fundação Maria Luísa e Oscar Americano em São Paulo, estabelecido como museu e fundação em 1974. Beatriz e Mario Pimenta Camargo em São Paulo atualmente possuem cinco quadros do artista. A consciência popular da obra de Albert Eckhout e dos artistas ativos no Brasil holandês é demonstrada pelo fato que quadros de Eckhout receberam referências nos desfiles e enfeites carnavalescos no Rio em 1999.

Provavelmente a pessoa mais importante em termos de erguer o conhecimento público sobre o Brasil Holandês e seus artistas no Brasil é Ricardo Brennand, cuja coleção também representa nosso exemplo mais concentrado de quadros. Entre 1999 e 2006, Brennand e seu Instituto (estabelecido em 2002), comprou quatorze quadros autenticados de Frans Post, além de muitos outros objetos relacionados ao Brasil Holandês. Brennard, um industrialista aposentado, que mora em Recife, um centro histórico da ocupação holandesa, originalmente colecionava armaria e posteriormente expandindo seu interesse à arte europeia do século XIX e, especialmente, à pintura orientalista. Ele inicialmente começou na década de 1990 colecionando livros, manuscritos, mapas e obras de arte relacionadas à história do Brasil (começando na década 1990), aproximadamente no mesmo período em que Bia e Pedro Corrêa do Lago começaram seu estudo importante sobre a vida de Frans Post. Bia e Pedro Corrêa do Lago foram atores chave no ressurgimento do interesse nas

---

19   Isso foi durante o regime de Vargas e no período que o Museus de História Nacional foi fundado. Veja Daryle Williams, *Culture Wars in Brazil: The First Vargas Regime, 1930-1945* (Durham e Londres: Duke University Press, 2001).

obras de Frans Post, tanto no Brasil como na Europa, escrevendo livros, organizando exposições, e dando consultorias a colecionadores.[20]

O Instituto de Brennand se baseia numa elaborada construção, um quase-castelo, que tem partes medievais, enviadas ao Brasil da Inglaterra por navio, o que dá um toque e sabor das propriedades criadas para os industriais diversos, igualmente ricos, nos Estados Unidos no século XIX. A coleção afirma seu status social e riqueza, mas com seu foco nos "Brasiliana" desde a década 90, inclusive os quadros de Post, tem assumido um tom abertamente nacionalista. A coleção, que é aberta ao público, tem dado a esse industrialista aposentado uma nova identidade, não como um homem de negócios, mas como um cuidador generoso e responsável da herança cultural do Brasil e do seu futuro. Desde o século XX, brasileiros têm desbravado a trilha na coleção e exposição de obras de Frans Post: e na medida em que o país continua a crescer enquanto autoridade econômica mundial, são as paisagens de Post (não as naturezas-mortas de Eckhout ou a série etnográfica) que cria uma visão idealizada do passado sobre o qual se pode construir o sucesso do presente.

No decorrer dos séculos os quadros de Eckhout e de Post passaram de documentos da ocupação colonial para curiosidades coloniais, adquiridas pelos ricos e poderosos em toda Europa. No final do século XIX, quando o pouco conhecimento histórico havia sido retido sobre os artistas ou seus temas, foram redescobertos tanto pelos brasileiros como pelos holandeses, especialmente Post. Emblemas da expansão no além-mar e da dominação econômica para os holandeses, e das vistas de uma paisagem colonial desaparecida para os brasileiros, cada país criou uma distinta interpretação dos quadros de Post que foi apropriada para preocupações nacionais mais amplas.

---

20   Deve ser notado que recentemente (2010) foi publicado uma edição revisada e atualizada em português do meu livro em Albert Eckhout, *Visions of Savage Paradise*.

Referências Bibliográficas

Brienen, Rebecca Parker. "Albert Eckhout and Frans Post: Two Dutch Artists in Colonial Brazil," In: Edward Sullivan (ed.), *Brazil Body and Soul* (Nova York: Guggenheim Museum, 2001), 62-74.

_____, Rebecca Parker. *Visions of Savage Paradise: Albert Eckhout, Court Painter in Colonial Dutch Brazil* (Amsterdam: Amsterdam University Press, 2006).

_____, Rebecca Parker. *Albert Eckhout: Visões do Paraíso Selvagem: Obra Completa* (revised and expanded second edition of Visions of Savage Paradise), in Portuguese and English (Rio de Janeiro: Capivara Press, 2010).

_____, Rebecca Parker. "Who Owns Frans Post: Collecting Frans Post's Brazilian Landscapes". In *The Legacy of Dutch Brazil*, ed. Michiel van Groessen (in press).

Corrêa do Lago, Pedro and Bia. *Frans Post (1612-1680): Catalogue Raisonné* (rev. English transl.; Milan, 5 Continents Editions, 2007).

Prado, M. E. de Silva. "L'Art" (chapter 18). In *Le Brésil en 1889* (Paris, 1889): 519-572.

Skidmore, Thomas E. "Eduardo Prado: A Conservative Nationalist Critic of the Early Brazilian Republic, 1889-1901," *Luso-Brazilian Review*, vol. 12, no. 2 (Winter 1975), 149-161.

Stuers, Victor de. *Holland op zijn smalst*, reprint (Bussum, 1975).

Williams, Daryle. *Culture Wars in Brazil: The First Vargas Regime, 1930-1945* (Durham e Londres: Duke University Press, 2001).

Frans Post, a Paisagem e o Exótico:
O Imaginário do Brasil na Cultura Visual
da Holanda do Século XVII

Daniel de Souza Leão Vieira

*Doutor em Humanidades pela Universiteit Leiden, Países Baixos. Atualmente é
bolsista CNPq de Pós-Doutorado Júnior, ligado ao Programa de Pós-Graduação em
História da Universidade Federal de Pernambuco*

> Quando os silvícolas, pejando-se de se ver nus entre os nos-
> sos, se vestirem, agradecerão ao recato dos vossos europeus
> os véus com que se resguardava o primitivo pudor.
>
> Gaspar Barlaeus, *Reurm per octennium in Brasilia*, 1647

De Frans Post (1612-1680), diz-se que pintou a terra e os habitantes
do Brasil à moda da escola de Haarlem, como a praticavam seus colegas
na Guilda de São Lucas, "mirando 'descritivamente' só o visível".[1] Mas,
que exatamente significa fazer uma tal afirmação? Partimos aqui do
questionamento ao discurso do realismo na paisagística de Frans Post a
fim de investigar o imaginário do Brasil na cultura visual holandesa do
século XVII.

Seguindo a suposição de Erwin Panofsky – de que não haveria simbolismo ao nível iconográfico na pintura neerlandesa de paisagem do
século XVII,[2] parte da historiografia da arte tem se aproximado da obra

---

1   Oramas, Luis Pérez. "Frans Post: invenção e 'aura' da paisagem" in: Herkenhoff, Paulo
    (org.). *O Brasil e os Holandeses, 1630-1654*. Rio de Janeiro: Sextante Artes, 1999, p. 225.

2   Panofsky, Erwin. "Iconografia e Iconologia: uma introdução ao estudo da arte da

de Frans Post a partir do elemento da *mimesis*, presente no discurso oitocentista de "realismo".

Nesse sentido, tem-se descrito a estrutura das composições de Post a partir da ênfase a uma espacialidade figurativa mais unificada e em torno à ideia de que a imagem final estava mais relacionada à percepção das coisas empíricas. Essa comparação do "estilo" de Frans Post com o de seus contemporâneos de Haarlem foi enquadrada por uma interpretação "realista" da paisagística holandesa. No caso de Post, esse discurso realista apoia-se na sugestão de que ele havia sido encarregado de pintar "os fortes e vilas do Brasil, tudo ao vivo".[3]

Por conseguinte, grande parte dos historiadores da arte e dos *connoisseurs* tem concluído que o acuro e a precisão de detalhes nas composições de Post são como que evidências de uma natureza objetiva que tivesse sido fielmente registrada. Nesse sentido, a imagem em Frans Post, tida como uma cópia visual da realidade empírica, foi tomada até como uma antecipação óptica da imagem fotográfica.[4] Tal equívoco constituiu-se mesmo no ato anacrônico de confundir a iconicidade da pintura holandesa do século XVII pelo caráter indicial da fixação da imagem fotográfica;[5] ou mesmo na crença teleológica de uma espécie de

---

Renascença" in: *Significado nas Artes Visuais*. São Paulo: Perspectiva, 2001, p. 54.

3   Carta do Príncipe João Maurício de Nassau ao Marquês de Pomponne, Cleve, 21 de dezembro de 1678, *apud* Larsen, Erick. *Frans Post, Intérprete du Brésil*. Amsterdam/Rio de Janeiro: Colibris, 1962, p. 245.

4   Leite, J. R. Teixeira. *A Pintura no Brasil Holandês*. Rio de Janeiro: G. R. D., 1967, p. 39; *Dutch Brazil, Vol. I: Frans Post, The British Museum Drawings*. [Silva, Leonardo Dantas (ed.)] Petrópolis, Editora Index, 2000, p. 10-11; e Lago, Bia Correia do e Lago, Pedro Correia do. *Frans Post {1612-1680}. Obra Completa*. Rio de Janeiro: Capivara, 2006, p. 26-27.

5   Para uma distinção entre o "ícone" e o "índice", cf. Peirce, Charles Sanders. *Semiótica*. São Paulo: Perspectiva, 2003, p. 52. O fato de que a *captação* da imagem fotográfica opera por um processo de fixação indicial, através da contiguidade física com o fenômeno luminoso, não nos autoriza a julgar que a *imagem resultante final* seja, ela mesma, uma "prova de sentido". Para a distinção entre "prova de existência" e "prova de sentido", cf. Joly, Martine. *A Imagem e os Signos*. Lisboa: Edições 70, 2005, p. 204. Para uma crítica do realismo na fotografia, cf. Dubois, Philippe. *O*

evolucionismo progressista, indo da imagem icônica e pictórica rumo à indicial e fotográfica.[6]

Porém, se a noção do realismo oitocentista da crítica não dá conta da visualidade da arte neerlandesa do século XVII, como se pode então investigar essa última, em sua própria historicidade? É possível se aproximar da imagem em Frans Post sem tomá-la como a de um repórter fotográfico?

Rudger Joppien sugeriu que as composições de Post tem relação direta para com o de uma descrição social do Brasil holandês.[7] Já David Freedberg apontou que o estudioso deveria relacionar a produção das imagens nassovianas de Post aos interesses maiores dos neerlandeses sobre ciência e comércio no Atlântico.[8] Também Ernst van den Boogaart

---

ato fotográfico e outros ensaios. Campinas: Papirus, 1993; e PHILLIPS, David. "Photo-Logos: Photography and Deconstruction" in: CHEETHAM, Mark; HOLLY, Michael Ann & MOXEY, Keith (eds.) *The Subjects of Art History. Historical Objects in Contemporary Perspectives.* Cambridge: Cambridge University Press, 1998.

6 Em BRYSON, Norman. *Vision and Painting. The Logic of the Gaze.* New Haven: Yale University Press, 1983, p. 3 e 6, respectivamente, encontramos a problematização da categoria, tomada como *a priori* pelo formalismo da história da arte, em referência a uma suposta "universal visual experience". Para Bryson, a "natural attitude" do pintor seria procurar ser o mais fiel possível à essa visualidade; e a história da arte seria a marcha de progresso a formas cada vez mais puras disso que ele chamou de "essential copy". A mesma crítica a uma leitura progressista da história da arte foi feita por Simon Schama. Ao considerar especificamente a paisagística neerlandesa do século XVII, esse último procurou se distanciar do hegelianismo implícito na noção de *zeitgeist,* como quando se referiu ao discurso do realismo francês do século XIX, e sua sobrevivência no interior das abordagens historiográficas do século XX sobre a arte e que, concebendo a história como a manifestação de um *telos,* interpretou a arte neerlandesa do século XVII como um primeiro capítulo do desdobramento da razão ocidental, em sua relação com o desenvolvimento da burguesia. Cf. SCHAMA, Simon. "Dutch Landscapes: Culture as Foreground" in: SUTTON, P. C. *et al. Masters of 17th-century Dutch Landscape Painting.* Amsterdam/Philadelphia, 1987, p. 69-70.

7 JOPPIEN, R. "The Dutch Vision of Brazil: Johan Maurits and his artists" in: BOOGAART, E. van den (ed.). *Johan Maurits van Nassau-Siegen, 1604-1679: A Humanist Prince in Europe and Brazil, Essays on the occasion of the tercentenary of his death.* The Hague: The Johan Maurits van Nassau Stichting, 1979, p. 300.

8 Trata-se da Conclusão do volume editado por David Freedberg, em parceria com Jan de Vries, contendo os trabalhos apresentados num encontro promovido pelo Getty Museum sobre as possibilidades interdisciplinares entre a História da Arte

reforçou a hipótese de que a criação em Frans Post estaria diretamente relacionada a uma "análise pictórica da Colônia a partir de imagens documentais", tal como em textos como o relatório de Adriaen van der Dussen.[9] Para Van den Boogaart, as imagens de Frans Post seriam a reelaboração em estúdio de observações de campo, de forma que teria sido muito pouco provável que as figuras humanas e zoobotânicas dos primeiros planos de suas composições tivessem sido observadas nos mesmos sítios e momentos em que a faixa topográfica que aparece nos planos de fundo o foi.[10]

É possível concluir das sugestões dos autores acima mencionados que o processo de feitura da imagem em Frans Post foi mais complexo do que se pensou até então. E que as visadas no campo eram apenas o primeiro passo numa elaborada cadeia de procedimentos que supunha a reorganização daqueles mesmos elementos percebidos num arranjo final que era já a fabricação de uma visão acerca do Brasil holandês.[11] E que esse processo estava não só relacionado ao aspecto cultural da visualidade da época mas também às redes sociais de poder que permeavam as relações entre o artista – o pintor de paisagens –, e o patrão – o governador-general da colônia.

---

e a História. In: FREEDBERG, David and DE VRIES, Jan (eds.) *Art in history/History in art: Studies in Seventeenth-Century Dutch Culture*. Santa Monica: The Getty Center for the History of Art and the Humanities, 1991. As passagens do texto de Freedberg que tratam das imagens do Brasil holandês foram reunidas e publicadas como Freedberg, David. "Ciência, Comércio e Arte" in: HERKENHOFF, Paulo (org.). *O Brasil e os Holandeses, 1630-1654*. Rio de Janeiro: Sextante Artes, 1999.

9 BOOGAART, Ernst van den. "Realismo pictórico e Nação: as pinturas brasileiras de Frans Post" in: TOSTES, Vera Lúcia Bottrel e BENCHETRIT, Sarah Fassa (orgs.) *A Presença Holandesa no Brasil: Memória e Imaginário*. Livro do Seminário Internacional. Rio de Janeiro: Livros do Museu Histórico Nacional, 2004, p. 310.

10 *Idem*, p. 314.

11 É o caso de *Vista de Itamaracá*, primeira tela conhecida de Frans Post, como na análise que se encontra em VIEIRA, Daniel de Souza Leão Vieira. "Topografias Imaginárias: a Paisagem Política do Brasil Holandês em Frans Post, 1637-1669". Tese de Doutorado em Humanidades. Leiden: Universiteit Leiden, 2010, p. 130-132.

Portanto, é importante que duas implicações, distintas porém interconectadas, sejam aqui ressaltadas em relação às imagens de Frans Post: a questão do repertório imagético e a do imaginário.[12] Nesse sentido, a obra de Post deve ser entendida não só como parte de um conjunto mais amplo de produtos culturais;[13] mas também como relacionada ao contexto maior do imaginário sobre o Brasil, tal qual elaborado socialmente no interior da cultura visual neerlandesa do século XVII.

Por cultura visual, entendemos não só o repertório visual produzido por uma dada cultura, mas também o fazer cultural do mesmo.[14]

---

12   Aqui é importante destacar o aspecto semântico do termo "imaginário". Em língua inglesa, de acordo com o *Oxford Advanced Learner's Dictionary*, Third Edition, Tenth Impression. Oxford: Oxford University Press, 1994, *imaginary* é algo que se refere ao que existe apenas na mente, considerado, então, como não real. Cientes dessa peculiaridade linguística, autores de língua inglesa evitam a palavra e preferem usar *imagery*, no sentido de um grupo ou repertório de imagens. Quando precisam se referir não ao repertório, mas ao uso dele, ou ao processo que o constitui, os autores preferem usar termos derivados, como *imagination*. É preciso, então, salientar aqui que o uso da versão portuguesa para o termo, "imaginário", é aqui empregado não da tradição de língua inglesa, mas de como o termo aparece na teoria francesa, com o sentido de um sistema de relações que articula e mesmo institui simbolicamente o repertório, tal como em CASTORIADIS, Cornelius. *A instituição imaginária da sociedade*. Rio de Janeiro: Paz e Terra, 1982, p. 154.

13   As obras de arte e publicações que incluíam os retratos etnográficos e as naturezas-mortas de Albert Eckhout, a coleção *Brasiliana* de objetos etnográficos, o conjunto de pranchas editado por Christien Metzel, *Theatrum rerum naturalium Brasiliae*, a *Historia naturalis Brasiliae*, de Willem Piso e Georg Marcgraf; e o livro de Gaspar Barlaeus, *Rerum per octennium in Brasilia*.

14   Sobre o debate em torno da delimitação do escopo e do conceito de cultura visual, cf. JENKS, Chris (ed.). *Visual Culture*. Londres/Nova York: Routledge, 1995; EVANS, Jessica & HALL, Stuart (eds.). *Visual Culture: The Reader*. Londres: Routledge, 1999; e DIKOVITSKAYA, Margaret. *Visual Culture. The Study of the Visual after the Cultural Turn*. Cambridge, MA, The MIT Press, 2006. Na produção brasileira, o debate aparece em: MENESES, Ulpiano T. Bezerra de. "Fontes visuais, cultura visual, História visual. Balanço provisório, propostas cautelares" in: *Revista Brasileira de História*. São Paulo, vol. 23, n. 45, p. 11-36 – 2003; KNAUSS, Paulo. "O desafio de fazer História com imagens: arte e cultura visual" in: *Art*Cultura, Uberlândia, vol. 8, n. 12, p. 97-115, jan.-jun. 2006; e MONTEIRO, Rosana Horio. "Cultura Visual: definições, escopo, debates" in: *Domínios da Imagem – Revista do Laboratório de Estudos dos Domínios da Imagem na História*. Londrina, Ano I, n. 2, p. 129-134, maio 2008.

Portanto, por cultura visual queremos dizer o fazer cultural que, articulando a produção e a recepção do repertório visual, cria significações imaginárias, dotando o repertório de sentido social-histórico.[15] Assim, concebemos o visual de uma dada cultura a partir de uma posição teórica que propõe que o significado não é intrínseco ao objeto, mas construído nas e pelas relações sociais.[16]

Ao assim colocar a questão, conceituamos cultura visual a partir de uma definição mais antropológica da cultura, como um conjunto articulado por "práticas significantes", e não como erudição depositada em objetos, seja em livros, seja em séries de gravuras.[17] No entanto, concebemos que esses objetos do repertório foram também construídos por

---

15 "A significação é aqui o copertencer de um termo e daquilo a que ele *remete*, progressivamente, direta ou indiretamente. Ela é um feixe de *remissões* a partir e em torno de um termo. [...] O feixe detas *remissões* é, portanto, *aberto* – esse referente nunca é uma singularidade absoluta e separada, não é nem simples nem autárquico – mesmo que fosse *ousia*. [...]" in: Castoriadis, *op. cit.*, p. 390.

16 "Visual studies makes use of the same social theories as cultural studies, social theories that hold that meaning is embedded not in objects but in human relations." In: Dikovitskaya, *op. cit.*, p. 68.

17 "In cultural studies, broadly speaking, a distinction has always been made between culture, on the one hand, conceived as defined by the best and the truest and the noblest aspects of a society – which we might call elitist, or else hold on to the notion of high culture in the sense of its being something that perhaps should be inculcated in everyone even though it's available only to a few – and, on the other hand, a more anthropological notion of culture, involving the idea of situating every meaningful artifact in some sort of larger cultural context.
However, whatever anyone might say culture means, surely the main point is simply that all forms of material culture – high, low, popular, folk, etc. – are understood as signifying practices, so that there is in fact no rigid distinction between the elite version of culture and that which is construed in terms of civilization, society, technology, or something else outside the notion of 'culture'. A more all-embracing and anthropologically egalitarian notion of culture involves applying all the techniques that we use in studying high culture to those artifacts which are outside of it, but which are cultural nonetheless." Entrevista concedida por Martin Jay a Margaret Dikovitskaya, in: Dikovitskaya, *op. cit.*, p. 204. Sobre a conceituação das "signifying practices" e sua relação com o estudo da cultura visual, cf. Hall, Stuart (ed.). *Representation: cultural representations and signifying practices*. Londres: Sage Publications, 2003.

tais práticas culturais. Nesse sentido, podemos afirmar que a produção cultural de tais objetos guarda os vestígios e os rastros desse processo sócio-histórico de construção da significação.

Observamos então um deslocamento cuja relevância para esta investigação tem que ser sublinhada: não se trata de tomar a imagem em Frans Post como objeto de estudo de uma história da arte; mas, antes, de tratar-lhe como documento iconográfico com a qual poderemos inquirir sobre nosso verdadeiro objeto de estudo, isto é, a imaginação social sobre o Brasil, tal qual elaborada simbolicamente por grupos sociais de dentro dos quadros de uma cultura neerlandesa do século XVII.[18]

---

18   Aqui cabe ressaltar que não foi "toda" a cultura nem tampouco "toda" a sociedade neerlandesa tomada em questão. Quando falamos em "grupos sociais", estamos falando de uma elite letrada e de alto poder aquisitivo, seja em torno da corte de Frederik Hendrik seja em torno do patriciado de Amsterdã, Haarlem, Leiden, Haia e Middelburg, formado por magistrados e mercadores, prováveis compradores de Frans Post. Pouco se sabe sobre esses, mas a divisão dos grupos sociais de acordo com faixas de poder aquisitivo, tal qual fornecida por BENGSTSSON, Ake. *Studies on the rise of realistic landscape painting in Holland 1610-1625*. Uppsala: Almqvist & Wiksell, 1952, e comparada com os preços documentados para os quadros de Frans Post, tal como se vê em SOUSA-LEÃO, Joaquim de. *Frans Post 1612-1680*. Amsterdam/ Rio de Janeiro: A. L. van Gendt & Co./Kosmos, 1973, nos permite afirmar que apenas as duas parcelas de maior poder aquisitivo podiam comprar seus quadros. Quanto à distribuição geográfica de seu público comprador, é plausível pensar primeiramente em Haarlem, que era sua cidade natal, centro de uma guilda de pintores que enfatizavam a paisagística, e cuja população local apresentava grupos de investidores na *Geoctrooyerde West-Indische Compagnie*, doravante WIC. Esses últimos, ou mesmo os interessados no refino do açúcar, poderiam ser encontrados em Amsterdã e em Middelburg, onde haviam câmaras da WIC. Leiden e Haia provavelmente deviam estar incluídas nessa lista por conta de suas posições orangistas, que era uma ideologia relacionada ao imaginário neerlandês sobre o Brasil e, portanto, com nítidas implicações para a relação entre a produção de Frans Post e a recepção por seu público comprador.

O IMPULSO ETNOGRÁFICO
E A ANALOGIA ETNOCÊNTRICA

Ao tomar, por exemplo, a questão da construção de uma visão sobre o indígena, e a implicação dessa para uma geografia humana do Brasil holandês, observamos que essa produção cultural encontra-se entrelaçada em textos e imagens diversas, de forma que nos é possível traçar paralelos entre os relatos escritos (não só em Herckmans, Baro, Rabe, Soler ou Wagner; mas também em Piso, Marcgraf e no próprio Barlaeus), os "retratos" de Eckhout,[19] a cartografia de Marcgraf e a paisagem em Post.

Sobre os relatos dos holandeses do século XVII acerca dos índios tomados por "tapuias",[20] Ernst van den Boogaart chamara a atenção

---

19 Quanto à questão do termo "retrato", tal como aplicado às pinturas com figuras humanas em Eckhout, a historiadora da arte Rebecca Parker Brienen afirmou que: "I have consciously chose to call Eckhout's paintings of the different nations of Brazil 'ethnographic portraits' despite the fact that in the literature on Eckhout, this term has been interchangeable with 'exotic portrait' and 'ethnic type', terms that also lack clear definitions. In Richard Brilliant's wide-ranging study of portraiture and the creation of identity, he writes: 'If we mean by the term 'ethnographic portrait' the portrayal of exotic non-Westerns by Westerns artists for Western audiences, in which the exoticism of the person portrayed is intentionally represented as the principle subject, and that exoticism is manifested through careful attention to details of costume, personal appearance, and 'race', then such ethnographic portraiture is both anthropologically defined and culturally biased'." In: Brienen, Rebecca Parker. *Visions of Savage Paradise. Albert Eckhout, Court Painter in Colonial Dutch Brazil.* Amsterdam: Amsterdam University Press, 2006, p. 89. Por outro lado, o antropólogo Peter Mason alertou para o fato de que o "portrayal" podia facilmente se tornar um "betrayal". Segundo Mason: "This stress on the rhetoric and politics of various forms of representations, which characterizes much recent work in the humanities and social sciences as well, involves a shift from a stress on the documentary value of these representations to one on how they articulate cultural values. In visual terms, we might speak of a related shift from portrayal to betrayal: it is not what representations purport to represent which is the focus of attention, but what the eye as a performing agent constructs" in: Mason, Peter. *Infelicities. Representations of the Exotic.* Baltimore: The John Hopkins University Press, 1998, p. 53.

20 Aqui, "tapuia" aparece entre aspas para que se chame atenção para o termo, que constitui uma tipificação simplista e reducionista do europeu para várias nações indígenas do interior brasileiro, já se utilizando do etnocentrismo explícito na

para o fato de que, enquanto os textos sobre botânica e zoologia eram escritos por pessoas de formação acadêmica, os textos de caráter etnográfico eram escritos por funcionários a serviço da WIC, a *Geoctrooyerde West-indische Compagnie*, deixando implícito que esses não tinham nem a mesma formação nem o mesmo intuito ao construir suas observações.[21] Isso trazia implicações etnocêntricas. Segundo esse autor, os escritos de Elias Herckmans e o de Jacob Rabe repetem as estereotipias de observações tiradas de relatos de viajantes do século XVI, como os de Hans Staden e Jean de Léry.[22] Ainda segundo Van den Boogaart, as observações do predicante Vincent Soler e as do aventureiro Zacharias Wagener sobre os "tapuias" frequentemente se transformavam em acusações morais, baseando-se em preceitos cristãos que chegavam a associar a antropofagia a rituais demoníacos.[23]

Já ao discorrer sobre o que Gaspar Barlaeus escreveu sobre o tema no *Rerum per octennium in Brasília*, Van den Boogaart afirma se tratar de outra

---

exonímia de origem etimológica tupi. A generalização de todas as nações indígenas que habitavam o litoral em torno da designação "tupi" não estava errada; embora, enfatizada em demasia, através de fórmulas iconográficas simplificadas, conotasse um reducionismo. O caso dos "tapuias" é mais problemático ainda, como afirmou Peter Mason: "The word *Tapuya* itself is a Tupi term, which is supposed to mean 'Westerners' or 'enemies', according to Martius. It is thus not a self-ascription, but a label attached by one group (the Tupi) to refer to those who are definitely beyond the pale in their (tupi) eye. That is to say, *Tapuya* means simply 'no-Tupi' [...] In other words, there is no 'Tapuya' culture. The term has no place in scientific usage, it should only be written between single quotation marks, and its use should be confined to citations from writers of previous centuries. We are thus not dealing with self-ascriptions, but with a Tupi term that has been incorporated into European nomenclature and subsequently imposed on non-European regions in accordance with European preoccupations." In: MASON, *op. cit.*, p. 51-52.

21 Boogaart, Ernst van den. "Infernal Allies. The Dutch West India Company and the Tarairiu, 1631-1654" in: Boogaart, E. van den; Hoetink, H. R. e Whitehead, P. J. P. (orgs.). *Johan Maurits van Nassau Siegen, 1604-1679: A Humanist prince in Europe and Brazil: Essays on the Occasion of the Tercentenary of His Death*. The Hague: Johan Maurits van Nassau Stichting, 1979, p. 519.

22 *Idem*, p. 533.

23 *Idem*, p. 534.

Brasil Holandês: história, memória e patrimônio compartilhado

construção textual. Nela, veem-se os relatos colhidos pelos funcionários, como no caso dos de Rabe, usados como fontes para uma visão dos "tapuias" já considerada desde uma formação humanista de acadêmico.[24] Van den Boogaart observa o recurso retórico em Barlaeus de fazer uma analogia entre os indígenas brasileiros e os ancestrais teutônicos dos neerlandeses.[25] O uso da analogia, assim faz crer a análise do estudioso, era a referência a uma "rudimentary theory of cultural evolution, such as that set out in José de Acosta's *Historia Natural y Moral*".[26]

Aqui, a analogia se estrutura discursivamente em uma tripla comparação: os gregos, primitivos ao tempo de Homero, evoluiram até atingir o desenvolvimento que se testemunhou ao tempo da filosofia clássica e da ciência helenística. E, enquanto os romanos, herdeiros dos primeiros, já possuíam a engenharia e o direito, os teutônicos (e entre eles, os batavos, considerados no século XVII como ancestrais dos neerlandeses) não passavam de grupos sociais rudimentares.[27] No entanto, também os neerlandeses se desenvolveram – como a expansão comercial e marítima, o desenvolvimento tecnológico na conquista de terras ao mar e a própria independência dos neerlandeses em relação aos espanhóis atestam – de forma que se tomados por modelos, fariam os tupis e "tapuias" do século XVII parecerem bárbaros e selvagens.

---

24   *Idem, ibidem.*

25   "Barlaeus' adaption of Rabe's rapport shows how a learned humanist in Europe judged savagery and civility with a more secular cast of mind. He added comments to the account by the 'director of the Tapuyas' in which he pointed to the fact that some of the Tarairiu customs could be compares with those of the Homeric Greeks, the Romans and the Teutonic ancestors of the Dutch. The Tapuyas soothsayers sang and leaped like the priests of Mars. Nhanduí had his wounds sucked by a medicine man just as the wounded Menelaos had been treated by Machaon." *Idem, ibidem.*

26   *Idem, ibidem.*

27   Sobre a primeira descrição etnográfica de um autor latino sobre os "primitivos" germânicos, texto inclusive muito citado pelos escritores neerlandeses dos séculos XVI e XVII, cf. TÁCITO. "Germânia" in: *Obras Menores*. Tradução e notas prévias de Agostinho da Silva. Lisboa: Livros Horizontes, 1974.

É justamente o caráter evolutivo dessa concepção que permite a conclusão de que também os tupis e os "tapuias" se desenvolveriam. Assim, sua "selvageria" não era vista como uma essência que os condenasse *a priori* e *ad semper*; mas seria apenas uma condição "primitiva": um estágio primeiro na escada da evolução.

Nesse sentido, a leitura dos costumes "tapuias", como parte de um estágio, levava a um certo relativismo, como quando considera a pedofagia, ao afirmar: "The mother together with another close blood relative eats the corpse of a dead child; we call this franzy, they call it devout solicitude and love."[28] Ficaríamos quase tentados a considerar Barlaeus um relativista cultural, não fosse pela advertência de que

> Barlaeus was certainly not a cultural relativist in the sense of regarding all cultures as equal. It was in fact his defense of Dutch imperialism and his belief in the superiority of European civilization which determined his relatively mild attitude towards the "savagery" of the Tarairiu. [...] In a paean to colonial expansion he stressed that the acquisition of overseas territories would not only guarantee peace at home, but that it would bring "religion, wealth, laws, morals and civility to far-flung peoples". A defense of imperialism on the grounds of its civilizing mission assumes a widespread potential for civilization among the colonized peoples and may lead to the view that "savagery" is a step on the road to civility.[29]

Essa visão humanista da história permitia que se concebesse o desenvolvimento dos povos ameríndios. Entretanto, a conclusão dessa analogia aponta para a visão de que, da mesma forma que o conhecimento clássico fora relevante para o desenvolvimento dos neerlandeses modernos, esse último deveria ser o espelho normatizador da evolução dos costumes rumo à civilização dos ameríndios. Eis o enunciado humanista usado como justificativa pelo colonizador.

---

28 Citação à edição holandesa de Barlaeus em Boogaart, *op. cit.*, p. 535.

29 *Idem, ibidem.*

A análise de Van den Boogaart para as observações etnográficas do texto de Barlaeus são de grande validade para o estudo das fontes visuais do Brasil holandês. No entanto, não podemos concordar inteiramente com sua conclusão, sobretudo no que diz respeito à aplicação desse modelo para a interpretação da imagem em Albert Eckhout, e suas implicações para uma interpretação da imagem de Frans Post. Detenhemo-nos neste ponto.

Van den Boogaart afirmou que a construção da etnografia dos habitantes do Brasil holandês na imagem de Albert Eckhout guarda semelhança com os relatos escritos produzidos pelos funcionários da companhia, como Herckmans, Baro e Rabe; e não como o texto de Barlaeus, fundado no humanismo acadêmico.[30]

Em um texto posterior, Van den Boorgaart estendeu essa afirmação também à imagem de Frans Post, equivalendo-lhe a textos técnicos. No entanto, a equivalência de sua descrição visual estaria relacionada ao relatório de Adriaen van der Dussen, que se atém a uma descrição da vida econômica e social da colônia.[31] Poderíamos sintetizar o argumento desse autor ao enunciar que, se, por um lado, à imagem de Eckhout correspondem os relatos de cunho etnográfico, por afinidade com o tema do pintor dos retratos; por outro, à paisagem em Frans Post estariam relacionados os relatos de cunho mais geográfico, pelo mesmo argumento da afinidade temática.

No entanto, e ainda que reconhecendo o mérito e a relevância do método de análise de Ernst van den Boogaart, preocupado com a problematização interdisciplinar sobre a construção da imagem no Brasil holandês, cumpre ainda fazer-lhes alguns comentários. Trata-se de três aspectos da aproximação de Van den Boogaart às imagens de Frans Post: a) a relação entre os motivos dos primeiros planos com os dos

---

30 *Idem*, p. 538.

31 BOOGAART, Ernst van den. "Realismo pictórico e Nação: as pinturas brasileiras de Frans Post" in: TOSTES, Vera Lúcia Bottrel e BENCHETRIT, Sarah Fassa (orgs.) *A Presença Holandesa no Brasil: Memória e Imaginário*. Livro do Seminário Internacional. Rio de Janeiro: Livros do Museu Histórico Nacional, 2004.

planos de fundo; b) a relação dos motivos dos primeiros planos para com a iconografia do Brasil holandês, considerando especialmente as fontes visuais sobre história natural e sobre etnografia; e c) a relação da construção da imagem em Frans Post com a construção discursiva dos textos sobre o Brasil holandês.

Em primeiro lugar, ao desconstruir os planos nas pinturas de Post, Van den Boogaart isolou as figuras humanas, criando uma análise desconexa: deixou o fundo como cenário, *parergon*, tratando as figuras humanas como que independentes da paisagem.[32] Isso pode ser explicado pelo fato de se tratar de uma importação metodológica de análise imagética a partir da produção de Albert Eckhout. Nas imagens desse pintor, os elementos e motivos pictóricos funcionam como atributos do retratado, informando sobre ele e, dessa maneira, podem ser individualizados: cestos, roupas, animais, a paisagem ao fundo, etc. Ou seja, ao transpor categorias de análise da imagem que é própria a Eckhout, o autor desconsiderou aquilo que constitui o cerne da imagem em Post: a paisagem.

Há diferenças entre Eckhout e Post, e essas não são apenas de escala, mas de olhar. Em Post, a paisagem não é mais *parergon* e sim o centro da composição. No entanto, os elementos zoológicos, botânicos e etnográficos também estão presentes, só que submetidos figurativamente na ambiência de um espaço atmosférico que perfaz a unidade da composição enquanto paisagem. Nesse sentido, os planos de fundo das telas "brasileiras" não podem ser tomados como "cenários", muito menos como "fixos". Em Eckhout, o fundo com uma cena de fazenda funciona, em sua alusão à terra cultivada, como atributo para a mulher tupi, construindo a visibilidade de um tipo étnico já contatado e integrado às atividades socioeconômicas da colônia. Da mesma maneira que a mulher "tapuia" foi situada à frente de uma paisagem sem nenhum sinal de cultivo: ao "selvagem", correspondia a terra inculta.

---

32 Malcolm Andrews considerou o termo grego *parergon* como "by-work", ou seja, aquilo que não constitui o tema central da composição, aquilo que está à margem. In: ANDREWS, Malcolm. *Landscape and Western Art*. Oxford: Oxford University Press, 1999, p. 6.

Mas então não importava que nenhum desses cenários em Eckhout fizesse alusão a uma localidade específica; bastava que eles fossem organizados com os elementos que informariam sobre o retratado pelo tema a que aludiam. Mas, por outro lado, em Post a relação é inversa. Com a paisagem como tema central, e ademais tratada como representação de lugar, cada imagem teria que ser construída em relação à especificidade do sítio topográfico. As figuras humanas entram, então, como elementos com os quais Post informava sobre a topografia. Nesse sentido, é importante não só uma análise iconográfica de cada motivo do primeiro plano, como também uma inferência cruzada entre a iconografia desses motivos e a dos motivos topográficos do fundo, investigando a relação de especificidade para essa relação em cada uma das composições.

Assim, em segundo lugar, devemos nos ater à relação entre os motivos dos primeiros planos e sua relação iconográfica para com os motivos nas imagens de história natural e de etnografia. Detenhamo-nos em dois exemplos da análise de Van den Boogaart: a vegetação no primeiro plano da tela *O rio São Francisco*, e a figura masculina de costa, no primeiro plano da tela *Forte Frederik Hendrik*. O que Van den Boogaart referiu como a representação de cana-de-açúcar,[33] foi identificado pelo historiador natural Dante Martins Teixeira como a representação de macambiras-de-flechas, *Encholirium spectabile*.[34] No segundo exemplo, ele interpretou o homem de costa como "um português de modesto poder aquisitivo".[35] No entanto, examinando as aquarelas deixadas por Zacharias Wagener, e mesmo pela recorrência do motivo num quadro posterior de Frans Post, como *Vista de Cidade Maurícia e Recife*, vê-se que as figuras humanas em casacas vermelhas aludiam aos soldados da Guarda de Nassau. A reconsideração de

---

33 BOOGAART, *op. cit.*, p. 314.

34 TEIXEIRA, Dante Martins. "Nature in Frans Post's paintings of the New World" in: KREMPEL, León (ed.). *Frans Post (1612-1680). Maler des Verlorenen Paradieses*. Ausstellung und Katalog. München: Haus der Kunst, 2006, p. 48.

35 BOOGAART, *op. cit.*, p. 315.

detalhes dessa natureza pode fazer ver nuances na criação da imagem de Frans Post que não devem ser menosprezados.

Em terceiro lugar, como demonstrado em nossa tese de doutorado,[36] cabe questionar o estabelecimento da equivalência entre a paisagem em Frans Post e o relatório de Adriaen van der Dussen. Por um lado, não há dúvida de que o texto do relatório, rico em observações detalhadas sobre vários aspectos socioeconômicos da vida colonial no Brasil holandês, tem muitos elementos em comum com a produção imagética de Frans Post.[37] Mas, por outro lado, isso não autoriza que se afirme ser a imagem de Frans Post um relatório visual da vida social da colônia. Essa interpretação é coerente para com os escritos e imagens no relato de viagem de Jan Huygens van Linschoten, que resultou da iniciativa de um particular;[38] mas deve ser relativizada para o caso particular da fabricação da imagem por Frans Post, uma vez que as circunstâncias dessa tinham a ver com a encomenda de João Maurício, então governador-general da Nova Holanda.

O texto do conselheiro Adriaen van der Dussen visava reunir suas observações de forma a constituir um rudimento de análise socioeconômica do Brasil colonial a fim de que os Senhores Diretores da WIC, e mesmo seus funcionários da administração no Brasil, pudessem dela

---

36 Cf. VIEIRA, Daniel de Souza Leão. "Topografias Imaginárias: A Paisagem Política do Brasil Holandês em Frans Post, 1637-1669". Tese de Doutorado em Humanidades. Leiden: Universiteit Leiden, 2010.

37 Para tomar um exemplo que corroboraria a conclusão de Van den Boogaart (de que se trata de equivalência entre Post e Van der Dussen), ao descrever os "brasilianos" e seu modo de vida, Van der Dussen se refere a cabanas construídas de palha ou de pindoba. In: DUSSEN, Adriaen van der. *Relatório sobre as capitanias conquistadas no Brasil pelos holandeses, 1639: suas condições econômicas e sociais.* Tradução, introdução e notas por José Antonio Gonçalves de Mello, Neto. Rio de Janeiro: Instituto do Açúcar e do Álcool, 1947, p. 87. Ora, a palmeira pindoba foi justamente situada junto a uma cena de índios tupis em uma aldeia, num painel datado de 1645 por Frans Post, composição que guarda uma relação de proximidade para com o tema da etnografia.

38 Cf. BOOGAART, Ernst van den. *Civil and Corrupt Asia. Image and Text in the* Itinerario *and the* Icones *of Jan Huygen van Linschoten.* Chicago: The University of Chicago Press, 2003, p. 7.

Brasil Holandês: história, memória e patrimônio compartilhado

dispor para um planejamento mais eficaz e para uma maior rapidez na tomada de decisões. Nesse sentido, Van der Dussen poderia e deveria se sentir encorajado a relatar tudo o que, crendo ser de relevância, pudesse observar. Já Frans Post não deve ter tido a mesma liberdade. Vejamos um exemplo de etnografia do indígena enquanto descrição social da colônia no texto de Van der Dussen e na imagem de Frans Post. Sobre os "brasilianos", Van der Dussen afirmou que

> [...] Vão para o trabalho como forçados e de má vontade, mas com aguardente consegue-se tudo deles. [...] Em parte alguma estão os índios mais satisfeitos do que quando vão à guerra, mas não têm escrúpulo de, quando têm vontade, desertar das fileiras como velhacos.

> Reunimos uma tropa numerosa, de diversas aldeias, mas quando era preciso marchar, se esquivavam aqui e ali da tropa, voltando para as suas casas. Não nos foi possível mantê-los na mesma disciplina dos nossos soldados, se bem que recebessem soldo e ração.[39]

A descrição de Van der Dussen não tem equivalente em nenhuma cena de Frans Post. Ao contrário, ela até mesmo contradiz a maneira como Post tratou o assunto dos indígenas em marcha de guerra, como na coluna que se dirige ao Forte da Povoação, tornando possível que os soldados europeus descansassem à sombra do ficus e à beira da estrada, tal qual aparece na tela e no desenho sobre Porto Calvo. Motivo esse que ocorre também numa das vinhetas do mapa mural *Brasilia qua parte paret Belgis*, na qual aparece um índio, em meio à coluna de guerreiros que sai da aldeia, carregando a bandeira tricolor das Províncias Unidas dos Países Baixos, acrescida da insígnia da WIC.

Ao comparar o tratamento que Post deu ao motivo com a descrição do mesmo tema em Van der Dussen, percebemos que os conteúdos das observações acerca da realidade social no Brasil aparecem já filtrados

---

39 Dussen, *op. cit.*, p. 87-89.

nas imagens do primeiro, de forma que podemos supor uma espécie de controle sobre os temas que poderiam ou não ganhar visibilidade na sua imagem.

Portanto, propomos a tese de que a construção da imagem em Frans Post tinha o objetivo de formular uma geografia oficial da Nova Holanda, de acordo com os propósitos de João Maurício. Nesse sentido, as observações empíricas (etnográficas, zoológicas, botânicas, atmosféricas e topográficas) de Frans Post deveriam ser organizadas em uma visão do Brasil holandês. Nesse sentido, o texto que mais guarda relação com a imagem de Post é a história do governo de Nassau, escrita por Gaspar Barlaeus.

Indubitavelmente, há elementos na imagem de Frans Post que, remetendo-se ao acuro de suas observações, poderiam ser considerados da ordem do técnico, possibilitando uma comparação com os recursos textuais encontrados nos relatórios de funcionários da WIC e que, segundo a sugestão de Van den Boogaart, os distinguiriam de textos acadêmicos.

No entanto, se podemos, por um lado, localizar elementos de medições altimétricas, por exemplo, na obra de Frans Post; por outro, não estaríamos autorizados a afirmar que sua imagem se reduzisse apenas ao uso dos elementos deduzidos como "técnicos", uma vez que na análise de sua imagem outros aspectos podem ser aferidos. A altimetria nas composições das telas podem ser referidas como os elementos que denotam as características orográficas dos sítios observados.[40] Porém, para que esses elementos quantitativos da descrição pudessem ser articulados em termos de uma descrição topográfica, foi necessário a Post arranjá-los de forma que pudesse fazer ver aspectos qualitativos que terminariam por transformar a planialtimetria do sítio em construção imaginária de lugar.

---

40   Tomamos os níveis de denotação e conotação na imagem a partir da passagem: "[…] a imagem não se significa ela mesma como objeto do mundo, mas baseia-se num primeiro nível de significação, a que se chamou denotativo ou referencial, para significar outra coisa num segundo nível. Barthes chamou esse segundo discurso o *discurso da conotação* […]" in: JOLY, Martine. *A Imagem e os Signos*. Lisboa: Edições 70, 2005, p. 179. Cf. BARTHES, Roland. "The Rhetoric of Images" in: EVANS & HALL, *op. cit.*

Retomemos então duas estratégias discursivas que Van den Boogaart tomou como categóricas, em sua análise, do texto de Barlaeus: 1) a descrição, que denota a etnografia; e 2) a analogia da primeira com uma história natural e moral do "primitivo", que já conota um rudimento de sistematização etnológica. A fim de testarmos essas categorias na imagem de Frans Post, tomemos então o exemplo da tela *O rio São Francisco*.

A etnografia em Barlaeus constitui o que viemos considerando como análogo ao "impulso etnográfico" de descrever o "outro". Observamos que esse impulso aparece na composição *O rio São Francisco* em relação à descrição da terra, embora indiretamente pelo emprego de motivos zoológicos e hidrográficos, e não de figuras humanas. O emprego da capivara e a própria caracterização do rio foram feitas utilizando a referência ao elemento cultural da etimologia tupi. No mapa *Ciriii vel Seregipe del Rey cum Itapuáma*, a foz do rio São Francisco aparece grafada não só pelo orago, seu nome católico, mas também pelo topônimo tupi, *Parapitinga*.[41] O indígena empregou a palavra *para*, em alusão ao mar, e não *y* ou *ybe*, que se referia a cursos d'água de menor porte, porque o rio São Francisco era conhecidamente longo, largo e volumoso. Mas porque seu espelho d'água podia, refletindo a luz de um dia muito nublado, adquirir um aspecto acinzentado, com suas águas nem totalmente brancas nem completamente negras, delas dizia o indígena *tinga*, como em comum com *caatinga*, referindo-se às matas que, perdendo a folhagem na estação seca, tornavam-se cinzentas. Aliás, a vegetação xerófita que caracteriza esse bioma está intimamente relacionada ao próprio rio São Francisco. Assim, podemos traduzir o topônimo tupi *Parapitinga* por "Mar cinzento".[42]

---

41   O mapa mencionado foi reproduzido no *Altas Maior*, de Joan Blaeu, de um dos fólios do mapa *Brasilia qua parte paret Belgis*, de Marcgraf. Ver BLAEU, Joan. *Atlas Maior* [1665]. Introdução e textos de Peter van den Krogt. Köln: Taschen, 2005, p. 564-565.

42   "Para", mar, + "petinga", superfície esbranquiçada, em TIBIRIÇA, Luiz Caldas. *Dicionário de Topônimos Brasileiros de Origem Tupi. Significado dos nomes geográficos de origem tupi.* São Paulo: Traço Editora, 1985, p. 94.

Frans Post pode ter representado o rio São Francisco de acordo com esse elemento cultural tupi da apreciação ao meio ambiente brasileiro. Em sua tela, o céu carregado de nuvens impede que a luz dos Trópicos saturasse as cores e/ou conferisse muito brilho à paisagem. Assim, as águas do rio tornaram-se opacas, transformando-se num espelho-d'água que refletiu o tom plúmbeo das nuvens, escurecendo-se em tons de azul na direção do nascente e esbranquiçando-se na direção do poente com o cair da tarde.

Essa relação entre o motivo figurativo e o elemento cultural da toponímia foi reforçado por Post na medida em que esse também relacionou o motivo zoológico da capivara à etimologia tupi. Frans Post representou o roedor comendo plantas aquáticas, tal como o nome *capivara* sugere: *caapii* + *gwara*; ou comedor de capim.[43] Daí podemos entender o porquê de Post ter posto a capivara no alto da ribanceira do rio, e não na margem inundável, mais abaixo da ribanceira, como do costume da espécie: justamente para, em posição elevada, e contrastada às águas do rio, fazer ver a relação entre a terra e sua fauna na relação direta com a cultura dos ameríndios. Defendemos aqui que essa construção da paisagem correspondia à etnografia em Eckhout, em Marcgraf e em Barlaeus.

Porém, a etnografia dos holandeses se inscrevia numa atitude europeia, mais generalizada, de transpor a observação direta em comparação etnocêntrica. O que Antonello Gerbi localizou na construção discursiva da história natural de Buffon,[44] podemos constatar nos registros holandeses acerca do Brasil no século XVII: as espécies botânicas e zoológicas do Novo Mundo eram interpretadas como variações de tipos matriciais do Velho Mundo; como equivalências do que já era conhecido. Foi nesse sentido que tanto Georg Marcgraf, na *Historia naturalis Brasiliae*, quanto Zacharias Wagener, no *Thierbuch*, se referiram

---

43   HOUAISS, Antônio e VILLAR, Mauro de Salles. *Dicionário Houaiss da Língua Portuguesa.* Rio de Janeiro: Objetiva, 2001, p. 612.

44   Cf. GERBI, Antonello. *O Novo Mundo: história de uma polêmica: 1750-1900.* São Paulo: Companhia das Letras, 1996, p. 19-27.

à capivara como um porco fluvial.[45] Nesse sentido, o impulso "etnográfico" na observação do "outro" cedeu lugar a uma outra operação, que transformou esse último em "familiar", através de recurso à analogia, constituindo um processo cultural de assimilação que incluía a terra, fauna, flora e habitantes do Brasil por domesticação. No entanto, essa domesticação do "outro" por analogia não era uma equiparação do tipo americano ao tipo europeu. Em alusão ao que Van den Boogaart chamara atenção, a domesticação do "outro" através do "típico" era a sua disposição enquanto o "primitivo", a base da hieraquização de civilidade aplicada enquanto modelo evolutivo.[46]

O mesmo processo de comparação, ou antes, de redução do "outro" às categorias eurocêntricas, através do recurso discursivo da analogia, pode ser aferido na análise do motivo do rio São Francisco em Frans Post. Já vimos, em texto anterior, como Frans Post caracterizara o sítio do Forte Maurits (onde hoje encontra-se a cidade de Penedo), às margens do rio São Francisco, como a fronteira sul do Brasil sob domínio holandês.[47] Para que percebamos que essa construção imaginária de uma fronteira, de dentro de uma delimitação geográfica do corpo político da Nova Holanda, foi feita por alusão à geografia política e cultural

---

45   Marcgraf, Georg. *História Natural do Brasil.* [1648]. Tradução de Mons. Dr. José Procópio de Magalhães. São Paulo: Imprensa Oficial do Estado, 1942, p. 230. Cf. também Zacharias Wagener, *Thierbuch,* in: *Dutch Brazil,* vol. II – The "Thierbuch" and "Autobiography" of Zacharias Wagener. org.: Dante Martins Teixeira. Rio de Janeiro: Editora Index, 1997. Esse argumento foi desenvolvido por Rebecca Parker Brienen, quando de sua análise dos motivos zoológicos enquanto atributos na *Mameluca,* tela de Albert Eckhout. Nessa passagem, afirma Brienen: "[…] For European colonists, Brazilian birds were 'pheasants', wild boars were 'pigs', and guinea pigs were 'rabbits'. In his discussion of the 'different varieties of Brazilian rabbits', Marcgraf lists guinea pigs ('cavia cabaya') along with aperea, paca, and agouti. Under Marcgraf's drawing of a guinea pig in *Handbook I,* Johan Maurits writes, 'This is a rabbit, the size of the European ones'. […]" In: Brienen, *op. cit.,* p. 167.

46   Boogaart, 2004, *op. cit.,* p. 535.

47   Cf. Vieira, *op. cit.,* especialmente o capítulo V – "A Heráldica da *Pax Nassoviana,* 1637-1645".

dos Países Baixos, é preciso que relacionemos os motivos da composição de Post a outras construções culturais do Brasil holandês.

Gaspar Barlaeus descreveu o rio São Francisco através de uma comparação de mesmo caráter, afirmando que: "O estuário dele [do rio São Francisco] tem quase a largura do Mosa próximo ao porto de Delft na Holanda."[48] A analogia que Barlaeus fez entre o São Francisco e o Mosa não guarda nenhuma relação com o real empírico, uma vez que os dois rios são de naturezas diferentes (em tamanho, o São Francisco teria que ser comparado não ao Mosa e nem mesmo ao Reno; mas ao Danúbio), mas isso se entende por duas razões. A primeira pelo fato de que Barlaeus escreveu o texto sem nunca ter estado no local; e, em segundo lugar, Barlaeus, ao tentar trazer a percepção e o relato do rio São Francsico para as categorias do conhecido, do familiar, estava operando uma analogia que remontava a um imaginário neerlandês do rio como fronteira.

Foi levando esse elemento em consideração que Jonathan Israel constatou a seguinte proposição:

> The great rivers flowing across the Low Countries from east to west, especially the Maas (Meuse) and Waal, constituted such a formidable political and strategic barrier that no southern state was able to intervene military or, in a serious way, politically, north of the rivers. [...]
>
> The rivers forming an effective barrier, there was little interference from Flanders or Brabant with the efforts of the Counts of Holland to achieve broad hegemony over the complex of principalities in the north. During the later Middle Ages down to the fifteenth century, the Netherlands formed two essentially separated political arenas – as, in many respects, they were to continue to do later.[49]

---

48 Barlaeus, Gaspar. *História dos feitos recentemente praticados durante oito anos no Brasil* [1647]. Recife: Fundação Cultura Cidade do Recife, 1980, p. 43.

49 Israel, Jonathan I. *The Dutch Republic. Its Rise, Greatness and Fall, 1477-1806*. Oxford: Oxford University Press, 1995, p. 12.

O imaginário do rio (ou antes dos deltas combinados dos três rios: o Reno, o Mosa e o Escalda) como fronteira remontava ao tempo dos romanos, em que o Reno formava uma fronteira natural tornada política, entre o Império Romano e a Germânia, como se vê, por exemplo, no mapa de projeção cilíndrica de Ptolomeu, *Descriptio Tertia Tabula Europae*.[50] Esse imaginário poderia ser evocado politicamente em imagens que relacionavam a paisagem à alegoria de Vigilância, como no caso da gravura número 6 de Esaias van den Velde, *Walled River Town to the Left of a River*;[51] ou mesmo essa evocação política poderia se revestir do tema religioso, como no painel de Adriaen Pietersz van de Venne, *Fishing for Souls*.[52]

A comparação entre o rio São Francisco e os rios que desembocam nos Países Baixos também emerge da comparação entre os diversos cartuchos decorativos dos mapas e de frontispícios contemporâneos à produção de Post. A figura do velho de barbas longas, segurando um vaso de onde jorra água, foi usada iconograficamente de forma muito semelhante tanto em alusão ao São Francisco no frontispício da *Historia naturalis Brasiliae*, quanto no mapa sobre a bacia hidrográfica do Reno e do Mosa no *Atlas Maior*, de Joan Blaeu. A construção dessas imagens já aponta para uma equiparação em analogia dos rios do norte aos rios do mediterrâneo, uma vez que o motivo do velho de barbas, associado aos

---

50 Mapa reproduzido à prancha 4 em BERGGREN, J. Lennart & JONES, Alexander. *Ptolemy's Geography. An annotated translation of the theoretical chapters*. Princeton: Princeton University Press, 2000.

51 LEVESQUE, Catherine. *Journey through landscape in seventeenth-century Holland: the Haarlem print series and Dutch identity*. The Pennsylvania State University, 1994; figura 60.

52 Van de Venne não se refere às dissensões entre dissidências protestantes, mas constrói sua composição em estruturas de oposição entre protestantes, de um lado, e católicos, de outro, sendo que ambos os lados foram coincididos às duas margens separadas por um rio. Fora as óbvias conotações ao texto bíblico e ao rio como metáfora, a oposição entre protestantes e católicos bem que poderia ser também uma divisão político-cultural entre um norte e um sul. A esse respeito, cf. LUIJTEN, Ger e SUCHTELEN (eds.) *Dawn of the Golden Age. Nothern Netherlandish Art, 1580-1620*. Amsterdam/Zwolle: Rijksmuseum/Waanders Uitgevers, 1994, p. 536-537.

Frans Post, a paisagem e o exótico 115

rios, já aparece na arte renascentista italiana e em referência a elementos clássicos. Aqui, mais uma vez, a analogia se desdobrou do quadro mediterrâneo-clássico → norte europeu-moderno para o contexto colonial: Países Baixos → Novo Mundo.

Nesse sentido, assim como os rios Reno, Mosa e Escalda eram tidos como uma fronteira cultural, política e religiosa que separava as Províncias Unidas, de um lado, e os Países Baixos Obedientes, de outro, o uso do mesmo imaginário por Post para representar o rio São Francisco reforça a imaginação, por analogia, desse rio como fronteira entre um Brasil holandês, com sede na Cidade Maurícia, ao norte, e um Brasil português, com sede em Salvador da Bahia, mais ao sul. Nesse sentido, tanto a composição de Post quanto o mapa de Marcgraf representam a margem sul do rio, já na capitania de Sergipe, ambas à esquerda, na relação com os motivos do cacto e da capivara (ou porco, no sistema de analogia), tendo sido acrescentado o jaguar no mapa. O cacto remetia o espectador ao imaginário de terra deserta, enquanto o "porco" e o jaguar faziam referência ao inimigo ibérico do sul.[53]

Assim, a composição de Post sobre o rio São Francisco, relacionando-se ao conteúdo veiculado por outras imagens e textos, constrói a relação entre a topografia, na representação da localidade onde se encontrava o Forte Maurits, e a corografia do Brasil holandês, dedutível do conjunto de suas vistas topográficas, mas também da relação entre suas

---

53 O jaguar aparece como atributo da Traição, e fôra associado aos espanhóis, como na gravura de Willem Buytewech. Cf. Willem Buytewech. *Merckt de Wysheyt vermaert vant Hollantsche huyshouwen en siet des luiperts aert die niet is ter vertrouwen*, página-título, 1615 *apud* LEVESQUE, *op. cit.*, fig. n. 83; enquanto o porco, em alusão indireta através da capivara, uma espécie de "porco d'água", aparece ligado à zoomorfização de tropas que devastavam a terra em tempos de guerra, como no impresso *Stop Rooting in my Garden, Spanish Pigs*, de 1572, citado em LEVESQUE, Catherine. "Landscape, politics, and the prosperous peace" in: FALKENBURG, Reindert (ed.). *Natuur en Landschap in de Nederlandse Kunst, 1500-1850*. Zwolle: Waanders Uitgevers, 1998, p. 233, o que condiz com a descrição de Sergipe como um *no man's land* de terra arrasada pelas frequentes incursões militares de ambos os lados em litígio. Para essa caracterização de Sergipe, cf. CASCUDO, Luís da Câmara. *Geografia do Brasil Holandês*. Rio de Janeiro: José Olympio, 1956.

vinhetas e a cartografia de Marcgraf, de forma a sugerir o rio São Francisco como a borda sul do Brasil holandês. Assim, o que era um impulso etnográfico de olhar a paisagem a partir de categorias toponímicas tupi foi assimilado em analogia que referiu o sitio observado enquanto familiar, operando a construção de um lugar da *Nova* Holanda.

Entretanto, as imagens de Frans Post tinham um lugar muito específico de dentro dessa produção nassoviana sobre o Brasil, e deve ser entendida na sua especificidade de repertório paisagístico na confluência de um imaginário sobre a terra do Brasil. Post inscreveu motivos tropicais com temas brasileiros em convenções holandesas de topografia pátria. O efeito dessa estratégia visual foi operado por uma ambiguidade definida por uma semelhança formal e uma dessemelhança simbólica. Se o público holandês tomou essa semelhança de estrutura formal para a topografia representada por analogia às convenções de terra pátria,[54] Post estava cumprindo, por um lado, com o intuito de representar as localidades do Brasil holandês enquanto lugares pátrios; a colônia como uma Nova Holanda.

Mas, por outro, ao inserir nessa estrutura motivos que remetiam à representação da terra através de símbolos retirados da etnografia, zoologia e botânica (fruto das observações holandesas nos trópicos brasileiros), Post o fazia por que também precisava sugerir o caráter de diferença que possibilitava a terra ser chamada de "Nova" Holanda; ou seja, motivos que reforçassem o apelo de terra estrangeira. Daí porque essas imagens constituíam a visualidade de uma ambiguidade cultural neerlandesa para com a terra e os habitantes do Brasil. Nesse sentido, a representação do ambiente dos trópicos brasileiros construiu o "exótico" como "típico". O resultado foi, então, uma representação estilizada do "outro", que, reduzido a tipos sociais inseridos na ordem social da colônia, terminaram por operar simbolicamente a domesticação do "diferente".

O paradoxo encontra-se no fato de que foi só através dessa domesticação do "outro", tipificado, que Frans Post pôde tornar uma imagem

---

54 Para a discussão sobre a paisagem pátria na Holanda do século XVII, cf. Levesque, *op. cit.*

da terra e dos habitantes do Brasil acessível ao público neerlandês de meados do século XVII. E graças a essa operação imaginária, Post pôde tecer o elogio visual ao projeto nassoviano para o Brasil holandês. É apenas tendo em mente esse aspecto, da codificação em imagem fixada a partir do percebido empiricamente no Brasil, que podemos pôr em perspectiva a frustração de um historiador natural como Dante Martins Teixeira, quando se referiu ao fato de que a Mata Atlântica que Post observara *in loco* era mais presente no meio ambiente de então do que nas representações que Post dela fez, como na sugestão dos poucos e pequenos fragmentos de mata que aparecem, aqui e ali, nas suas telas.[55]

A natureza tropical do território do Brasil holandês que aparece representada nas paisagens de Frans Post tinha seus elementos já selecionados de acordo com convenções retóricas, encontradas na cultura visual da Holanda do século XVII, e que foram organizados a serviço de uma visão política sobre o Brasil. Nesse sentido, e uma vez escolhidas as localidades que eram o centro da atividade de ocupação colonial do território, a ênfase visual de Post foi para as áreas de cultivo. A paisagem do Brasil holandês em Post não era a visão da mata virgem, mas a de terra fértil e agricultável. Daí porque Post preferira a personificação de Ceres e não a de Flora, como fizera Eckhout, para simbolizar a terra. Essa visão de terra cultivável e cultivada se inscrevia num imaginário do jardim como realização do ideal de bom governo.[56]

---

55 "It is believed that a considerable area of Brazil's northeast coastline was covered with Atlantic forest, seldom portrayed in the artist's paintings. In reality, the few attempts in this direction remind one more of a temperate European forest than the tropical forest of the region, as demonstrated by canvases like 'Waterfall in a wood' (1657). Post was, nevertheless, more accurate in his portrayal of areas with degraded or secondary vegetation and the remaining trees of felled forests". In: TEIXEIRA, *op. cit.*, p. 50-51.

56 Esse argumento foi usado para uma aproximação à página título do panfleto de Willem Buytewech, em associação com os escritos políticos de Hugo Grotius por LEVESQUE, *op. cit.*, p. 75-81. O imaginário do bom governo como jardim cultivado já se inscrevia num imaginário medieval da mata como o lugar do bárbaro. In: LE GOFF, Jacques. *La Civilisation de L'Ocident Medieval*. Paris: Arthaud, 1984, p. 154.

Portanto, o jardim em Willem Buytewech, a doutrina política da soberania dos Países Baixos em Hugo Grotius e a referência virgiliana na personificação de Ceres podem ser relacionadas aos elementos que se encontram dispostos na estruturação das composições dos desenhos de Post (1645) com o fim de remeter o espectador a uma visão do Brasil. Visão essa que era sobretudo a proposta colonial do discurso orangista-nassoviano.

CONCLUSÃO

A exotização do Brasil em Frans Post ocorreu, portanto, como a assimilação do "diferente" em uma paisagem política pátria relativa à Holanda do século XVII. E a marca dessa construção cultural foi a ambiguidade entre, de um lado, a descrição visual como aspecto denotativo do impulso etnográfico; e, de outro, a remissão visual como dimensão conotativa de analogias etnocêntricas. Demonstramos que essa ambivalência está presente tanto na estrutura discursiva da narrativa de Barlaeus quanto na composição dos desenhos de Post. Embora devamos aqui assinalar que essa análise comparativa, uma vez que toma por objeto textos em linguagens diferentes – a discursiva e a imagética, ainda é inscipiente, devendo ser retomada a fim de que, aprofundada, seja mais propriamente testada.

Mais recentemente, a relação entre os desenhos de Post e o todo do livro de Barlaeus foi objetivo de mais um fecundo artigo de Ernst van den Boogaart.[57] Apesar de reconhecer que as cenas com figuras humanas nos primeiros planos das composições dos desenhos de Post não tem relação direta com passagens específicas no texto de Barlaeus, Van den Boogaart conclui que as pranchas se combinam em um conjunto para formar uma imagem da colônia de *plantation* e que encontra paralelo na narrativa do latinista e humanista neerlandês.[58] No entanto, o ar-

---

57   Boogaart, Ernst van den. "A Well-Governed Colony. Frans Post's Illustrations in Caspar Barlaeus's History of Dutch Brazil", *in: The Rijksmuseum Bulletin*. Vol. 59/3, p. 236-271. Amsterdam: Rijksmuseum, 2011.

58   *Idem*, p. 254.

tigo de Van den Boogaart não explora, em análise comparativa, a criação das imagens em relação à construção discursiva do texto.[59] Na última página, e como que à guisa de conclusão, o autor monta um quadro no qual está sugerido que:

> Barlaeus described this regime [em referência à corte que João Maurício montou em *Vrijburgh*] in the service of the public good from a domestic perspective and with the aid of written sources, Post illustrated it on the basis of his own observation, continuing an approach he had developed in Brazil.[60]

Ao analisarmos a construção discursiva da passagem acima, entretanto, apreendemos que o quadro comparativo foi montado através de duas assimetrias. A primeira é exclusivamente de cunho qualitativo: enquanto Barlaeus fez uma "descrição" apoiada em "fontes escritas", Post criou "ilustrações" a partir de suas próprias "observações". A segunda assimetria já inclui uma diferença quantitativa, ainda que essa incida qualitativamente no quadro: em Barlaeus, há uma "perspectiva doméstica" que constitui o lugar social de onde ele urde a costura para os vários textos das fontes escritas, enquanto que para Post não há nenhuma referência a pressupostos socioculturais. Nesse sentido, na análise de Van den Boogaart, há em Barlaeus tanto denotação quanto conotação; enquanto que em Post só aparece o nível da primeira acepção, o que torna sua imagem apenas mais um dos "textos", proveniente das observações diretas de funcionários não acadêmicos, e que o humanista usou, transcendendo-os intelectualmente. Essa análise, no fundo, não se afasta muito da tese que aparece nos textos anteriores de Van den Boogaart, sobre os "aliados infenais" e sobre o "realismo" no "relatório" visual da colônia, feito por Frans Post.

---

59 *Idem.* Na nota de número 8, às páginas 267 e 268, há, no entanto, uma tentativa de seguir a sequência das pranchas cotejando-as com o discorrer dos temas na narrativa.

60 *Idem,* p. 266.

Daí reforçarmos aqui a necessidade de continuar a investigação dos aspectos conotativos na imagem de Frans Post. Nossas análises, feitas anteriormente,[61] demonstraram que a recorrente estrutura das composições em torno da topografia, por Post, indicam a inserção de sua visão acerca do Brasil num repertório de imagens paisagísticas que combinava a forma da descrição topográfica com a sugestão de construção identitária de pertença aos lugares pátrios. Esse processo social de construção de mediações simbólicas – através da paisagística e da cartografia – operava tanto por denotação quanto por conotação, fazendo do sentimento de pertença à comunidade civil o cerne do imaginário de soberania do corpo político dos Países Baixos.

O problema é que a historiografia da arte se acostumou a ver as imagens de Post na relação com o "exotismo" de uma terra estrangeira e não com o imaginário de uma porção do corpo político pátrio expandido para os Trópicos. Assim, o que parece um problema iconográfico é, antes de tudo, uma questão historiográfica.

Nesse sentido, e sem negligenciar a dimensão documental na imagem de Frans Post, reafirmamos entretanto que o que ela evidencia não é uma realidade objetiva, mas uma construção de sentido histórico em meio às relações de poder de seus contemporâneos. Só assim, dessa maneira, estaremos mais próximos de, primeiramente, compreender o que deveria significar, para os contemporâneos de então, "pintar à moda de Haarlem"; e então, de poder relacionar a produção imagética de Frans Post ao contexto histórico das relações entre os Países Baixos e o Brasil, a fim de restituir a essas imagens uma referência que a historiografia da arte posterior não pôde considerar, muito depois do eclipse da "Idade de Ouro" holandesa, e do esquecimento do Brasil que a ele se seguiu.

---

61 Vieira, *op. cit.*

REFERÊNCIAS BIBLIOGRÁFICAS

ANDREWS, Malcolm. *Landscape and Western Art*. Oxford: Oxford University Press, 1999.

BARLAEUS, Gaspar. *História dos feitos recentemente praticados durante oito anos no Brasil* [1647]. Recife: Fundação Cultura Cidade do Recife, 1980.

BENGSTSSON, Ake. *Studies on the rise of realistic landscape painting in Holland 1610-1625*. Uppsala: Almqvist & Wiksell, 1952.

BERGGREN, J. Lennart & JONES, Alexander. *Ptolemy's Geography. An annotated translation of the theoretical chapters*. Princeton: Princeton University Press, 2000.

BLAEU, Joan. *Atlas Maior* [1665]. Introdução e textos de Peter van den Krogt. Köln: Taschen, 2005.

BOOGAART, Ernst van den. "Infernal Allies. The Dutch West India Company and the Tarairiu, 1631-1654". In: BOOGAART, E. van den; HOETINK, H. R. e WHITEHEAD, P. J. P. (orgs.). *Johan Maurits van Nassau Siegen, 1604-1679: A Humanist prince in Europe and Brazil: Essays on the Occasion of the Tercentenary of His Death*. The Hague: Johan Maurits van Nassau Stichting, 1979.

_____. *Civil and Corrupt Asia. Image and Text in the* Itinerario *and the* Icones *of Jan Huygen van Linschoten*. Chicago: The University of Chicago Press, 2003.

_____. "Realismo pictórico e Nação: as pinturas brasileiras de Frans Post". In: TOSTES, Vera Lúcia Bottrel e BENCHETRIT, Sarah Fassa (orgs.). *A Presença Holandesa no Brasil: Memória e Imaginário*. Livro do Seminário Internacional. Rio de Janeiro: Livros do Museu Histórico Nacional, 2004.

_____. "A Well-Governed Colony. Frans Post's Illustrations in Caspar Barlaeus's History of Dutch Brazil". *The Rijksmuseum Bulletin*. Vol. 59/3, p. 236-271. Amsterdam: Rijksmuseum, 2011.

BRIENEN, Rebecca Parker. *Visions of Savage Paradise. Albert Eckhout, Court Painter in Colonial Dutch Brazil*. Amsterdam: Amsterdam University Press, 2006.

BRYSON, Norman. *Vision and Painting. The Logic of the Gaze*. New Haven: Yale University Press, 1983.

CASCUDO, Luís da Câmara. *Geografia do Brasil Holandês*. Rio de Janeiro: José Olympio, 1956.

CASTORIADIS, Cornelius. *A Instituição imaginária da sociedade*. Rio de Janeiro: Paz e Terra, 1982.

DIKOVITSKAYA, Margaret. *Visual Culture. The Study of the Visual after the Cultural Turn*. Cambridge, MA, The MIT Press, 2006.

Brasil Holandês: história, memória e patrimônio compartilhado

DuBois, Philippe. *O ato fotográfico e outros ensaios*. Campinas: Papirus, 1993.

Dutch Brazil, Vol. I: Frans Post, The British Museum Drawings. [Silva, Leonardo Dantas (ed.)] Petrópolis: Editora Index, 2000.

Dussen, Adriaen van der. *Relatório sobre as capitanias conquistadas no Brasil pelos holandeses, 1639: suas condições econômicas e sociais*. Tradução, introdução e notas por José Antonio Gonçalves de Mello, Neto. Rio de Janeiro: Instituto do Açúcar e do Álcool, 1947.

Evans, Jessica & Hall, Stuart (eds.). *Visual Culture: The Reader*. Londres: Routledge, 1999.

Freedberg, David and De Vries, Jan (eds.). *Art in history/History in art: Studies in Seventeenth-Century Dutch Culture*. Santa Monica: The Getty Center for the History of Art and the Humanities, 1991.

Gerbi, Antonello. *O Novo Mundo: história de uma polêmica: 1750-1900*. São Paulo: Companhia das Letras, 1996.

Hall, Stuart (ed.). *Representation: cultural representations and signifying practices*. Londres: Sage Publications, 2003.

Houaiss, Antônio e Villar, Mauro de Salles. *Dicionário Houaiss da Língua Portuguesa*. Rio de Janeiro: Objetiva, 2001.

Israel, Jonathan I. *The Dutch Republic. Its Rise, Greatness and Fall, 1477-1806*. Oxford: Oxford University Press, 1995.

Jenks, Chris (ed.). *Visual Culture*. Londres/Nova York: Routledge, 1995.

Joly, Martine. *A Imagem e os Signos*. Lisboa: Edições 70, 2005.

Joppien, R. "The Dutch Vision of Brazil: Johan Maurits and his artists". In: Boogaart, E.; Hoetink, H. R. e Whitehead, P. J. P. (orgs.). *Johan Maurits van Nassau-Siegen, 1604-1679: A Humanist Prince in Europe and Brazil, Essays on the occasion of the tercentenary of his death*. The Hague: The Johan Maurits van Nassau Stichting, 1979.

Knauss, Paulo. "O desafio de fazer História com imagens: arte e cultura visual" *ArtCultura*, Uberlândia, vol. 8, n. 12, p. 97-115, jan.-jun. 2006.

Lago, Bia & Pedro Corrêa do. *Frans Post {1612-1680}. Obra Completa*. Rio de Janeiro: Capivara, 2006.

Larsen, Erik. *Frans Post, Interprète du Brésil*. Amsterdam/Rio de Janeiro: Colibris, 1962.

Le Goff, Jacques. *La Civilisation de L'Occident Médiéval*. Paris: Arthaud, 1984.

Leite, J. R. Teixeira. *A Pintura no Brasil Holandês*. Rio de Janeiro: G. R. D., 1967.

LEVESQUE, Catherine. *Journey through landscape in seventeenth-century Holland: the Haarlem print series and Dutch identity.* Pennsylvania Park: The Pennsylvania State University Press, 1994.

_____. "Landscape, politics, and the prosperous peace". In: FALKENBURG, Reindert (ed.). *Natuur en Landschap in de Nederlandse Kunst, 1500-1850.* Zwolle: Waanders Uitgevers, 1998.

LUIJTEN, Ger *et al* (eds.) *Dawn of the Golden Age. Nothern Netherlandish Art, 1580-1620.* Amsterdam/Zwolle: Rijksmuseum/Waanders Uitgevers, 1994.

MARCGRAF, Georg. *História Natural do Brasil.* [1648]. Tradução de Mons. Dr. José Procópio de Magalhães. São Paulo: Imprensa Oficial do Estado, 1942.

MASON, Peter. *Infelicities. Representations of the Exotic.* Baltimore: The John Hopkins University Press, 1998.

MENESES, Ulpiano T. Bezerra de. "Fontes visuais, cultura visual, História visual. Balanço provisório, propostas cautelares". *Revista Brasileira de História.* São Paulo, vol. 23, n. 45, p. 11-36 – 2003.

MONTEIRO, Rosana Horio. "Cultura Visual: definições, escopo, debates". *Domínios da Imagem – Revista do Laboratório de Estudos dos Domínios da Imagem na História.* Londrina, Ano I, n. 2, p. 129-134, maio 2008.

ORAMAS, Luis Pérez. "Frans Post: invenção e 'aura' da paisagem" in: HERKENHOFF, Paulo (org.). *O Brasil e os Holandeses, 1630-1654.* Rio de Janeiro: Sextante Artes, 1999.

Oxford Advanced Learner's Dictionary. Oxford: Oxford University Press, 1994.

PANOFSKY, Erwin. "Iconografia e Iconologia: uma introdução ao estudo da arte da Renascença" in: *Significado nas Artes Visuais.* São Paulo: Perspectiva, 2001.

PEIRCE, Charles Sanders. *Semiótica.* São Paulo: Perspectiva, 2003.

PHILLIPS, David. "Photo-Logos: Photography and Deconstruction". In: CHEETHAM, Mark; HOLLY, Michael Ann & MOXEY, Keith (eds.). *The Subjects of Art History. Historical Objects in Contemporary Perspectives.* Cambridge: Cambridge University Press, 1998.

SCHAMA, Simon. "Dutch Landscapes: Culture as Foreground". In: SUTTON, P. C. *et al. Masters of 17th century Dutch Landscape Painting.* Amsterdam/ Philadelphia, 1987.

SOUSA-LEÃO, Joaquim de. *Frans Post 1612-1680.* Amsterdam/Rio de Janeiro: A. L. van Gendt & Co./Kosmos, 1973.

TÁCITO. "Germânia". In: *Obras Menores.* Tradução e notas prévias de Agostinho da Silva. Lisboa: Livros Horizontes, 1974.

Teixieira, Dante Martins. "Nature in Frans Post's paintings of the New World". In: KREMPEL, León (ed.). *Frans Post (1612-1680). Maler des Verlorenen Paradieses*. Ausstellung und Katalog. München: Haus der Kunst, 2006.

TIBIRIÇA, Luiz Caldas. *Dicionário de Topônimos Brasileiros de Origem Tupi. Significado dos nomes geográficos de origem tupi*. São Paulo: Traço Editora, 1985.

VIEIRA, Daniel de Souza Leão Vieira. "Topografias Imaginárias: a Paisagem Política do Brasil Holandês em Frans Post, 1637-1669". Tese de Doutorado em Humanidades. Leiden, Universiteit Leiden, 2010.

WAGENER, Zacharias. *Thierbuch*, in: *Dutch Brazil*, vol. II – The "Thierbuch" and "Autobiography" of Zacharias Wagener. [org.: Dante Martins Teixeira]. Rio de Janeiro: Editora Index, 1997.

PARTE III
ESTRATÉGIAS, DINÂMICAS E HISTÓRIA NO BRASIL HOLANDES

João Maurício: um príncipe renascentista em terras do Novo Mundo

Leonardo Dantas Silva
Coordenador de Pesquisa do Instituto Ricardo Brennand (Recife) e
Sócio do Instituto Histórico e Geográfico Brasileiro

QUEM, AO CHEGAR A HAIA, perguntar pelo Príncipe João Maurício de Nassau, só encontrará uma explicação através de algum erudito holandês de que se trata do Stadhouder de Cleve, pertencente à Casa de Nassau, em cuja residência, a Mauritshuis, encontra-se hoje instalado o Museu Real de Pintura.

Se a mesma pergunta for feita a qualquer colegial do Recife, o interlocutor logo ficará sabendo que se trata do Governador do Brasil Holandês, responsável pela construção de uma nova cidade, com pontes, palácios, observatórios astronômicos, jardins botânicos, bem como pela edição de livros e pelo patrocínio dos primeiros divulgadores da paisagem brasileira na Europa; ainda hoje lembrado como Maurício, o Brasileiro.

Na primeira metade do século XVII, a Holanda, buscando uma base para as operações de sua armada no Novo Mundo, volta suas vistas para o Brasil, visando estabelecer-se, sobretudo em Salvador, Rio de Janeiro ou Olinda.

A cidade do Salvador (Bahia) foi inicialmente escolhida como base de ataque, às frotas da Espanha e de Portugal, e etapa na rota para as Índias Orientais. Em 1623 uma frota, financiada pela Companhia das

Índias Ocidentais e comandada pelos almirantes Jacob Willeken e Pieter Heyn, invade a capital da Bahia. Expulsos no ano seguinte, os almirantes holandeses retornam à pirataria e, no Mar das Caraíbas, apresa a rica Frota da Prata, do reino de Espanha, obtendo recursos suficientes para a tomada de Pernambuco em 1630.

A riqueza da capitania de Pernambuco, porém, já na primeira metade do século XVII, se tornara bem conhecida em todos os portos do Velho Mundo, o que veio a despertar às atenções da Holanda e demais províncias dos Países Baixos. Em guerra com a Espanha, sob cuja coroa estava Portugal e suas colônias, os holandeses necessitavam de todo o açúcar produzido no Brasil para suas refinarias (26 só em Amsterdam) e países de suas relações comerciais.

Com o insucesso da invasão da Bahia, onde permaneceram por um ano, mas com o valioso apoio de Isabel da Inglaterra e Henrique IV da França, rancorosos inimigos da Espanha, os Estados Gerais, reunidos na Haia sob a liderança da Holanda, voltaram o seu interesse para Pernambuco, utilizando-se para isso da Companhia das Índias Ocidentais, formada pela fusão de pequenas associações, em 1621, cujo capital elevara-se, na época, a 7 milhões de florins.

Pernambuco, que por essa época possuía 121 engenhos de açúcar, "correntes e moentes", no dizer de van der Dussen, logo veio despertar a sede de riqueza dos diretores da Companhia. Para isso foi armada uma formidável esquadra sob o comando do almirante Hendrick Corneliszoon Lonck, que, com 65 embarcações e 7.280 homens, apresentou-se diante de Olinda, em 14 de fevereiro de 1630, iniciando assim a história do Brasil Holandês.

Em 1636, passados seis anos da invasão e pressionado pela guerra de resistência encetada pelos luso-brasileiros, o Conselho dos XIX da Companhia das Índias Ocidentais, responsável pela administração do Brasil Holandês, resolve convidar para ocupar a função de governador-geral um jovem coronel do exército da União, o conde alemão João Maurício de Nassau-Siegen (1604-1679).

Ao aportar no Recife, em 23 de janeiro de 1637, vindo de Texel, a bordo do navio capitânia *Zuphen*, na ocasião comboiado por outras três naus – *Adão e Eva, Senhor de Nassau, Pernambuco* –, o Conde João Maurício trazia sob o seu comando, ao lado de uma pequena guarnição de 350 soldados, a primeira grande missão científica a cruzar a linha do Equador. O jovem, nascido no castelo de Dilemburgo em 17 de junho de 1604, se fazia acompanhar do latinista e poeta Franciscus Plante, do médico e naturalista Willem Piso, do astrônomo e naturalista Georg Marcgrave, do médico Willem van Milaenen, dos paisagistas flamengos Frans Post e Albert Eckhout, além de outros nomes ligados às artes e às ciências.

UMA CORTE DE CIENTISTAS

Durante o seu governo no Brasil (1637–1644), o conde, então com 32 anos, se fez cercar de uma importante constelação de estrelas com grandezas nos mais diversos saberes que iriam contribuir para o mais completo levantamento artístico, paisagístico, cartográfico e científico desta parte do Novo Mundo no século XVII.

Tudo isso se devia a forte influência exercida sobre ele pelo secretário do Príncipe de Orange, o humanista Constantijn Huygens, uma das mais importantes inteligências do seu tempo nos Países Baixos que se encontrava sempre rodeado dos mais renomados conhecedores do mundo das artes e das ciências.

Nascido em 1596, oito anos mais velho do que o Conde de Nassau, Huygens se notabilizara como poeta, diplomata versátil, cultor das belas artes, estudioso das ciências exatas e dado a projetos arquitetônicos. Descrevendo a sua influência na sociedade holandesa de então, o renomado professor Geert Arent Banck, diz ser ele "o ideal de uma pessoa bem instruída", tornando-se "especialista em recrutar artistas para a corte de Frederick Hendrick", tendo sido ele o descobridor do pintor Rembrandt.

> Certamente o clima intelectual do círculo ao redor de Huygens também estimulou [a João Maurício] o seu conhecido interesse nas pesquisas científicas no Brasil. Penso que o lado

> do engenheiro ficou, porém, mais forte: a sua vida inteira estava interessado na arquitetura civil e militar. Também o seu envolvimento com jardins botânicos e parques fez dele antes de tudo um engenheiro, como testemunha a Memoire de 1676 sobre a tecnologia do replantio das árvores.[1]

Com o passar dos anos, Huygens tornou-se o amigo mais próximo do jovem conde, que passou a receber através dele a erudição necessária a um grande humanista do século XVII. Por sua vez, João Maurício demonstrava uma maior capacidade em aplicar na prática os conhecimentos adquiridos pela teoria, particularmente no que diz respeito às construções civis e militares, no planejamento das cidades, parques e jardins.

Teria sido Huygens a força maior de intelectual sobre João Maurício, procurando de certa forma suprir às possíveis lacunas de sua diminuta educação acadêmica. Soube Huygens incutir no jovem conde o hábito salutar da convivência com os maiores homens das artes e das ciências de então, transformando tal círculo de amizade num programa sistemático de documentação, estudos e pesquisas em favor de um projeto maior para a sua temporada em terras brasileiras (1637-1644).

Com Huygens o Conde de Nassau aprendeu muito mais, precisamente os ensinamentos que não se encontravam nos livros científicos, sobretudo a prática da tolerância.

> Calvinista convicto, ele [Huygens] mantinha laços de amizade com muitos não calvinistas e até católicos. E podemos dizer ainda que Frederico Henrique, também calvinista, era tolerante com as outras denominações.[2]

Para entender esta linha de comportamento, faz-se necessário o recuo no tempo, transportando o nosso raciocínio para o século XV,

---

1 BANCK, Geert Arent. "Memória e imaginário: pensando a cidadania atual no espelho do Brasil Holandês", in: *República das etnias*. Rio de Janeiro: Museu da República, 2000, p. 51

2 *Idem.*

de modo a conhecer a *"Devoção Moderna dos Irmãos da Vida Comum"*, movimento cultural da maior importância para toda Europa do Norte, desenvolvido a partir dos ensinamentos de Geert Groote, que criticava acerbadamente os rituais da Igreja Romana, orientando os fiéis para a meditação. Foi dentro deste movimento, segundo comentário de Geert Arent Banck, que veio surgir "o livro mais lido da cristandade, *Imitação de Cristo*, escrito por Thomas-à-Kempis nos anos 20 do século XV. Com esse movimento começou uma viagem do ritual coletivo para a religiosidade íntima, pessoal, e nasceram também as noções da responsabilidade pessoal e do indivíduo".

Apesar de sua crença calvinista e sua obediência aos cânones da igreja Luterana, a quem por questões legais estava vinculado o Estado Holandês, o conde João Maurício de Nassau manteve de forma salutar um constante diálogo com as demais religiões, inclusive com judeus e católicos, bem dentro dos ensinamentos de Simon Episcopus em 1628:

> A tolerância fortalece o Estado, porque um estado só é seguro quando os seus cidadãos sentem-se contentes, e isto somente acontece onde a consciência, a pesquisa e a prática religiosa são livres e desentravadas.

Em seu discurso de despedida do Brasil, em 1644, João Maurício, entre imagens e metáforas militares, afirma bem dentro do espírito da tolerância que norteava as suas ações:

> Não penses que o castelo do governo consiste de fortalezas, muralhas e trincheiras: ele se encontra no interior das consciências. [...] A grandeza dos Estados não pode ser medida pelas extensões territoriais e latifúndios, mas pela lealdade, benevolência e respeito dos habitantes.

AS FRONTEIRAS DO BRASIL HOLANDÊS

Ao chegar ao Brasil, em janeiro de 1637, coube ao Conde de Nassau a reorganização administrativa do governo, com a transformação do Conselho Político em "*Conselho Secreto*", composto pelos senhores Adriaen Van der Dussen, Mathias Van Ceulen e Jan Gijsselingh. Estava o governo tomado por práticas imorais e lesivas aos interesses da companhia, sendo comum a extorsão, o roubo, o contrabando, o peculato; sem contar com crimes de perturbação da ordem pública, como homicídios, balbúrdia e bebedeiras que preenchiam as horas do dia-a-dia.

De início, fazia-se necessário fixar às fronteiras do Brasil Holandês no Norte e no Sul, delimitando a área dos seus domínios. Para isso o Conde de Nassau procurou, de imediato, estabelecer a segurança da colônia, tentando por fim a presença dos exércitos do rei de Espanha dentro do seu território.

Reunindo o que restava do exército, com ele partiu em direção ao sul de Pernambuco, conseguindo as vitórias do Comandatuba e Porto Calvo (1637), o que obrigou o comandante das tropas luso-brasileiras, Conde de Bagnuolo, a cruzar o Rio São Francisco e retirar-se para a Bahia. Suspendendo a marcha, o Conde de Nassau firmou na margem esquerda do Rio São Francisco o limite sul da conquista estabelecendo a vila do Penedo e o forte Maurício. Consolidada a conquista, pôde o Conde de Nassau, em consonância com os Altos e Secretos Conselheiros, dedicar-se à tarefa do restabelecimento econômico da colônia, procurando, de início, restaurar a indústria açucareira que, com o consequente abandono de alguns engenhos pelos seus proprietários luso-brasileiros, da fuga dos escravos e dos estragos da guerra, estavam em ruínas.

De imediato o conde mandou afixar editais colocando em leilão 65 engenhos abandonados pelos seus proprietários, que em fuga para a Bahia, após a rendição do Arraial do Bom Jesus (1635), deixaram ao relento casas, capelas, fábricas, gado e escravaria mais velha. A venda pública desses engenhos tornou-se um sucesso, acorrendo aos leilões não somente comerciantes judeus, sequiosos de lucros imediatos, como também personalidades do governo, como o coronel Sigmund von Schkoppe e o conselheiro Jacob Stachower.

Somente em 1637, ano da sua chegada, foram vendidos 44 engenhos; seis dos quais arrematados por comerciantes judeus. Com a concessão de empréstimos aos produtores de açúcar, destinados a compra de escravos e recuperação das fábricas e dos campos, pela Companhia, surgiu uma nova fase de prosperidade e a produção passou a crescer sendo acentuada na pauta de produtos exportados pelos portos do Brasil Holandês.

A exportação do açúcar ascendeu de 65.972 arrobas, em 1637, para 447.562 arrobas, em 1641.

A fim de suprir os engenhos dos escravos necessários à produção, foram organizadas expedições militares destinadas a conquista das possessões dos portugueses, na costa da África, situadas em São Jorge da Mina (1637), no Golfo da Guiné, e em São Paulo de Luanda (1641), em Angola. Segundo Hermann Wätjen, o número de negros importados entre 1636 e 1645, pela Companhia das Índias Ocidentais, que detinha o monopólio desse comércio e tinha nele uma de suas maiores rendas, foi da ordem de 23.163 indivíduos.

Somente no Recife e em Maurícia, a população de escravos era estimada, em 1645, em 1.962 indivíduos oriundos dos mais diferentes portos da costa africana.[3]

A CIDADE MAURÍCIA

A grande carência de habitações com que se defrontava a colônia foi enfrentada com coragem pela administração do Conde de Nassau. Com a destruição de Olinda pelos holandeses, em novembro de 1631, uma população de cerca de 7 mil desses indivíduos foi obrigada a conviver, nas piores condições de higiene e conforto, na área do *Povo do Arrecife*, como era então chamado os primórdios da atual bairro portuário do Recife. Surgiu assim uma crise habitacional sem precedentes, agravada por epidemias e pela contínua chegada de levas de forasteiros que se deslocavam da Europa em busca dos ganhos fáceis na *Terra do Açúcar*.

---

3   WÄTJEN, Hermann. *O domínio colonial holandês no Brasil.* 3ª ed. Recife: CEPE, 2004.

Sendo a Companhia Privilegiada das Índias Ocidentais formada em grande parte por comerciantes e gente da navegação, os que vieram para o Brasil Holandês era gente acostumada a viver em áreas urbanas e, como tal, não se adaptaram a vida rural, onde se encontravam os principais núcleos da produção do açúcar.

Aí a primeira falha da tentativa de colonização holandesa no Nordeste do Brasil. Os possíveis "colonos" permaneciam nos núcleos urbanos – Recife, Maurícia, Paraíba, Itamaracá –, sem qualquer envolvimento com a produção do açúcar, produto principal da região e objetivo maior da invasão, cuja produção permaneceu nas mãos dos senhores-de-engenho portugueses.

Decadentes com a guerra, endividados pelas altas taxas de juros que lhes eram cobradas pela companhia holandesa, mas com o controle da produção do açúcar, esses senhores vieram a ser os responsáveis pelo declínio e perda do Brasil Holandês em 1654.

Com sua população concentrada nos centros urbanos, foram surgindo problemas insanáveis, mais particularmente na área da habitação e da saúde pública. No Recife, os alugueis eram seis vezes mais caros do que em Amsterdã. Em 1641, os almirantes Jol e Lichthardt, não encontrando onde morar, "tiveram que se alojar de qualquer jeito". Outro documento relata ser "as casas da Companhia verdadeiras pocilgas [...]; em um só quarto, ou melhor na dita pocilga, caixeiros, assistentes e escriturários são alojados, em número de três, cinco, sete e oito como se fosse numa enfermaria...".

Para sanar o problema das falta de habitações, o Conde de Nassau deu celeridade à construção, na ilha de Antônio Vaz (hoje, Santo Antônio), do que veio a ser a *Cidade Maurícia* (*Mauritsstaden*).

Residindo na ilha de Antônio Vaz, desde a sua chegada, o Conde de Nassau iniciou a urbanização da área segundo um plano definido, que contemplava ruas, praças, mercados, canais, jardins, saneamento, pontes, devidamente demarcadas conforme se vislumbra em mapa da época publicado na obra de Gaspar van Baerle (Amsterdã, 1647).

O aparecimento de uma nova cidade veio trazer um novo surto de progresso para a capital do Brasil Holandês. O Recife, "coração dos espíritos de Pernambuco" na observação de Francisco de Brito Freyre, veio a sofrer inúmeros melhoramentos e testemunhar vários pioneirismos, como a instalação do primeiro observatório astronômico das Américas.

A nova urbe, projetada pelo arquiteto Pieter Post, um dos principais representantes, ao lado de Jacob van Campen, do classicismo arquitetônico nos Países Baixos, veio a receber a denominação de *Cidade Maurícia*, em 17 de dezembro de 1639. Era a *Maurits Stadt* dos holandeses, cujos mapas, aspectos e panorama (94x63 cm), aparecem na obra de Gaspar Barlaeus, publicada em Amsterdã (1647),[4] e em outras produções artísticas de sua época.

PALÁCIOS, TEMPLOS, JARDINS...

Coube ao Conde de Nassau realizar no Recife uma verdadeira revolução no âmbito de sua paisagem urbana. Ao seu tempo foram construídos o palácio de *Friburgo* (*Vrijburg*), também conhecido como *Palácio das Torres*, e a casa da *Boa Vista* (1643). Foi ele responsável pela instalação do primeiro observatório astronômico das Américas, no qual Georg Marcgrave fez, dentre muitas outras, anotações acerca do eclipse solar de 13 de novembro de 1640 (Barlaeus). Ainda por essa época foi erguido o templo dos calvinistas franceses (1642), obedecendo ao traço de Pieter Post. Tratou-se também do calçamento de algumas ruas e do saneamento urbano, além da construção de três pontes, as primeiras em grandes dimensões do Brasil; a primeira delas ligando o Recife à *Cidade Maurícia* (a nova cidade erguida na ilha de Antônio Vaz), inaugurada em 28 de fevereiro de 1644, uma segunda, ligando esta ilha ao continente, na altura

---

4   BARLAEUS, Gaspar. *História dos feitos recentemente praticados durante oito anos no Brasil.* Tradução de Cláudio Brandão; Apresentação de Leonardo Dantas Silva; Prefácio de José Antônio Gonsalves de Mello. Recife: Fundação de Cultura Cidade do Recife, 1980. 410 p. il. 60 gravuras, reproduzidas da ed. de Amsterdam de 1647, 27 assinadas por Frans Post (1645). (Coleção Recife, vol. 4).

da *Casa da Boa Vista* (imediações do Convento do Carmo) e uma terceira sobre o rio dos Afogados.

Sobre a construção dessas pontes, comenta o padre Antônio Vieira, no seu *Sermão de São Gonçalo*, a propósito da administração portuguesa no Brasil, assinalando ser "cousa digna de grande admiração e que mal se poderá crer no mundo, que havendo 190 anos que dominamos e povoamos esta terra e havendo nela tantos rios e passos de dificultosa passagem, nunca houvesse indústria para fazer uma ponte".[5]

Durante o seu governo, o conde João Maurício de Nassau fez plantar no Recife, em 1642, um grande jardim recreio, que era também um pomar e dispunha de alguns animais vindos das mais diferentes partes, nele existindo dois grandes criatórios de peixes (viveiros). O jardim veio a servir de "laboratório" a membros de sua comitiva, notadamente o médico Willem Piso (1611-1678), o botânico, também cartógrafo e astrônomo, George Marcgrave (1610-1644) e o artista Albert Eckhout (c. 1610-c. 1664). Os dois primeiros são autores da *Historia naturalis Brasiliae* etc., impressa em Amsterdã em 1648,[6] na qual são publicados 429 desenhos, em grande parte retratando a flora e a fauna, bem como nativos, do Nordeste do Brasil. De Albert Eckhout são a maioria dos desenhos reunidos nos quatro volumes que compõem o *Theatrum Rerum Naturalium Brasiliae*.

A coleção de desenhos policromados, em sua maioria, de autoria dos artistas da comitiva do conde João Maurício de Nassau, enfocando elementos de história natural, encontra-se atualmente na Biblioteca Jagelônica de Cracóvia (Polônia), ainda não publicados em sua totalidade. O conjunto é formado por 417 desenhos, em sua maioria aquarelados, retratando animais aquáticos, aves, mamíferos, répteis, insetos, aranhas, plantas, flores, frutos e catorze figuras humanas. Aos quatro volumes do *Theatrum*, sob os títulos, *Icones Aquatilium, Icones Volatilium, Icones Animalium* e *Icones Vegetabilium*, somam-se dois outros, conhecidos como "Manuais", com desenhos (peixes, aves, animais) atribuídos a George

---

5   Vieira, padre Antônio. *Sermões* vol. VII. Lisboa, 1689, p. 356.

6   Piso, Willem, Marcgrave, George. *Historia naturalis Brasilae*. Amsterdam, [s.n.], 1648.

Marcgrave, e um terceiro, *Miscellanea Cleyeri*, com seus desenhos (pessoas, animais, aves e plantas) atribuídos a Albert Eckhout. Sobre o tema Petronella Albertin de Vries publicou sua tese de mestrado em História da Arte, apresentada junto à Vrije Universiteit Amsterdam (1981), sob o título: "Arte e Ciência no Brasil Holandês. *Theatri Rerum Naturalium Brasiliae: Um estudo dos desenhos*".[7]

Na descrição de um contemporâneo, Frei Manuel Calado, em O *Valeroso Lucideno*, publicado em Lisboa em 1648:[8]

> No meio daquele Areal estéril, e infrutuoso plantou um jardim, e todas as castas de árvores de fruto que se dão no Brasil, e ainda muitas que lhe vinham de diferentes partes, e a força de muita outra terra frutífera, trazida de fora e barcas rasteiras, e muita soma de esterco, fez o sítio tão bem acondicionado como a melhor terra frutífera; pôs neste jardim dois mil coqueiros, trazendo-os ali de outros lugares, porque os pedia aos moradores, e eles lh'os mandavam trazer em carros, e deles fez umas carreiras compridas, e vistosas, a modo da alameda de Aranjués e por outras partes muitos parreirais e tabuleiros de hortaliças e de flores, com algumas casas de jogos, e entretenimentos, aonde iriam as damas, e seus afeiçoados a passar as festas no verão, e a ter seus regalos, e fazer suas merendas, e beberetes, como se usa em Holanda, com seus acordes instrumentos [...]. Também ali trazia todas as castas de aves, e animais que pôde achar, e como os moradores da terra que lhe conheceram a condição e o apetite, cada um lhe trazia a ave ou o animal esquisito que podia achar no sertão,

---

7   ALBERTIN DE VRIES, Petronella. "Arte e ciência no Brasil holandês. Theatri Rerum Naturalium Brasiliae: um estudo dos desenhos". *Revista Brasileira de Zoologia*. São Paulo, Sociedade Brasileira de Zoologia, 1985, p. 250–322. Algumas dessas pranchas, pintadas a óleo, bem como desenhos a lápis e creiom, foram publicadas por WHITEHEAD, P. J. P., BOESEMAN, M. *Um retrato do Brasil holandês no século XVII*, tradução Edmard Jorge. Rio de Janeiro: Kosmos, 1989, p. 236–247.

8   CALADO, Manuel, frei. O *valeroso Lucideno*. Lisboa: [s.n.] 1648. 4ª ed. Recife: Fundarpe, 1985. (Coleção Pernambucana, 2ª fase, vol. 13).

> ali trazia os papagaios, as araras, os jacis, os canindés, os ja-
> butis, os mutuns, as galinhas de Guiné, os patos, os cisnes, os
> pavões, os perus e galinhas grande número, tantas pombas,
> que não se podia contar, ali tinha os tigres, a onça, a suçuara-
> na, o tamanduá, o búgio, o quati, o saguim, o apeteá, as cabras
> do Cabo Verde, os carneiros de Angola, a cutia, a paca, a anta,
> o porco javali, grande multidão de coelhos, e finalmente não
> havia coisa curiosa no Brasil que ali não tivesse, porque os
> moradores lh'as mandavam de boa vontade.

Segundo testemunho do frei Manoel Calado a construção de palácios e horto botânicos, para onde eram transportadas árvores adultas,
ocupava todo o tempo do Conde de Nassau que andava pela ilha com
um cordão, traçando ruas e praças, demarcando limites, construindo
parques arborizados, "tudo à moda de Holanda".

Para a população de menores posses, sujeita a morar em pequenas
casas de tábuas, o Conde de Nassau projetou, no atual centro do Recife,
um novo bairro, localizado entre a igreja dos Calvinistas Franceses [lo-
cal da igreja do Divino Espírito Santo] e o forte das Cinco Pontas, que
aparece nos mapas como a Nova Maurícia (*Nieuw Mauritsstadt*), a qual
veio a ser destruída pelos próprios holandeses em 1645.

NASSAU, O BRASILEIRO

Divergências surgidas entre a forma de governar do Conde João
Maurício de Nassau-Siegen e o Conselho dos XIX da Companhia das Índias Ocidentais, o fizeram deixar o Brasil em 11 de maio de 1644, quando, se despedindo do Recife e de sua *Cidade Maurícia*, montou no seu
cavalo e seguiu com a sua comitiva, pela litoral, em direção à Paraíba.

Pernambuco viera a exercer um fascínio todo especial sobre o
Conde de Nassau, que passou a ser conhecido pelo apelido de *O Brasileiro*. Por toda vida a terra pernambucana foi lembrada com saudade,
como bem demonstram o depoimento dos que com ele conviveram
nos seus últimos anos.

Ao regressar à Holanda o conde levou consigo, além de um mobiliário talhado em marfim em Pernambuco, um apreciável acervo de móveis e obras-de-arte assinadas pelos artistas de sua comitiva – pintores Frans Post (Leyden, 1612 — Haarlem, 1680), Albert van den Eckhout (c. 1610-c. 1616) e Zacarias Wagener (1614-1668), cartógrafo e naturalista Georg Marcgrave (1610-1644), cartógrafo Cornelis Bastianszoon Golijath (falecido em 1668) e projetos diversos que vieram a ser utilizados por diversos artistas –, além de outros objetos ditos menores.

Da relação de seus pertences se depreende o gosto do conde por *"curiosidades"* da terra pernambucana. Assim estão relacionados entre seus objetos, toros de jacarandá torneados, pranchas de pau-santo, pau-violeta e diversos tipos de madeiras de lei; bem como curiosidades outras, não muito comuns para um observador europeu: sete botijas de farinha de mandioca, 103 barriletes de frutas confeitadas; quatro barris contendo conchas e seixos do Cabo de Santo Agostinho (PE).

No seu livro de memórias de Sir William Temple (1628-1699), Embaixador da Inglaterra junto ao Reino dos Países Baixos, relembra alguns dos seus traços marcantes: "Recordo o velho Príncipe João Maurício de Nassau que se tinha acostumado com as redes do Brasil e continuou a usá-las frequentemente ao longo de sua vida, quando sofria de cálculos ou gota e era de opinião que melhorava e conseguia dormir pelo movimento e balanço dessas camas aéreas".

Em Cleve, na sua "cabana" localizada em Berg-en-Dal (*Monte e Vale*), o então Príncipe João Maurício de Nassau conservava um baú com recordações do Brasil, criava um papagaio e costumava dormir em "uma rede de pano de linho brasileiro bordado e guarnecido de amarelo".

No seu último ano de vida, demonstrando saudades do Brasil, solicitou, em carta datada de 26 de junho de 1679, a intervenção do representante dos Países Baixos junto à Corte do Rei da Dinamarca, Jacob le Maire, junto ao novo Rei, Cristiano V, no sentido de obter para si cópias da coleção de 26 quadros, 23 dos quais pintados por Albert Eckhout, que ele houvera, em 1654, presenteado ao Rei Frederico III, genitor do novo monarca:

> Vivo aqui retirado, neste lugar solitário, para, tanto quanto possível, afastar-me dos negócios civis e da guerra, em razão da minha idade. E como este sítio é pouco menos que selvagem, estou pretendendo fazer pintar nesta casa todas as nações selvagens que governei no Brasil. E recordo que há tempos enviei a Sua Real Majestade, de elogiável memória, algumas pinturas daquelas nações, e me consta que por elas a Majestade agora reinante não parece ter nenhuma estima. Peço por isso a Vossa Senhoria queira tomar o encargo de sondar a aludida Majestade se concordaria em abrir mão delas e m'as devolver; caso contrário, se permitiria que elas fossem mandadas copiar por mim, pois delas não conservo cópias. Se Vossa Majestade conceder esse último pedido, como espero, pedirei a Vossa Senhoria queira entender-se com um bom pintor para realizar as aludidas cópias, devendo representar as figuras com um pé de altura e o mais em proporção.

Consta que o embaixador fez ciente ao Príncipe Nassau da concordância do Rei da Dinamarca, em permitir as cópias do conjunto hoje conservado no Museu Nacional de Copenhague, em carta datada de 2 de setembro de 1679, não se sabendo de qualquer resposta do interessado.

O Príncipe João Maurício de Nassau-Siegen veio a falecer nos arredores de Cleve (Alemanha), em sua propriedade rural, denominada Berg-en-Dal (*Monte e Vale*), a 20 de dezembro de 1679, com 75 anos e 6 meses de idade, cercado de lembranças e recordações de Pernambuco.

REFERÊNCIAS BIBLIOGRÁFICAS

ALBERTIN DE VRIES, Petronella. "Arte e ciência no Brasil holandês. Theatri Rerum Naturalium Brasiliae: um estudo dos desenhos". *Revista Brasileira de Zoologia*. São Paulo, Sociedade Brasileira de Zoologia, 1985.

BANCK, Geert Arent. "Memória e imaginário: pensando a cidadania atual no espelho do Brasil Holandês". In: *República das etnias*. Rio de Janeiro: Museu da República, 2000.

BARLAEUS, Gaspar. *História dos feitos recentemente praticados durante oito anos no Brasil*. Tradução de Cláudio Brandão; Apresentação de Leonardo Dantas Silva; Prefácio de José Antônio Gonsalves de Mello. Recife: Fundação de Cultura Cidade do Recife, 1980.

CALADO, Manuel, frei. *O valeroso Lucideno*. Lisboa: [s.n.] 1648. 4ª ed. Recife: Fundarpe, 1985. (Coleção Pernambucana, 2ª fase, vol. 13).

PISO, Willem, MARCGRAVE, George. *Historia naturalis Brasilae*. Amsterdam, [s.n.], 1648.

SILVA, Leonardo Dantas. *Holandeses em Pernambuco 1630-1654*. Prefácio de José Roberto Teixeira Leite; Apresentação de João Alfredo dos Anjos. 2ª ed. Recife: Caleidoscópio, 2011.

VIEIRA, padre Antônio. *Sermões* vol. VII. Lisboa, 1689, p. 356

WÄTJEN, Hermann. *O domínio colonial holandês no Brasil*. 3ª ed. Recife: CEPE, 2004.

A Estratégia da saudade: Aspectos da administração nassoviana no Brasil Holandês

Ricardo José de Lima e Silva

Economista graduado pela Universidade Federal de Pernambuco, Mestrando em Administração Pública pela Fundação Getúlio Vargas do Rio de Janeiro e Doutorando em Ciências da Educação pela Universidad Nacional de Rosario, na Argentina

Na primeira metade do século XVII o Brasil viveu um dos mais importantes e intrigantes períodos de sua história. Entre 1630 a 1654 parte da colônia portuguesa nas Américas esteve sob o domínio holandês, operacionalizado e patrocinado pelo capital da Companhia das Índias Ocidentais (West Indische Compagnie – WIC), entidade comercial poderosa que representava os interesses militar e comercial do expansionismo econômico neerlandês. Durante o período da ocupação se estabeleceram em grande parte do litoral nordestino que compreendia uma faixa territorial situada entre os Estados de Alagoas e do Maranhão e tendo Recife como centro militar, político e administrativo da conquista.

Período importante porque, pela primeira vez na História, uma organização empresarial assume as funções de Estado ao guerrear com outros países, notadamente os até então hegemônicos Espanha e Portugal, objetivando as conquistas de novos territórios, além mares do Atlântico, em busca de lucros comerciais para seus investidores. E o Brasil representava essa possibilidade na medida em que tinha muitas riquezas naturais, principalmente a cana, cujo produto derivado – o açúcar – era economicamente muito atrativo.

Durante quase um terço dessa ocupação, viveu em Recife um alemão mandatário dos interesses da WIC chamado Johann Moritz Zu Nassau-Siegen, ou Conde Maurício de Nassau, ostentando os cargos de general, almirante e governador-geral do Brasil holandês. Intrigante é o fato de, em tão pouco tempo nas terras dominadas, marcar época pelo aspecto de sua forma singular de administrar, até hoje discutida. Para alguns, um extraordinário e hábil administrador tanto empresarial quanto público, que empregava técnicas de estratégia com muita maestria. Para outros um governante com poderes quase que absolutos, condição que facilitava a implementação de atos administrativos com objetivos escusos de explorar ao máximo o que a terra colonizada podia render de dividendos aos seus patrões, ao mesmo tempo em que realizava obras públicas e ações sociais para a população local no sentido de escamotear suas verdadeiras intenções e promover a estabilidade política necessária ao intento da WIC.

De um modo ou de outro, a administração de Nassau foi extremamente marcante, ao se considerar que foi realizada em um território ocupado e em permanente tensão beligerante, ao mesmo tempo em que, aos seus encargos de comandante-mor das forças militares, se mesclavam funções de alto executivo empresarial e de gestor público.

As suas características singulares na arte de administrar calcada numa talvez prévia concepção e estruturação de sua ação administrativa (estratégia) que deveria implementar para o êxito da sua missão colonial, são os pontos fundamentais que esta pesquisa pretender abordar ao colocar a seguinte questão: a gestão de Maurício de Nassau, governando o Brasil holandês entre 1637 e 1644, pode ser considerada um fenômeno de eficiência administrativa? Em caso afirmativo, como isso se verificou? Se não, por quê? Dessa forma, o estudo consubstanciado neste projeto pretende abordar os aspectos norteadores do planejamento estratégico da ação administrativa de Nassau, das técnicas de gestão empregadas e dos seus feitos a frente do governo holandês no Brasil, durante os sete anos (1637-1644) em que residiu no Recife.

POR QUE NASSAU?

Muito se tem falado, escrito e pesquisado sobre a ocupação holandesa no Brasil, notadamente do seu período nassoviano. Essas abordagens, apesar de, em sua maioria, salientarem a ação administrativa de Nassau, têm dado uma evidência maior aos aspectos historiográficos da questão nos seus âmbitos políticos, sociais e até militares do domínio flamengo em terras brasileiras. Outras, seguindo essa mesma linha de pesquisa enfatizam a contribuição humanística de Nassau para o desenvolvimento das artes e das ciências nas plagas recifenses. Há também abordagens que se ocupam de pontos específicos da gestão de Nassau no que diz respeito, por exemplo, à implementação do planejamento urbano do Recife ou do abastecimento da capital e do transporte de mercadorias.

Contudo, mesmo reconhecendo-se a importância desses estudos, talvez nenhuma pesquisa tenha focalizado a gestão nassoviana à luz dos fundamentos da teoria administrativa, nos seus aspectos epistemológicos e técnicos. Este é o recorte, o foco preciso que esta pesquisa pretende analisar. Evidentemente que os aspectos políticos, econômicos e sociais serão levados em consideração, pois seria impossível ignorá-los na medida em que eles permitem uma melhor compreensão da ação administrativa de Nassau no contexto da época em que se realizou.

Também há de se considerar que Nassau, dotado de extraordinária inteligência, extremada formação intelectual e de profunda instrução militar, era um homem à frente de seu tempo, na opinião, por exemplo, de Boxer, Evaldo Mello, entre outros. As aparentes qualidades de percepção aguçada, capacidade de abstração e poder de síntese o caracterizaram como notável estrategista, não só na arte da guerra, mas também na de administrar. Soube formular com muita propriedade a concepção estratégica para o êxito de sua empreitada em terras brasileiras: as de ser ao mesmo tempo o dirigente máximo de uma companhia mercantil e governador de uma colônia ultramarina holandesa.

Sua formação militar, que lhe deu os pré-requisitos para a capacidade efetiva de elaboração de estratégias e planos, aliada ao seu tirocínio e educação erudita permitiram que ele soubesse transplantar para o terreno civil os princípios do planejamento estratégico militar de forma muito peculiar. Ele talvez tenha antevisto que seria necessário manter um equilíbrio entre a racionalidade instrumental (recursos e poderes que estavam postos em suas mãos) e a racionalidade substantiva (aqueles a quem cabia administrar, a comunidade local). A elaboração consistente de um agir comunicativo, tanto linguístico, quanto semiótico, lhe permitiu uma ação teleológica e talvez muito eficiente e coerente com os propósitos comerciais da WIC, que para serem exitosos necessitariam de fomentar "os ânimos do povo para a tranquilidade deste Estado".[1]

Mas do que a força, o administrador Nassau talvez tenha sabido utilizar inteligentemente o discurso teleológico ao buscar o "consenso" como possibilidade de alcance de um ponto compensatório que proporcionasse um novo patamar de equilíbrio entre o movimento de contra-hegemonia (dominados) e o movimento de hegemonia (WIC), postos permanentemente como o dilema central da ocupação holandesa. É o dilema organizacional que, séculos depois, foi abordado por Etzioni (1973) quando tratou das crises entre "felicidade" e "eficiência" no ambiente organizacional.

Qual será, então, o dilema a que se refere Etzioni? É o eterno conflito entre o sujeito e o objeto, ou seja, entre a racionalidade substantiva e a racionalidade instrumental, que ao atingir um ponto crítico faz com que a lógica de dominação crie inteligente e subliminarmente um novo nível de produtividade, restabelecendo o equilíbrio num patamar mais elevado que satisfaça aos anseios (felicidade) dos dominados concomitantemente à manutenção da reprodução do capital (eficiência). Interessante perceber como, três séculos antes, Nassau parece ter antevisto essas questões.

Esse embate que se conhece desde há tempos tem como arena fundamental as organizações da sociedade e acontece no bojo da prática

---

1 Mello, José A. Gonsalves de. Fontes para a História do Brasil Holandês: Administração da Conquista. 2. Ed. Recife: Cia Editora de Pernambuco, 2004. v. 2 (Série 350 anos. Restauração pernambucana; 9). p 405.

burocrática, na acepção weberiana do termo. E Nassau provavelmente soube enfrentá-lo com inteligência e argúcia. O que fica muito claro ao se analisar as recomendações contidas na "Memória e Instrução de João Maurício, Conde de Nassau, acerca de seu Governo", em 6 de maio de 1644, quando da transmissão do cargo de governador do Brasil holandês aos seus sucessores, ao salientar que:

> É uma notória razão de Estado que os primeiros atos de um novo governo devem ser dirigidos para a satisfação do povo, pois desse modo quem governa obtém a tranquilidade entre o povo, a obediência, a honra e o respeito. [...] Queiram crer que, por isso, fui respeitado e amado por ambas as nações, que testemunharam com gratidão e de bom coração acerca do meu comportamento, sem que eu tenha exigido, obtido ou recebido qualquer cousa para meu proveito, por graças, favores e despachos por mim concedidos...[2]

Não se pretende com este estudo fazer uma apologia à administração de Nassau, nem tampouco desqualificá-la, como por exemplo, tecer críticas ferrenhas a questão ética de seu governo. Pretende-se, com a isenção que uma pesquisa científica deverá sempre se pautar e com o distanciamento prudente que o pesquisador deverá ter de vieses emocionais, ao conduzir o estudo do seu problema, analisar com rigor científico o fenômeno administrativo da gestão estratégica de Nassau à frente do Brasil holandês.

O FENÔMENO NASSOVIANO

O que se busca é procurar entender porque 368 anos após sua partida das terras brasileiras ainda é tão latente o fenômeno nassoviano, que extrapola a simples figura de um personagem histórico distante para se perpetuar num mito para os pernambucanos ao ponto de ser considerado

---

2   MELLO, José A. Gonsalves de. Fontes para a História do Brasil Holandês: Administração da Conquista. 2. Ed. Recife: Cia Editora de Pernambuco, 2004. v. 2 (Série 350 anos. Restauração pernambucana; 9). p 404 e 408.

"o melhor prefeito que o Recife já teve" (GUEDES, 2010, p. 12), segundo depoimento de um motorista de taxi recifense, ao ser filmado pela produção do documentário *Doce Brasil Holandês*[3] lançado em 2010 pela cineasta gaúcha Mônica Schmiedt. O filme aborda de maneira muito inteligente as contradições da invasão holandesa em Pernambuco como, por exemplo, a de que "aquela época (em termos administrativos) é lembrada como melhor que a atual" e "por que um povo teria saudade do invasor?". Nassau é quase com certeza, na história mundial, o único colonizador cujos subjugados sentiram saudades quando de sua partida e deixaram esse legado para parte de seus descendentes até os dias de hoje.

Surpreendente é que esse fenômeno foi forjado em tão pouco tempo e marcou de forma definitiva a história deste país, que até hoje instiga tantos pesquisadores, principalmente na atualidade. No III Congresso Internacional de História Colonial realizado em setembro de 2010 no campus da Universidade Federal de Pernambuco, em Recife, foram apresentadas 34 pesquisas envolvendo trabalhos monográficos, de dissertações e de teses sobre o período holandês no Brasil, por estudiosos de norte a sul do país, em dois simpósios temáticos,[4] além de um minicurso[5] sobre fontes bibliográficas do período holandês e uma mesa-redonda.[6]

---

3   Documentário, 52 minutos, direção de Mônica Schmiedt. Realização: H Schmiedt Produções. Com Sabrina van der Ley, Kalina Vanderley, Evaldo Cabral de Melo, Marcos Galindo, Daniel Breda e José Luiz Mota Menezes.

4   *Simpósio Temático 8: Estudos sobre a América Portuguesa – Século XVII. Novas Abordagens sobre Sociedade, Religiosidade e Cultura no Nordeste durante o Período de Ocupação Holandesa.* Coordenadores: Marianne L. Wiesebrrow (Universidade de Leiden/Holanda) e Maria Paula Paes Dias Couto Paes (Universidade Católica de Minas Gerais/Centro de História de Além Mar Universidade Nova de Lisboa/ Universidade dos Açores). *Simpósio Temático 10: Impérios Holandês e Português em Perspectiva Atlântica.* Coordenador: Rômulo Luiz Xavier Nascimento (Universidade de Pernambuco – UPE).

5   *MINICURSO: Para Entender o Brasil Holandês: uma discussão entre fontes e metodologias.* Prof. Daniel Breda (Mestre pela UFRN/Arquivo Histórico Judaico de Pernambuco).

6   *Nas redes do (Des)Governo: Aspectos e Marcas da Ocupação Holandesa em Pernambuco* (Ronaldo Vainfas, Universidade Federal Fluminense), Virgínia Almoedo (Universidade

Tendo em vista a importância do tema, o que se pretende, na verdade, é dar um tratamento a esta questão sob a luz da teoria administrativa contemporânea, de forma que se possa preencher, sob este prisma, uma lacuna de pesquisa científica existente na historiografia.

LOCUS E PRAXIS ORGANIZACIONAIS SOB NOVO OLHAR

Para tanto, faz-se necessário a adoção de um novo entendimento sobre o *lócus* e *práxis* organizacionais, a partir de uma nova epistemologia e metodologias que, segundo Ferreira (2010, p. 37), permitam "visualizar os limites e possibilidades da pesquisa histórica no campo dos estudos organizacionais". Essa nova abordagem epistemológica busca, assim, tentar suplantar as limitações de uma tradição epistemológica dominante nas diversas teorias do pensamento administrativo de natureza a-histórica para "uma perspectiva analítica centrada na historicidade do fenômeno social" imanente à dinâmica do lócus organizacional", ainda segundo o pensamento do mesmo autor.[7]

Corroborando com tal tendência, afirmam que "o diálogo entre História e Administração pode permitir, inclusive, uma observação mais acurada das peculiaridades das organizações".[8]

REPENSANDO A ABORDAGEM ORGANIZACIONAL

Martins (2001, p. 55) afirma com muita propriedade que todo fenômeno administrativo é "um fato social e, como tal, singular, moral e histórico". Dessa forma, considera-se a *praxis* administrativa como um fenômeno de ação cooperativa, com ascendência hierárquica de uns

---

Federal de Pernambuco) e Rômulo Xavier (Universidade de Pernambuco)

7   *Idem.* p 38.

8   Gomes, Almirava Ferraz e Santana, Weslei Gusmão Piau. A história Oral na Análise Organizacional: a Possível e Promissora Conversa entre História e Administração. Rio de Janeiro. Cadernos EBAPE, vol. 8, 2010. Dispoivel em: http://www.scielo. br/scielo.php?script=sci_arttext&pid=S1679-39512010000100002&lng=pt&nrm=iso. Acesso em: 20/01/2012. p 17.

sujeitos sobre outros e que se desenvolve num espaço político, potencialmente conflituoso, identificado como organizações (empresariais, governamentais, militares, associativas, familiares, etc.) que têm como objetivo o alcance de fins específicos (MARTINS, 2001).

As organizações por se evidenciarem como um ambiente sócio-político de estruturação e exercício de poder se constitui num *locus* complexo de interação social, cujo estudo não pode ser balizado apenas pelas abordagens de tendências positivistas de cunho prescritivo, funcional e utilitarista. Esse reducionismo limita bastante a visão sobre a *genesis* da questão administrativa, de onde emanam o eterno conflito entre o sujeito (racionalidade substantiva) e o objeto (racionalidade instrumental), portanto de natureza fenomenológica, dialética.

Por isso que o objeto da Ciência da Administração, que são as organizações, é também estudado por outras áreas do conhecimento. Dessa maneira, a microeconomia estuda as organizações empresariais, a ciência política estuda a estrutura de poder dentro das organizações, a psicologia social estuda os determinantes do estabelecimento das culturas organizacionais, por exemplo. Assim, para se ter uma visão mais totalizante da realidade administrativa se faz necessário considerar a perspectiva de integração com outras disciplinas, tanto num contexto interdisciplinar (interação com outros conhecimentos), quanto transdisciplinar (geração de novos conhecimentos).

As ciências naturais e mecanicistas procuram explicar as relações causais entre os fenômenos, enquanto as ciências sociais necessitam entender a mutabilidade dos processos da experiência humana, que são vivos, latentes e dinâmicos, e que precisam ser interpretados para que deles se extraiam o verdadeiro sentido das coisas, dentro da linha da Sociologia Compreensiva de Max Weber. Por isso, segundo Aron (2002), no pensamento weberiano há profunda ligação entre a história e a sociologia:

> Nas ciências da realidade humana devem-se distinguir duas orientações: uma no sentido da história, do relato daquilo que não acontecerá uma segunda vez, a outra no sentido da

> sociologia, isto é, da reconstrução conceitual das instituições
> sociais e do seu funcionamento. Estas duas orientações são
> complementares. Max Weber nunca diria, como Durkheim,
> que a curiosidade histórica deve subordinar-se à investiga-
> ção de generalidades. Quando o objeto do conhecimento
> é a humanidade, é legítimo o interesse pelas características
> singulares de um indivíduo, de uma época ou de um grupo,
> tanto quanto pelas leis que comandam o funcionamento e o
> desenvolvimento das sociedades [...] A ciência weberiana se
> define, assim, como um esforço destinado a compreender e a
> explicar os valores aos quais os homens aderiram, e as obras
> que construíram.[9]

Essa abordagem compreensiva não tem se observado nas diversas escolas do pensamento administrativo, desde o advento da Administração Científica, no início do século passado, até a consolidação do processo toyotista de flexibilização organizacional, nos dias de hoje. É que a lógica de hegemonia do capital, onde o econômico se integra com a política com o objetivo de salvaguardar seus interesses de mercado, dita as normas de conduta e de pensamento da sociedade, transformando valores e crenças, numa ideologia de naturalização do domínio do capital, sendo instrumentalizadas pelas diversas teorias administrativas, portanto prescritivas. Não mais de forma tão ostensiva como no modelo taylorista-fordista, mas de forma indireta e escamoteada, com ares de democratização participativa no ambiente organizacional, como se configura no modo de produção capitalista flexível contemporâneo.

Até mesmo a contribuição dada aos estudos organizacionais pela Escola de Relações Humanas, ao considerar as necessidades psicossociais dos trabalhadores, e pelos Estruturalistas, ao considerar as organizações como ambientes sistêmicos e contingenciais de interações sociais complexas, não contemplavam em sua plenitude o contexto socioeco-

---

9 ARON, Raymond. *As Etapas do Pensamento Sociológico*. São Paulo: Martins Fontes, 2002. p 483.

nômico, político e cultural das relações sociais de produção, o que é corroborado por Tenório (2004):

> A humanização que se procurou via psicologia social ampliava o enfoque mas não tornava interdisciplinar a questão; na realidade, complementava acriticamente o mito da chamada administração científica. Esse novo enfoque que a conhecida Escola de Relações Humanas intentou a partir de Hawthorne não passou de uma visão paradisíaca das possibilidades de melhorar o processo produtivo.[10]

Da mesma forma, é contundente em relação ao estruturalismo, ao afirmar que:

> o trabalhador na perspectiva sistêmico-contingencial "entra" como um "insumo" que serve de "recurso" para ser processado a fim de alcançar uma "saída" sob a forma de um "produto" que vai ser mensurado (controlado) pelos critérios/padrões estabelecidos, com o objetivo de verificar se houve ou não "retroalimentação". Ou seja, predomina toda uma linguagem de coisificação do homem – capital humano, capital intelectual, etc. – que é homogeinizado com os demais recursos: humanos, financeiros, materiais e tecnológicos.[11]

Depreende-se, então, que em todas as teorias das organizações a questão central é como criar novas condições necessárias para evitar ou minimizar o conflito de interesses entre sujeito e objeto, já que ele é bastante custoso; e, assim, vão se desenvolvendo novos artifícios de cooptação dos agentes contestadores num processo de neutralização de conflitos.

Convergindo com este entendimento, Mattos (2010) afirma de maneira muito esclarecedora que "a administração trabalha muito mais relações humanas do que técnicas e métodos. Contudo, às vezes a teoria é

---

10   Tenório, Fernando Guilherme. *Tem Razão a Administração: Ensaios de Teoria Organizacional*. 2ª ed. rev. Rio de Janeiro. Editora FGV, 2004. p 23.

11   *Idem*, p 51.

A estratégia da saudade 153

técnica, é estratégia. Consequentemente, a teoria mal posta ou confundida com técnica, esclerosa a ação administrativa". Depreende-se então que a justificativa do discurso (teoria) não é ontológica, mas ideológica. Portanto é imprescindível desmistificar o discurso teórico dominante.

Assim, se faz necessário repensar a forma de estudar os fenômenos administrativos, tendo em vista que as teorias organizacionais têm um forte viés mecanicista, funcionalista, preditivo e prescritivo. Como as organizações são sistemas sociais vivos e dinâmicos, a abordagem meramente positivista, além de não explicar claramente as contradições dialógicas inerentes ao *lócus* administrativo, podem escamoteá-las, como se viu acima. O universalismo positivista é incompatível com a singularidade dialética observada no cerne das organizações.

Diante desta questão, é preciso introduzir no método de análise das organizações a variável *tempo*, objetivando resgatar a essência do fato administrativo, ou seja, suas características cultural e histórica, e, portanto, dialeticamente singulares.

A DIMENSÃO HISTÓRICA DO ESPAÇO ORGANIZACIONAL

Martins (2001) ao buscar um *modelo histórico para a análise organizacional*[12] considera que as três dimensões básicas tradicionais utilizadas pelas teorias administrativas limitam o estudo do fato administrativo, não permitindo que ele seja vislumbrado como um fenômeno socialmente construído. Daí o caráter intencionalmente funcionalista e prescritivo das teorias da administração. Pode-se agrupar as dimensões do espaço organizacional abordadas por Martins (2001) nas três categorizações abaixo explicitadas:

---

12 Para desenvolver tal modelo o Prof. Paulo Emílio Matos Martins parte do Triângulo Semiótico de Ogden e Richards até a construção do Tetraedo Semiológico da Administração, o qual permite a captura do referente do universo das organizações a partir da análise do processo de significação (semiose) verificada na *praxis* organizacional através dos traços ideológicos e dos corredores isotópicos acontecidos no *lócus* administrativo via percepção/cognição de seus estereótipos.

Dimensão Tecnológica [T]: edifícios, máquinas, estoques, processos, técnicas, sistemas operacionais, etc. (material e tecnologia – *hardware*);

Dimensão Biológica [B]: formada por seres motivados por compensações pecuniárias (humana – *peopleware*); e

Dimensão Racional-Lógica [L]: a dimensão política do *lócus* organizacional, envolvendo a lógica de repartição do poder na organização, sua departamentalização, a tomada de decisão, etc. (*software*).

Ao contemplar as organizações como conjunturas estáticas, a abordagem positivista reduz as dimensões *[B]* e *[L]* ao nível do ideário, vinculando-as com a premissa de aplicação universal, cujo intento é o de perpetuar as condições de ordenação do domínio do trabalho coletivo, engendrado pelos arranjos políticos gerados no *lócus* administrativo. Busca, acima de tudo, a prescrição do comportamento humano ideal na organização. Consequentemente torna muito limitada e superficial a abordagem do fenômeno administrativo. Portanto, faz-se necessário a introdução da *Dimensão Tempo [t]* para se ampliar e aprofundar o enfoque acerca do dinamismo social inerente às organizações, procurando-se entender os processos culturais de geração dos diversos arranjos políticos de estruturação de poder e domínio, e, assim, resgatar a abordagem compreensiva e singular do fato administrativo socialmente construído, ou seja, as organizações como conjunturas dialéticas.

A inclusão da variável tempo, além de resgatar a singularidade organizacional, pode propor uma provável conexão de suas dimensões constituintes entre os diversos momentos históricos de suas ocorrências ou existências. Com muita propriedade Martins (2001) afirma que:

Essa vinculação, que na física se descreve com uma lei positiva, reguladora da passagem de um estado a outro, nas ciências sociais se denomina história. Por outro lado, se as leis das ciências da natureza têm o poder de predição dos estados futuros e descrição precisa do passado dos entes estudados, a história pode apenas iluminar o porvir, explicar melhor o que ficou para trás e revelar a dinâmica dessa vinculação entre os momentos de um sistema social, enriquecendo assim a compreensão do fenômeno estudado.[13]

Dessa forma, revela-se a qualidade distintiva do fato administrativo: sua historicidade intrínseca assumida em determinado tempo com uma singularidade peculiar e significado único. E Martins (2001, p. 66) ratifica tal assertiva ao dar por certo que "a não universalidade de comportamento das variáveis organizacionais torna sem sentido qualquer análise desfocada de sua contextualização". Portanto, estudar o fato administrativo é reconhecer que ele é forjado no âmbito de um fenômeno cultural exercitado pelos seus atores participantes em determinado período de tempo, o qual assume um significado histórico exclusivo e simbólico.

Assim, inevitavelmente, se penetra no simbolismo do mundo organizacional, tendo em vista que todo processo cultural resulta em produção de signos, fazendo-se necessário, portanto, se recorrer à semiótica para se tentar compreender a significação das alegorias de determinada realidade organizacional. Martins (2001) sintetiza tal necessidade salientando que:

> A contribuição recente dos etnólogos das organizações, vendo a administração como fenômeno cultural e as organizações como subculturas do universo social maior no qual se inserem, e a teoria semiológica, buscando a decifração dos signos gerados por aquela subcultura, parecem ser de grande valia para a lapidação final do modelo[14] que buscamos.[15]

---

13 Martins, Paulo Emílio M. A Reinvenção do Sertão: A Estratégia Organizacional de Canudos. Rio de Janeiro. Editora FGV, 2001. p 63.

14 *Modelo histórico para a análise organizacional.*

15 Martins, Paulo Emílio M. A Reinvenção do Sertão: A Estratégia Organizacional de Canudos. Rio de Janeiro. Editora FGV, 2001. p 63.

Na complexidade que rege a ação administrativa, as análises históricas e semiológicas se tornam inseparáveis de qualquer abordagem que se proponha avançar além das limitações impostas pela lógica convencional do funcionalismo prescritivo das teorias de Organização, Sistemas e Métodos (OSM) iniciadas a partir da Escola de Administração Científica. É coerente avançar no sentido de se considerar outra lógica imanente na *práxis* do fenômeno organizacional, uma nova lógica não funcional e singular dos valores culturais construídos coletivamente pelos atores (administrados e administradores) envolvidos no processo laborioso.

Reduzir o espaço organizacional às três dimensões tratadas acima e não considerar a dimensão histórica como fundamental para a plena compreensão do fato administrativo é o mesmo que reconhecer que os valores culturais representados pelos signos emanados do *locus* organizacional não são transcendentalmente significativos. Contrapondo-se a esta negativa, Martins (2001, p. 68) salienta que a historicidade embutida no fato administrativo guarda uma gama considerável de conteúdos semióticos que se explicitam nos "traços ideológicos que inevitavelmente carrega num dado sistema social; nos 'corredores semânticos' ou isotópicos (meliorativos ou pejorativos) e os estereótipos ('óculos sociais') de sua percepção". Ou seja, a transcendência do fenômeno administrativo é indubitável do seu momento histórico e de toda a semiologia nele embutida.

INOVADORA ESTRATÉGIA

Nesse contexto, a pesquisa anunciada neste trabalho tem por pretensão tentar entender quais os condicionantes estratégicos que tornaram a "marca" Maurício de Nassau tão efetiva em Pernambuco até os dias atuais? Como uma imagem pessoal associada como sinônimo de eficiência administrativa é lembrada até hoje? Ou porque a maioria dos cidadãos pernambucanos simpatiza com a figura mitificada de Nassau? Ou ainda, porque o povo sente saudades do invasor, como foi verificado no filme *Doce Brasil Holandês*? Enfim, tentar compreender como se deu a ação estratégica da gestão nassoviana e como os signos construídos coletivamente no seu bojo o referenciaram como padrão positivo (meliorativo) de referência administrativa (significado).

A suposição fundamental é que isso foi forjado no bojo de sua estratégia administrativa. O conceito de estratégia deriva das artes militares. É um conceito amplo e ainda não consensual. Conforme o autor ou linha teórica possui um sentido próprio e algumas vezes contraditório com outras conceituações assumidas por outras teorias ou escolas. Em geral, estratégia é a definição dos grandes objetivos e linhas de ação estabelecidas nos planos operacionais e de gestão. Tática, em complemento, definiria a forma mais detalhada de como atingir esses objetivos.

Dentre as várias possibilidades de se conceituar o que é estratégia, pode-se considerá-la como a arte de lidar com as incertezas, no bojo de uma espécie de "jogo social", no qual são desenvolvidas relações de interesses pessoais e relações causais entre os atores sociais desse jogo. Portanto, "no jogo social cada participante não joga por si mesmo, independente da ação do outro, mas joga em interação com o cooperante ou adversário. Opõem-se ou cooperam-se intencional ou não intencionalmente".[16] Portanto, a estratégia refere-se ao modo de solucionar um problema de interação cooperativa ou conflitiva.

COOPERAÇÃO VERSUS CONFRONTO

Nesse sentido, parece certo afirmar que Nassau privilegiou a cooperação em detrimento do confronto. Sabia ele que iria governar um território invadido, em permanente tensão beligerante e complexo nos seus aspectos sócio-políticos. Nesse sentido, há um traço de similitude muito forte com o pensamento maquiavélico. Maquiavel, cem anos antes de Nassau aportar em terras brasileiras, preconizava que:

> Por isso, a melhor fortaleza que possa existir é o não ser odiado pelo povo: mesmo que tenham fortificações elas de nada valem se o povo te odeia, por que a este, quando tome das

---

16 Matus, Carlos. Estratégias políticas: Cimpazé, Maquialvel e Gandi. São Paulo. Edições FUNDAP, 1996. p 12.

armas, nunca faltam estrangeiros que o socorram [...] Consideradas assim todas essas questões, louvarei tanto os que fizerem como os que não fizerem as fortalezas; e censurarei aquele que fiando-se nas fortificações, venha a subestimar o fato de ser odiado pelo povo.[17]

Dentro desse contexto, pode-se pensar que Nassau entendia que a conquista e o domínio militar de um território é seu o objetivo imediato, nunca o objetivo final. É notório que Nassau privilegiava a recomendação de combinar moderação (cooperação) com rigor (conflito) em necessário equilíbrio, como está dito em suas instruções para seus sucessores quando do seu retorno à Holanda, ao enfatizar que "a mistura dessas duas qualidades é tão necessária em quem governa que não durará muito tempo o governo demasiado propenso a uma ou a outra." (MELLO, 2004, p. 162). Nesse sentido, novamente a ação administrativa nassoviana parece convergir com o pensamento de Maquiavel, na qual se desenvolve uma estratégia de não desesperar os poderosos ao mesmo tempo de satisfazer o povo, tema do qual Maquiavel considera "um dos mais importantes assuntos que um príncipe deve tratar" (MAQUIAVEL, 2009, p. 141). Tal ação estratégica foi tão eficaz que Evaldo Cabral de Mello, em sua obra biográfica sobre Nassau, afirma que a corte portuguesa, logo após sua emancipação do domínio espanhol, entendia como "ponto pacífico que, dada a popularidade de Nassau na comunidade luso-brasileira, sua presença à frente do Brasil holandês constituía um obstáculo por excelência ao êxito do movimento insurrecional" (MELLO, 2006, p. 131). Dessa forma a paz nassoviana implementada se fazia estrategicamente imprescindível para o êxito da empreitada colonial ne-

---

17 MAQUIAVEL, Nicolau. *O Príncipe*. Porto Alegre: L&PM Editores, 2009.

erlandesa e o consequente lucro da WIC; uma opção muito clara pela conciliação na medida certa.

O MECENATO MERCANTILISTA NASSOVIANO

Outro aspecto interessante e fundamental a ser considerado dentro da estratégia de governo de Nassau é o fato do conde, ao ser designado para sua missão na colônia, se cercar, segundo Galindo (2009), de "uma comitiva formada por cientistas, médicos, cartógrafos, geógrafos, pintores e arquitetos para realizar um largo procedimento descritivo, analítico e investigatório dos trópicos no Brasil". Do seu séquito fizeram parte, dentre outros, o botânico, astrônomo e cartógrafo Georg MarcGrave, os pintores Frans Post e Albert Eckhout, o médico e naturalista Willem Piso, o desenhista e aquarelista Caspar Schmalkalden, o desenhista e cartógrafo Zacharias Wagener e os poetas Gaspar van Baerle e Justo van de Vondel".

Para Leonardo Dantas Silva, "uma verdadeira missão científica, a maior e mais importante que havia até então transposto a linha do equador", citado em Verri *et* Britto.[18]

Em relação a essa aparente ação humanística de patrocínio das ciências e das artes promovida por Nassau, o entendimento de Galindo é o de que se ela se afasta de uma visão exclusivamente romântica de sensibilidade humanística para também se enquadrar num aspecto estratégico, ao afirmar que quando ele trouxe em sua comitiva artistas e cientistas:

> Tinha em mente acumular um capital de informações privilegiadas de povos e países exóticos que tinham grande valor nas cortes europeias. A tarefa de registrar em imagens o incógnito e misterioso universo do Novo Mundo era tarefa dos artistas que fizeram parte do seu séquito. A informação produzida pela sua comitiva era altamente valorizada como matéria estratégica no contexto expansionista dos Países Baixos.[19]

---

18 VERRY, Gilda; BRITTO Jomard. *Relendo o Recife de Nassau*. Recife: Edições Bagaço, 2003.

19 GALINDO, Marcos. *Georg Marcgraf, um cientista ao amanhecer do Brasil*. Recife, 2009.

Defendendo o mesmo argumento, Raul Córdula afirmou no artigo "Luzes da Holanda" que a intenção de Nassau era "o registro gráfico e pictórico do novo mundo que florescia no nordeste brasileiro de forma estratégica, despertando a burguesia europeia para as possibilidades econômicas e a riqueza territorial que se vislumbravam".[20]

Essa perspectiva estratégica parece se inserir perfeitamente na ação administrativa de Nassau em terras brasileiras e se aninha no contexto econômico pré-capitalista de então: o mercantilismo. O mercantilismo vai muito além da simples visão "bullionista" (metalista) de acumulação de riquezas entre as nações e que se dava através, fundamentalmente, pelas transferências ou usurpações de metais preciosos entre elas.

O mercantilismo se forjou a partir do conjunto de práticas de intervenção econômica que se desenvolveram na Europa a partir da segunda metade do século XV. Segundo Deyron:

> Sobre as ruínas dos particularismos urbanos e feudais é necessário se observar como as monarquias nacionais souberam promover novas formas de atividade econômica. Sobre as ruínas dos ideais medievais de universalidade e de pobreza evangélica os homens encontraram no serviço ao Príncipe, a possibilidade do triunfo do individulaismo liberal para novas justificações para a sede de riqueza.[21]

O mercantilismo passa a responder assim aos interesses de alguns grandes mercadores e às necessidades financeiras dos soberanos, conscientes da estreita solidariedade entre o poder monárquico e a prosperidade nacional. Provavelmente a formação calvinista e liberal de Nassau tenha contribuído para esta postura estratégica. Pela primeira vez o Brasil foi registrado em cores e em paisagens pacíficas e encantadoras, nas telas de Frans Post. Dificilmente viam-se soldados ou fortalezas

---

Manuscritos.

20   Verry, Gilda; Britto Jomard. *Relendo o Recife de Nassau*. Recife: Edições Bagaço, 2003.

21   Deyron, Pierre. *O Mercantilismo*. São Paulo. Editora Perspectiva S.A, 2009. p 12.

nesses registros; e quando apareciam eram sempre em segundo plano, denotando a pacificação do território, o que poderia sugerir segurança para prováveis investidores. Os nativos, retratados por Eckhout, além de exóticos, tinham ares de simpatia.

Portanto, a iconografia nassoviana poderá se constituir num importante elemento de estudo dentro dessa pesquisa no sentido de se entender melhor essa ação estratégica do governo de Nassau na hipótese de inseri-la num contexto mercantilista de tornar o Brasil Holandês economicamente viável, muito mais do que mecenato e espírito científico.

PREENCHENDO O VAZIO DE AUTORIDADE

Nassau, de acordo com Gouveia "trazendo o espírito do Renascimento europeu para Pernambuco, não demorou na implantação de reformas e medidas administrativas".[22]

Era preciso reaparelhar e reorganizar a agroindústria açucareira fortemente abalada pela destruição provocada pelas batalhas da conquista holandesa, construir a Cidade Maurícia com base num planejamento urbanístico, combater a corrupção, efetuar uma reforma administrativa e assistir a população. Na opinião de Galindo, citado por Denis Bernardes (2003, p. 23) "o período nassoviano foi marcado pelo desenvolvimento urbanístico, progresso econômico e pela presença de uma elite culta que conferia ao Recife uma áurea metropolitana ainda não vista na colônia do Brasil".

Gilberto Freire (1979, p. 14), prefaciando o clássico *Tempo dos flamengos*, de José Antônio Gonsalves de Mello, leitura obrigatória para quem quer estudar qualquer aspecto da invasão holandesa no Brasil, atribui a Nassau o fato de ter sido ele "o primeiro que cuidou sistematicamente de libertar a economia brasileira produtora de açúcar, da monocultura, para desenvolver entre nós a policultura".

---

22 Gouveia, Fernando. *Maurício de Nassau e o Brasil Holandes – Correspondência com os Estados Gerais*. Recife: Editora da UFPE, 1998. p 207.

Segundo Boxer, citado por Mello (2006, p. 16), "reinava no Brasil holandês, nos anos de governo de João Maurício, um grau de liberdade religiosa maior do que em qualquer outra parte do mundo ocidental, inclusive os próprios países baixos".

Nascimento, ao mesmo tempo em que enaltece "as qualidades de que dispunha Nassau no tocante à arte da guerra e ao humanismo", afirmando que "a sua figura seria própria de quem consegue guerrear e administrar", enfatiza também o desconforto da administração nassoviana, na conjuntura da época, ao "levantar pontos da mesma que sejam dissonantes de uma administração exemplar".[23] Abordagem interessante que joga luzes em assuntos que permitirão fundamentar uma análise mais completa dos aspectos de eficiência e eficácia da administração de Nassau.

Inegavelmente, porém, um dos atos administrativos mais importantes e marcantes dessa administração foi a construção da Cidade Maurícia. Segundo Mello (2006, p. 93), o governo de Nassau "está associado, mais que nenhum outro, ao planejamento urbano do Recife" conferindo-lhe a condição de "primeira cidade digna deste nome na América portuguesa", de sorte que "comparada ao Recife, Salvador, a capital dos vice-reis do Brasil nos meados do século XVII, parecia mais uma aldeia demasiado desenvolvida do que uma metrópole".[24]

Gilberto Freyre, citado por Mello consegue, com muita propriedade, descrever as características da nova Recife e do impacto nos habitantes:

> Sobrados de quatro andares. Palácios de rei. Pontes. Canais. Jardim botânico. Jardim zoológico. Observatório. Igrejas da religião de Calvino. Sinagoga. Muito judeu. Estrangeiros das procedências mais diversas. Prostitutas. Lojas, armazéns, oficinas. Indústrias urbanas. Todas as condições para uma ur-

---

23 NASCIMENTO, Rômulo. *"Pelo Lucro da Companhia": Aspectos da Administração no Brasil Holandês, 1630-1639*. Dissertaçào de Mestrado em História, Centro de Filosofia e Ciências Humanas, Departamento de História. Recife: Universidade Federal de Pernambuco, 2004. p 108.

24 MELLO, Evaldo Cabral de. *O Brasil Holandês*. São Paulo. Companhia das Letras, 2010.

banização intensamente vertical. Fora esta a grande aventura de liberdade, o primeiro grande contato com o mundo, com a Europa nova – burguesa e industrial –, que tivera a colônia portuguesa da América, até então conservada em virgindade quase absoluta.[25]

Nassau, ao encetar as ações administrativas acima relatadas e consolidar a reestruturação urbana de Recife, promove um impacto de gestão nos habitantes locais nunca antes visto no Brasil colônia. De acordo com Robert C. Smith, citado por Mello como "o grande historiador da arte-luso brasileira", afirma que "em todo o resto do Brasil foi preciso esperar o fim do século XVIII e a vinda da corte portuguesa para que se fizessem coisa desse gênero".[26]

Até então a administração colonial portuguesa tinha dificuldade em fazer-se efetiva no Brasil. A grande extensão territorial do país e os vultosos recursos necessários para sua colonização fizeram com que a coroa portuguesa optasse inicialmente pelo sistema de capitanias hereditárias como forma de administrar a colônia brasileira, espécie de administração privada de parte do território colonial concedida a particulares, pelo governo real de Portugal. Contudo, com o fracasso dessa alternativa na maioria das capitanias, a exceção das de Pernambuco e de São Vicente, o governo português a partir de 1549 instituiu, na Bahia, uma espécie de Administração Central, com poderes de Vice-Reino.

Nesse modelo, o chefe supremo da capitania era o Governador ou Capitão-General ou ainda Capitão-Mor. Sua função era oficialmente sobretudo militar, mas sua autoridade de fato superintendia toda a administração da capitania. A centralização das decisões da coroa na figura do Vice-Rei aparentemente esvaziava o poder dos governadores, pois tudo estava prescrito em regulamentos, normas e leis, aos quais os chefes das capitanias teriam que se subordinar. Porém, segundo Costa "a autoridade dos governadores era real, pois encarnava a figura do pró-

---

25 MELLO, Evaldo Cabral de. *O Brasil Holandês*. São Paulo. Companhia das Letras, 2010.

26 MELLO, Evaldo Cabral de. *Nassau*. São Paulo. Companhia das Letras, 2006. p 96.

prio rei. Sob suas supervisões encontravam-se os setores da administração militar, geral e fazendária".[27] Dessa forma, apesar da existência do Vice-Rei, sua autoridade era relativa, pois ele pouco mandava acima da Bahia e abaixo de São Paulo. O enorme espaço territorial da colônia, as grandes distâncias entre as comarcas e a sede do poder e a lentidão das trocas de comunicações favoreciam o sentimento concreto de "vazio de autoridade legal" dos vice-reis.

Portanto, a organização administrativa do Brasil colonial português, caracterizada como autoritária, complexa, frágil, ineficiente e ineficaz, num território imenso e com vazio de autoridade, não se tornava reconhecidamente efetiva pela população, diferentemente da administração colonial nassoviana.

De acordo com Gesteira o grande impacto urbanístico implementado por Nassau "se traduziu numa maneira de conquistar os homens para o projeto colonizador dos países baixos".[28] Enfoque relevante para se tentar compreender a estratégia nassoviana de fincar bandeira no terreno conquistado e gerar as condições favoráveis de governabilidade para sua ação administrativa. Essa estratégia urbana poderá ser entendida, então, como uma provável aparente negação do imediatismo colonizador de usurpação das riquezas locais, tão explícita na colonização portuguesa, e se configurar como uma administração colonial estruturada e sustentável de transferência dessas riquezas para a metrópole holandesa. Além do mais, a origem nobiliárquica do Conde Nassau, conferia-lhe uma condição peculiar de gestor das terras dominadas, tornado-a mais efetiva, pois, pela primeira vez no Brasil, um nobre, com real autoridade, aqui morava.

Maquiavel já recomendava, um século antes, tal procedimento, ao receitar que:

---

27 Costa, Frederico Lustosa da. Brasil: 200 anos de Estado, 200 anos de Administração Pública, 200 Anos de Reformas – Rio de Janeiro. RAP – Revista de Administração Pública, v. 42. Editora FGV, 2008. p 3.

28 Gesteira, Heloisa. Cidade Maurícia: A colonização Neerlandesa no Brasil, 1996. 109 f. Dissertação de Mestrado em História. Rio de Janeiro: Pontifícia Universidade Católica, 1996. p 12.

Mas quando se conquistam territórios numa província com língua, costumes e leis diferentes que surgem as dificuldades e é necessário haver grande fortuna e grande habilidade para mantê-los; e um dos maiores e mais eficientes remédios seria aquele do conquistador ir habiltá-los. Isso tornaria mais segura e duradoura a sua posse.[29]

CONSIDERAÇÕES FINAIS

O trabalho aqui apresentado converge para uma nova tendência epistemológica e metodológica em estudos organizacionais que a maioria dos teóricos da Administração ainda não considera como válidas, na medida em que renega a importância da dimensão tempo como integrante do lócus organizacional. A pesquisa buscará identificar a singularidade do fato administrativo nassoviano em terras brasileiras, que só poderá ser visualizada através da historização do espaço organizacional em que isso se verificou.

Coadunando-se com tal perspectiva, pode-se citar Gomes e Santana (2010, p. 2) ao ratificarem que "a teoria organizacional, portanto, não pode dispensar o conhecimento histórico para a compreensão do espaço organizacional. A História pode ajudar a teoria administrativa a localizar-se temporalmente e entender por que se administra de um jeito ou de outro".

Nesse contexto, a pesquisa em desenvolvimento ora apresentada pode ser consubstanciada numa tentativa de "humanizar" o gestor Maurício de Nassau a partir do modelo histórico de análise organizacional defendido por Martins (2001). Apoiando-se na pedra fundamental assentada pelo professor "para a construção da disciplina administração brasileira", quando estudou a estratégia organizacional de Canudos, em brilhante tese de doutoramento, é que se pretende dar continuidade à intenção acadêmica de se "estudar administração a partir dos erros e acer-

---

29 MAQUIAVEL, Nicolau. *O Príncipe*. Porto Alegre: L&PM Editores, 2009. p 39.

tos de nossas organizações e da experiência administrativa e criatividade de nossa gente".[30]

O Conde Maurício de Nassau, mesmo não sendo brasileiro, é provável que guarde uma similitude com o beato Antônio Conselheiro, o grande artífice de Canudos. Enquanto este, "reinventou a forma de organizar o sertão" – a partir de conclusão do eminente mestre Martins (2001) – é factível afirmar também que o primeiro "reinventou a forma de colonizar". Ambos, a partir de uma inusitada estratégia de gestão para a época e centrado num agir carismático, fizeram singulares suas experiências administrativas. Enquanto o primeiro contestou e reagiu à dominação da racionalidade instrumental sertaneja republicana da segunda metade do século XIX, o Conde Nassau estrategicamente cooptou a racionalidade substantiva para seu intento colonizador, implementado nas plagas nordestinas na primeira metade do século XVII.

As peculiares estratégias operacionalizadas pelo gestor Maurício de Nassau é o foco central desta pesquisa.

REFERÊNCIAS BIBLIOGRÁFICAS

Aron, Raymond. *As Etapas do Pensamento Sociológico*. São Paulo: Martins Fontes, 2002.

Costa, Frederico Lustosa da. "Brasil: 200 anos de Estado, 200 anos de Administração Pública, 200 Anos de Reformas". *RAP – Revista de Administração Pública*, vol. 42. Rio de Janeiro: Editora FGV, 2008.

Deyron, Pierre. *O Mercantilismo*. São Paulo. Editora Perspectiva S.A, 2009.

Ferreira, Fábio Vizeu. "Potencialidades da Análise Histórica nos Estudos Organizacionais Brasileiros". *RAE – Revista de Administração de Empresas*, Vol. 50. São Paulo: Editora FGV, 2010.

Galindo, Marcos. *Georg Marcgraf, um cientista ao amanhecer do Brasil*. Recife, 2009. Manuscritos.

Gesteira, Heloisa. *Cidade Maurícia: A colonização Neerlandesa no Brasil*, 1996. 109 f. Dissertàço de Mestrado em História. Rio de Janeiro: Pontifícia Universidade Católica, 1996.

---

30 Martins, Paulo Emílio M. *A Reinvenção do Sertão: A Estratégia Organizacional de Canudos*. Rio de Janeiro. Editora FGV, 2001. p 13.

GOMES, Almirava Ferraz e SANTANA, Weslei Gusmão Piau. "A história Oral na Análise Organizacional: a Possível e Promissora Conversa entre História e Administração". *Cadernos EBAPE*, Rio de Janeiro, vol. 8, 2010. Dispoinível em: <http://www.scielo.br/scielo.php?script=sci_arttext&pid=S1679-39512010000100002&lng=pt&nrm=iso>. Acesso em: 20/01/2012.

GOUVEIA, Fernando. *Maurício de Nassau e o Brasil Holandês – Correspondência com os Estados Gerais*. Recife: Editora da UFPE, 1998.

MAQUIAVEL, Nicolau. *O Príncipe*. Porto Alegre: L&PM Editores, 2009.

MARTINS, Paulo Emílio M. *A Reinvenção do Sertão: A Estratégia Organizacional de Canudos*. Rio de Janeiro. Editora FGV, 2001.

MATTOS, Pedro Lincon. "O Conhecimento sobre Administração Pública: Em Busca do Pensamento Brasileiro". In: *Encontro Nacional sobre Pensamento Brasileiro e Administração Pública*, I, Rio de Janeiro, 2010. Palestra proferida na Escola de Administração Pública e de Empresas (EBAPE) da Fundação Getúlio Vargas.

MATUS, Carlos. *Estratégias políticas: Cimpazé, Maquialvel e Gandi*. São Paulo: Edições FUNDAP, 1996.

MELLO, Evaldo Cabral de. *Nassau*. São Paulo: Companhia das Letras, 2006.

_____. *O Brasil Holandês*. São Paulo: Companhia das Letras, 2010.

MELLO, José A. Gonsalves de. *Tempo dos Flamengos*. 2ª ed. Recife: Cia. Editora de Pernambuco, 1978.

_____. *Fontes para a História do Brasil Holandês: Administração da Conquista*. 2ª ed. Recife: Cia. Editora de Pernambuco, 2004, vol. 2 (Série 350 anos. Restauração pernambucana; 9).

NASCIMENTO, Rômulo. *"Pelo Lucro da Companhia": Aspectos da Administração no Brasil Holandês, 1630-1639*. Dissertação de Mestrado em História, Centro de Filosofia e Ciências Humanas, Departamento de História. Recife, Universidade Federal de Pernambuco, 2004.

TENÓRIO, Fernando Guilherme. *Tem Razão a Administração: Ensaios de Teoria Organizacional*. 2ª ed. rev. Rio de Janeiro. Editora FGV, 2004.

VERRY, Gilda; BRITTO Jomard. *Relendo o Recife de Nassau*. Recife: Edições Bagaço, 2003.

JERUSALÉM PERNAMBUCANA

RONALDO VAINFAS
Professor Titular de História Moderna da Universidade Federal Fluminense,
Doutor em História Social pela Universidade de São Paulo

RETOMAREI, NO PRESENTE TEXTO, alguns tópicos de meu *Jerusalém colonial*, livro publicado em 2010 sobre a experiência dos judeus portugueses refugiados em Amsterdã, parte dos quais se transferiu para Pernambuco e demais capitanias açucareiras conquistadas pelos neerlandeses a partir de 1630. É de surpreender, aliás, que a experiência da diáspora judaico--portuguesa na Holanda e no Pernambuco seja tema praticamente ausente da bibliografia mais geral, para não falar dos livros didáticos de história do Brasil, em contraste com a historiografia especializada e com a abundâmcia e diversidade das fontes.

Talvez tenha sido Herbert Bloom[1] o pioneiro, em 1933, historiador e rabino que mergulhou na famosa *Samuel Oppenheim Colletion*, depositada na American Jewish Historical Society, em Nova York. A coleção abriga documentos variados, parte deles traduzidos do português para o inglês pelo próprio Samuel Oppenheim (1859-1928), outra parte com-

---

1 BLOOM, Herbert. "A Study of Brazilian Jewish History, 1623-1654. Based cheifly upon the findings of the late Samuel Oppenheim". *American Jewish Historical Society*, n. 33: 43-125, 1933.

posta de fontes da Companhia das Índias Ocidentais depositadas no Rijksarchief, em Haia.

A *Samuel Oppenheim Collection* foi a base de importantes estudos sobre o Brasil holandês realizados nos Estados Unidos. Antes de tudo, os trabalhos de Isaac Emmanuel[2] e de Arnold Wiznitzer (austríaco radicado nos EUA), que pesquisaram nos anos 1950 e 1960. Emmanuel publicou artigos e transcreveu alguns documentos valiosos, em versões bilíngues – holandês/inglês ou português/inglês. Wiznitzer fez um livro de conjunto,[3] além de artigos pontuais. Traduziu e publicou, enfim, as atas da congregação judaica no Recife, a Zur Israel, entre 1648 e 1653. Atualmente, diversos historiadores norte-americanos se dedicam a estudar o papel dos judeus portugueses nos séculos XVII e XVIII, voltados, em especial, para o estudo das diásporas europeias ou das redes sefarditas no comércio mundial. O principal deles é porém britânico: Jonathan Israel, especialista no estudo da Holanda e do império maritimo holandês.[4]

No caso da Nova Holanda, a primeira centelha aparece na obra pioneira de Gonsalves de Mello, *Tempo dos flamengos*,[5] publicada em 1947, complementada pelo magnífico *Gente da Nação*, publicado na íntegra em 1989, principal livro sobre os cristãos-novos e os judeus no Brasil colonial.[6] O leitor do meu *Jerusalém colonial* saberá aquilatar a importância desta obra para o meu livro, razão pela qual o dediquei ao mestre dos historiadores pernambucanos e um dos maiores do Brasil.

---

2   EMMANUEL, Isaac. "New Light on Early American Jewry". *The American Jewish Archives*, n. 7: 3-64, 1955.

3   WIZNITZER, Arnold. *Os judeus no Brasil Colonial*. São Paulo: Pioneira, 1966.

4   ISRAEL, Jonathan. *European Jewry in the Age of mercantilism, 1550-1750*. Oxford: Oxford University Press, 2003.

5   MELLO, José A. Gonsalves de. *Tempo dos flamengos. Influência da ocupação holandesa na vida e na cultura do Norte do Brasil* (original de 1947). 3ª ed. aumentada. Recife: Massangana, 1987.

6   MELLO, José A. Gonsalves de. *Gente da Nação. Cristãos-novos e judeus em Pernambuco, 1542-1654*. 2ª ed. Recife: Massangana, 1996

A bibliografia sobre o judaísmo no Pernambuco holandês é porém reduzida, ainda que valiosa, e se concentra no potencial informativo das numerosas fontes, problematizando-as pouco. O próprio Gonsalves de Mello utilizou-os sobretudo como manancial de informação sobre os judeus e o mesmo vale para Wiznizter e para os trabalhos do casal Egon & Frieda Wolff. Autores fundamentais, todos eles, mas que tomaram o judaísmo e os judeus como uma espécie de *a priori*, quando muito identificando sua origem sefardita. Não se indagaram sobre se tais judeus eram mesmo judeus ou até que ponto o eram. Não se interessaram em saber que tipo de judaísmo era praticado por judeus que, na maioria, tinham nascido cristãos-novos – e muitos retornariam ao catolicismo, após curta experiência judaica.

Como toda a regra tem exceções, é impossível não citar Elias Lipiner, historiador romeno radicado no Brasil, em 1935, que se mudou para Israel, em 1968. A obra de Lipiner sobre os sefarditas portugueses é vastíssima, sempre lastreada em sólida documentação. Para o tema que nos interessa, aqui, seu livro principal é a biografia de Isaac de Castro, baseada no processo inquisitorial concluído em 1647.[7] Lipiner se aventurou a estudar seu protagonista seguindo o rastro dos inquisidores. Escreveu um grande livro, apesar de não questionar, por princípio, o judaísmo de Isaac de Castro. Afinal, este jovem brilhante foi queimado vivo pela Inquisição, sendo transformado em "mártir" do judaísmo pela comunidade sefardita da Holanda. Lipiner escreveu a história de Isaac mas, ao mesmo tempo, reverenciou sua memória.

Outra exceção recente é Bruno Feitler, historiador brasileiro, porém formado na França, onde se familiarizou com a bibliografia internacional sobre a diáspora judaica e aprofundou o estudo da máquina inquisitorial portuguesa. É autor de importante livro sobre os cristãos-novos no Brasil durante os séculos XVII e XVIII.[8]

---

7 Lipiner, Elias. *Izaque de Castro: o mancebo que veio preso do Brasil*. Recife: Massangana, 1992.

8 Feitler, Bruno. *Inquisition, juifs et nouveaux chrétiens au Brésil*. Leuven: Leuven University Press, 2003.

DA DIÁSPORA MEDITERRÂNICA À
DIÁSPORA FLAMENGA

O ponto de partida de nossa reflexão diz respeito às perseguições de judeus e conversos na península ibérica, matéria fartamente estudada pelos historiadores. Para resumir seus passos essenciais, sem esmiuçá--los, recordo a leva de conversões de judeus espanhóis no final do século XIV; a instalação da Inquisição espanhola em 1478-1480, uma iniciativa dos Reis católicos voltada para perseguir os conversos; a expulsão dos judeus da Espanha, em 1492; a migração de boa parte deles para o vizinho Portugal, onde não havia tradição persecutória; a conversão forçada de todos os judeus moradores no reino português decretada por d. Manuel, em 1496-1497; a criação da Inquisição portuguesa por iniciativa de d. João III, entre 1536 e 1540.

Na esteira desas conversões, voluntárias ou forçadas, e sob a ameaça das inquisições ibéricas, os sefarditas fizeram diferentes escolhas: muitos se deixaram ficar, buscando adaptar-se ao catolicismo imposto; outros praticavam o judaísmo em suas casas, mantendo uma aparência católica no exterior; diversos indivíduos ou famílias optaram por fugir para terras onde o judaísmo era tolerado.

Foram várias as levas migratórias. No final do século XIV, judeus da Catalunha e Valência se transferiram para o norte da África. Após 1492, o Marrocos tornou-se o segundo grande destino dos judeus espanhóis, logo abaixo de Portugal. Outros foram para o porto de Arzila, sob domínio português. Rivalizando com o Marrocos, a península Itálica foi outro grande destino dos sefarditas no século XV, com destaque para Nápoles, Veneza, Ferrara e os territórios pontifícios, incluindo Roma, a partir de 1509. Em Roma, que já era um centro importante do judaísmo na Idade Média, surgiram várias sinagogas de judeus catalães, castelhanos e aragoneses. O terceiro grande destino dos sefarditas foi o Império Otomano, em particular Salonica, Esmirna e Istambul (Contantinopla), que chegou a abrigar cerca de 35 mil judeus, em 1535.

A diáspora que nos interessa de perto foi a que se dirigiu para o norte europeu. Pode-se dizer que Antuérpia se tornou, ao longo do século XVI, o quarto grande destino dos sefarditas, somando-se às diásporas marroquina, italiana e otomana. Neste caso, os imigrantes eram conversos espanhóis ou cristãos-novos portugueses, pois a Inquisição já existia tanto em Portugal como na Espanha. É certo que muitos cristãos-novos judaizavam em Antuérpia, inclusive porque a repressão ali era frouxa, mas se tratava antes de um criptojudaísmo do que de um judaísmo assumido.

Na segunda metade do século XVI, sem eliminar a importância do comércio mediterrânico, deu-se um deslocamento do eixo comercial europeu para a Europa do Norte, centrado nos Países Baixos. O Mediterâneo se viu mergulhado em batalhas navais sem fim entre cristãos e turcos. Senhores do Mar Negro desde a conquista de Constantinopla, em 1453, os turcos conquistaram o Egito, em 1517, e passaram a controlar também a rota das especiarias que desaguava no Mar Vermelho.

Os Países Baixos se beneficiaram largamente das conflagrações mediterrrânicas, graças às relações que mantinham com Portugal e Espanha. Não somente Antuérpia, na Bélgica atual, se tornou o centro do capitalismo comercial europeu, mas também as cidades neerlandesas começaram a despontar. Antes de tudo, as da Holanda, particularmente Rotterdã e Amsterdã e, um pouco atrás, Middelburg, na Zelândia. No pano de fundo da prosperidade flamenga e holandesa, a expansão do calvinismo desempenhou papel decisivo. Rejeitando a condenação da Igreja à usura e ao lucro, o calvinismo oferecia uma possibilidade de conciliar a fortuna material com a salvação espiritual, como apontou Max Weber no seu mais importante livro.[9]

A repressão ao calvinismo e o rigor fiscal de Felipe II provocou um longa guerra na região, do que resultou a separação das províncias do norte. Antuérpia, saqueada pelos espanhóis em 1576, caiu de vez em

---

9   WEBER, Max. *A ética protestante e o espírito do capitalismo*. São Paulo: Companhia das Letras, 2004.

1585. Capitais flamengos se deslocaram para a Holanda, especialmente para Amsterdã, vocacionada a substituir cidade flamenga como centro do capitalismo comercial na primeira metade do século XVII. A maioria dos calvinistas flamengos deixou a Flandres em favor da Holanda.

O mesmo fizeram muitos criptojudeus ibéricos, trocando Antuérpia por Rotterdã e Amsterdã. Os cristãos-novos residentes em Portugal, por sua vez, temerosos do rigor inquisitorial, atentos à ascensão comercial da Holanda e sabedores de que ali poderiam gozar de liberdades religiosas, iniciaram mais uma diáspora. A Holanda tornou-se o quinto grande destino dos sefarditas, em especial dos portugueses. Amsterdã estava preparada para se tornar a Jerusalém do Norte.

JERUSALÉM DO NORTE: RABINOS E CONGREGAÇÕES

Os judeus integrantes da diáspora holandesa em geral eram cristãos-novos que mal conheciam o judaísmo. Para recriar o judaísmo ibérico em Amsterdã, a saída foi contratar rabinos das comunidades sefarditas mais antigas, isto é, as mediterrânicas.

Um dos primeiros foi José Pardo, natural de Salonica, que chegou em Amsterdã em 1608. Tornou-se rabino da primeira congregação judaica de Amsterdã, a *Bet Iacob* (Casa de Jacó), desalojando o alemão Uri Halevi, o patriarca as primeiras conversões. José Pardo tinha boa formação religiosa, discípulo de Leon de Modena, um dos principais rabinos de Veneza. José Pardo foi um dos que migrou para Amsterdã no limiar da imigração de cristãos-novos, certo de que seus serviços como professor e oficiante do judaísmo seriam úteis para a nova comunidade que se criava.

Outro rabino de grande importância foi Saul Levi Mortera, judeu nascido em Veneza. Foi ali professor de hebraico dos filhos do médico Felipe Rodrigues Montalto, e depois se fixou em Amsterdã (1616), aos 20 anos de idade. Era profundo conhecedor do Talmud e do Novo Testamento, além de dominar diversas línguas: português, castelhano, italiano, francês, hebraico e aramaico. Mortera também foi rabino da *Bet Iacob*, tornando-se uma das principais autoridades judaicas de Amsterdã.

Judá Vega foi o primeiro rabino da segunda congregação judaica de Amsterdã, a *Neveh Shalom* (Morada da Paz) fundada em 1608. Não se sabe ao certo de onde era natural, talvez da Turquia. Transferiu-se para Istambul em 1610, sendo substituído por Isaac Uzziel, judeu de origem espanhola, cuja família tinha migrado para Fez, no Marrocos, ao longo do século XV. Médico, músico e poeta, foi também rabino de Oran, na Argélia, antes de assumir o posto na *Neveh Shalom*, falecendo em 1622.

Seu sucessor foi o mais prestigiado rabino da comunidade sefardita da Holanda, Menasseh ben Israel, nascido em 1604, em Lisboa, ou talvez em La Rochelle, no sul da França, onde a família fez escala, em 1613. O pai fora condenado pela Inquisição, do que resultou a fuga da família. Foi discípulo do rabino marroquino Isaac Uziel, tornando-se rabino-mor da congregação em 1631. Menasseh pertenceu a uma segunda geração de rabinos já formados na Holanda. Foi também o caso de David Pardo, rabino da terceira congregação *Bet Israel* (Casa de Israel) de Amsterdã, fundada em 1618, filho do citado José Pardo, rabino da *Beth Iacob*.

A fundação de congregações em Amsterdã dependeu, portanto, da contratação de "judeus velhos", conhecedores dos livros sagrados, homens com formação nas *yeshivot* (escolas religiosas). Não era tarefa fácil ensinar a religião hebraica aos *judeus novos*, considerando que o judaísmo é, antes de tudo, uma religião da lei escrita, cuja observância depende da leitura em hebraico. Basta citar a cerimônia da páscoa judaica, o *Pessah*, comemorativo da fuga dos hebreus do cativeiro no Egito. Toda a cerimônia é minuciosamente detalhada na *hagadá*, cujo texto mistura excertos do Êxodo, salmos, canções, instruções sobre como partir e comer o pão ázimo (*matzá*) e beber o vinho em quatro cálices. Os judeus novos ignoravam tudo isso, bem como a lei religiosa judaica, a *halajá*, que regulamentava os ensinamentos do *Talmud*, livro sagrado do século II d.C., que contém a tradição oral do judaísmo. O Talmud é a fonte da cultura religiosa judaica, assim como a Torá o é da sua história sagrada.

O criptojudaísmo praticado pelos cristãos-novos no mundo ibérico, ou mesmo em Antuérpia, menos vigiada, nem de longe se aproximava do judaísmo letrado, ensinado nas *yeshivot* e praticado nas sinagogas. Um judaísmo protagonizado pelos homens, pois as mulheres eram excluídas da vida sinagogal, admitidas nos ofícios dese que aboletadas numa galeria especialmente construída para abrigá-las. O papel das mulheres no cotidiano religioso sobressaía na casa, na preparação do *shabat*, nos ritos ligados à vida doméstica. As mulheres assumiriam, por isso mesmo, papel central no criptojudaísmo dos cristãos-novos, porque este era doméstico. Mas também nesse caso, as tradições da *halajá*, a exemplo das orações em hebraico, eram totalmente ignoradas. Os rabinos sefarditas tiveram que partir praticamente do zero para fazer dos cristãos-novos portugueses "verdadeiros judeus".

JUDEUS NOVOS, JUDEUS INCERTOS

O cristão-novo disposto a se tornar judeu tinha que aceitar a circuncisão, fosse um menino de poucos anos, fosse um homem maduro ou idoso. No caso das mulheres, tinham que sujeitar-se ao banho purificador na *mikvê*, cisterna do templo, que removia a mancha do batismo cristão e do passado *goim* (gentio). Homens e mulheres recebiam nomes novos que, no entanto, conservavam uma parte do sobrenome cristão. Alguns só mudavam o prenome, conservando o sobrenome cristão, outros mudavam o nome inteiro. Os prenomes adotados eram, em geral, inspirados em personagens bíblicos: Abraão, Isaac, Moisés, Davi, Samuel, Salomão, Joshua e Jacob, no caso dos homens; Sara, Esther, Raquel, Débora, Hanna etc., no caso das mulheres.

Quanto aos sobrenomes, a escolha era mais complexa,[10] sendo usual a adoção de patronímicos hebraicos (Abravanel, Abraham, Abendana, Aboab). O mais comum era a adoção de sobrenomes compostos, forma-

---

10　Faiguenbon, Guilherme *et al* (orgs.). *Dicionário sefardi de sobrenomes*. Rio de Janeiro: Frahia, 2003, p. 123-133. Ver também Lipiner, Elias. "Homens à procura de um nome: antroponímia de sobrevivência na história dos cristãos-novos". In: B*aptizados em pé*. Lisboa: Vega, 1998, p. 53-103

dos pela junção do nome de família cristão com palavras de origem hebraica, com destaque para Cohen, Levi e Israel. Assim surgiram nomes híbridos como Israel Brandão, Cohen Henriques, Levi Pereira. Enfim, há registro de homens que trocaram o nome cristão por outro totalmente hebraico. Menasseh Ben Israel, grande rabino de Amsterdã, é o exemplo mais ilustre. Seu nome cristão era Manuel Dias Soeiro.

Judíos Nuevos en Amsterdam, do historiador Yosef Kaplan, é o livro que melhor problematiza os dilemas institucionais, religiosos e identitários dos cristãos-novos engajados na reconstrução do judaísmo na Holanda, por eles chamada de "terra de liberdade". Afastada a hipótese de um "essencialismo judaico" – *ilusão de continuidade*, nas palavras de Miriam Bodiam[11] – os cristãos-novos, ainda que criptojudeus no mundo ibérico, conheciam pouco do judaísmo. Com raríssimas exceções, possuíam formação cristã, alguns tinham estudado nas universidades ibéricas, outros ingressado em ordens religiosas. A formação dessa minoria de letrados criptojudeus era, portanto, cristã. O pouco que conheciam do judaísmo provinha de fontes secundárias, quase sempre católicas e antijudaicas, como a literatura polemista do século XVI, dedicada a demonstrar os *erros* da chamada "lei velha" ou "lei de Moisés".

A esmagadora maioria deles não lia hebraico e desconhecia os livros da religião judaica. Até mesmo a *Torá* – os cinco livros do Pentateuco – era inacessível à maioria. A Bíblia, no mundo católico, era um livro autorizado somente para clérigos, em latim, salvo autorizações especiais, além de ter proibida a sua tradução para línguas vernáculas. A primeira tradução da Bíblia para o castelhano só apareceu em 1553, na cidade de Ferrara, composta por cristãos-novos convertidos ao judaísmo e restrita ao Antigo Testamento. Uma Bíblia composta por judeus e para os judeus.

À vista de tantas limitações, Kaplan afirma que, para a maioria dos (re)convertidos, "a primeira comunidade judia que conheceram foi a

---

11   BODIAN, Mirian. *Hebrews of the portuguese nation. Conversos and community in early Modern Amsterdam*. Indianapolis: Indiana University Press, 1999, p. 24.

que eles mesmos haviam criado".[12] Logo, seria impossível pensar-se no judeu ibérico recém convertido em Amsterdã enquanto um judeu tradicional. Tratar-se-ia, antes de um *judeu novo*, um judeu em formação, um judeu em busca de uma identidade religiosa que desconhecia. O *judeu novo* era também cristão, por formação, ou meio-cristão, por acalentar, no foro íntimo, a dúvida sobre qual lei garantia a salvação da alma – se a "lei de Moisés" ou a "lei de Cristo".

A comunidade sefardita na Holanda diferia bastante das congêneres anteriores da Itália, do Marrocos ou do Império Otomano. Essas últimas tinham se formado nos séculos XV e XVI com base em judeus tradicionais emigrados da Península Ibérica. Judeus espanhóis, que não tinham se convertido ao cristianismo, após os motins de 1391, e temiam ser alvo de perseguições populares. Judeus que deixaram a Espanha em 1492, buscando o Marrocos ou as cidades italianas. Judeus portugueses ou hispano-portugueses que conseguiram fugir após o decreto manuelino de 1496, impondo a conversão forçada. As comunidades sefarditas na diáspora mediterrânica no século XVI foram erigidas por judeus tradicionais. Em contraste, cerca de um século depois, a comunidade sefardita da Holanda foi iniciativa de criptojudeus que desconheciam o judaísmo, exceto por fragmentos da memória.

A tarefa dos *judeus novos* para (re)construir o judaísmo na Holanda dependeu, por isso mesmo, da contratação de rabinos provenientes das comunidades sefarditas mais antigas do Mediterrâneo. Afinal, como diz Kaplan, a maioria dos judeus novos de Amsterdã eram, por sua ignorância religiosa, "judeus sem judaísmo".

JUDEUS NOVOS PARTEM PARA O BRASIL

Na Holanda os judeus portugueses gozavam da proteção das autoridades e do direito de professar livremente a sua religião, observadas certas restrições. No Brasil não haveria de ser diferente, ao menos em princípio.

---

12 KAPLAN, Yosef. *Judíos Nuevos em Amsterdam: estudio sobre la história social e intelectual del judaísmo sefardí en el siglo XVII*. Barcelona: Gedisa Editorial, 1996, p. 26.

Em 1629, o almirante Hendrik Loncq, comandante da esquadra enviada a Pernambuco, recebeu instruções dos Estados Gerais quanto à observância da liberdade de consciência nas terras conquistadas. Mas a pacificação religiosa somente ocorreu, de fato, após a conquista da Paraíba, no acordo firmado, em janeiro de 1635, entre os militares holandeses e os "homens bons" da capitania. Logo no seu primeiro artigo, o acordo garantia a liberdade de consciência e de culto a todos os que se sujeitassem ao governo holandês.[13] Visava estabelecer a paz com os católicos, abrindo caminho para os negócios da WIC, mas a liberdade de culto foi estendida aos judeus.

Assegurada a vitória holandesa no nordeste açucareiro, muitos judeus estabelecidos em Amsterdã partiram para o Brasil. Vários deles tinham parentes em Pernambuco, Paraíba, Rio Grande e Itamaracá – cristãos-novos que, no entender dos judeus, estavam "viviam na idolatria" por medo da Inquisição. A primeira grande leva viajou em 1635, ganhando impulso a partir de 1637, no governo de Maurício de Nassau. Isto porque Nassau tomou diversas medidas para desenvolver a produção açucareira, leiloando os engenhos confiscados aos portugueses refugiados na Bahia. Parte deles foi arrematada por judeus, logo em 1637. Além disso, Nassau alargou os domínios da WIC, conquistando Sergipe e a região da foz do rio São Francisco.

Foi no início do período nassoviano, portanto, que se estabeleceu, com mais solidez, a comunidade judaica no Brasil holandês. A reestruturação da economia açucareira e do tráfico africano foi o chamariz da primeira leva migratória, entre 1635 e 1640. A segunda leva ocorreu a partir de 1640-1641, impusionada pelo crescimento das exportações de açúcar e pelo aumento das importações de mercadorias europeia. A prosperidade dos judeus na economia colonial e sua repercussão na Holanda estimularam parentes dos primeiros imigrantes a buscarem o Brasil, o que não passou desapercebido dos cronistas da época, a exemplo de frei Manuel Calado.

---

13   VARNHAGEN, Francisco Adolpho de. *História das Lutas com os holandeses no Brasil desde 1624 até 1654* (original de 1871). Rio de Janeiro: Biblioteca do Exército, 2002, p. 113.

Gonsalves de Mello transcreveu a lista de judeus portugueses que pediram permissão à WIC para viajar ao Brasil entre 1/1/1635 e 31/12/1636.[14] Nela podemos constatar largo predomínio de homens que declararam intenção de embarcar "com suas mercadorias" ou juntar--se a sócios e parentes já estabelecidos em Pernambuco ou na Paraíba. Ao solicitarem licença para embarcar, pediam para viajar como "particular" ou como "burguês". A WIC incentivou essa leva migratória, arcando, muitas vezes, com o custo da passagem nos termos da *Ordem e Regulamento dos Estados Gerais, promulgada em 1634 para estimular o povoamento do Brasil.* As despesas com alimentação durante a viagem, porém, ficavam cargo dos solicitantes.

Quantos judeus viveram no Brasil nesta fase de apogeu? Um historiador holandês da época, Augustus van Quelen, estimou que o número de judeus do Recife chegou a ser o dobro do número de cristãos.[15] Van Quelen exagerou, sem dúvida, do mesmo modo que o governador Luis de Meneses, em estimativa posterior, para quem eram 5 mil, em 1654, os judeus residentes em Pernambuco. Trata-se de um número impossível, pois o rescenseamento realizado por ordem do Conselho Político do Recife, entre outubro de 1645 e janeiro de 1646, contabilizou cerca de 3.400 pessoas residentes no Recife, Cidade Maurícia, Itamaracá, Paraíba e Rio Grande. É verdade que este censo se restringiu à população livre e civil das cidades, excluídos os milhares de soldados, negros e índios. Há estimativas de que a somente a população de Pernambuco alcançou cerca de 120 mil pessoas, na década de 1640, ao passo que Recife, na sua fase de apogeu, chegou a possuir 8 mil moradores. Mas esses últimos números tornam impossível estimar em 5 mil pessoas o número de judeus do Brasil holandês no ano da expulsão dos flamengos.

Entre os historiadores, Egon e Frieda Wolff fizeram uma estimativa demasiado cautelosa, sugerindo que, em nenhum ano da ocupação

---

14   Mello, José Antônio Gonsalves de. *Gente da Nação...*, p. 219-221.

15   Boxer, Charles. *Os Holandeses no Brasil*. São Paulo: Companhia Editora Nacional, 1961, p. 187.

holandesa, a população judaica ultrapassou a casa do 300 indivíduos[16] Arnold Wiznitzer avançou no assunto e indicou que o número de judeus residentes em todas as capitanias da WIC girava em torno de 1.450 pessoas, em 1644, caindo para 650, em 1654, ano da rendição holandesa.[17] Wiznitzer baseou-se no citado censo de 1645-1646, de modo que se trata da melhor estimativa da população judaica para o período em que ela foi mais numerosa. Talvez fosse até maior, uma vez que não poucos judeus começaram a regressar à Holanda em 1645, temerosos da guerra contra os holandeses.

A primeira leva migratória se concentrou no Recife, centro do poder holandês no Brasil e do grande comércio de exportação e importação. Os principais negociantes logo elegeram uma rua para se fixarem, embora também fossem donos de "casas de morada" no campo. O nome que mais aparece na documentação holandesa para denominar a rua é *Jodenstraat* – rua dos judeus. O inventário dos prédios localizados nessa rua não deixa a menor dúvida de que nela pulsava o coração da vida judaica no Recife. Além da sinagoga, cujo prédio foi concluído em 1641, várias casas de morada se sucediam, em geral sobrados, com a loja de negócios no térreo e a residência no andar superior, havendo alguns sobrados que possuíam dois andares acima da loja. Nessa última ficava o balcão, por vezes acoplado às janelas, de frente para a rua, outras vezes no interior do térreo. Vários sobrados possuíam varandas com grades de ferro. Alguns judeus chegaram a possuir duas casas com sobrado na *Jodenstraat*, a exemplo dos comerciantes David Athias e Jacob Zacuto, por vezes utilizando uma só escada para serventia de ambas. Outros compartilhavam a propriedade de um sobrado ou mesmo uma casa térrea com balcão de negócios. Até onde os dados permitem avaliar, treze judeus possuíram casas com sobrados na Jodenstraat, deste o começo

---

16 WOLFF, Egon & Fieda. *Quantos judeus estiveram no Brasil holandês e outros ensaios*. Rio de Janeiro: Edição dos Autores, 1991.

17 WIZNITZER, Arnold. *Os judeus no Brasil colonial...*, p. 113-115.

Brasil Holandês: história, memória e patrimônio compartilhado

da rua, chamada *Porta da Terra*, até o final dela, que se prolongava em direção à ponte que ligava o Recife ao bairro de Santo Antônio.

A FORTUNA DA DIÁSPORA

É possivel elaborar uma sociologia histórica dos judeus portugueses no Brasil holandês? Apesar da incompletude das informações, a valiosa personália organizada por Gonsalves de Mello, no livro *Gente da Nação,*[18] contém elementos para uma base de dados representativa. Compõe-se de cerca de 360 nomes com informações biográficas, às vezes extensas, outras vezes escassas, mas em todo caso relevantes. Considerando, ainda, que a melhor estimativa da população judaica no Brasil holandês indica o número aproximado de 1.450 indíviduos, em 1644, os 360 nomes arrolados por Gonsalves de Mello oferecem amostragem bastante significativa. E isto não apenas porque ultrapassa o índice de 30% da população judaica no Brasil holandês em seu ano de apogeu, senão porque muitos eram casados e viviam com mulher e filhos. Eram parte dos chamados *yahidim* – chefes de família, membros da comunidade. Nesses casos, cada nome poderia ser multiplicado por quatro ou mais.

Numa visão de conjunto, não resta dúvida de que a atividade comercial predominou largamente entre os judeus portugueses da Nova Holanda. No topo da hierarquia dos "homens de negócio" destacavam-se os arrematantes do direito de cobrar impostos devidos à WIC, sistema posto em prática por Nassau, em 1637, seguindo o modelo já praticado pela VOC, no Oriente. Comerciantes desse porte também emprestavam dinheiro a juros para senhores de engenho holandeses ou luso-brasileiros, inclusive para cristãos-novos e judeus menos afortunados.

Os comerciantes judeus também exerceram a corretagem nos negócios de compra e venda de mercadorias. No sentido estrito, o *corretor* era um posto oficial, cujo ocupante era nomeado pelo governo holandês, encarregado de intermediar os negócios entre a WIC e os luso-brasilei-

---

18 MELLO, J. A. Gonsalves. "Gente da nação judaica no Brasil holandês. Um dicionário dos judeus residentes no nordeste, 1630-1654". In: *Gente da Nação...*, p. 369-522.

Jerusalém pernambucana 183

ros. Isto valia sobretudo para os produtos de exportação, como o açúcar, o tabaco, as madeiras tintórias. No caso dos grandes produtos de exportação, a função de corretagem acabou açambarcada pelos grandes negociantes, os mesmos que arrematavam direitos fiscais e atuavam no comércio atlântico. Um dos primeiros, senão o primeiro, a exercer a corretagem do açúcar e do tabaco foi Moisés Navarro, que obteve o posto ainda em 1635. Natural do Porto e com família paterna residente em Amsterdã, Moisés atuou em vários negócios, em parceria com os irmãos Jacob e Isaac Navarro, dos quais a corretagem do tabaco e do açúcar foi apenas o primeiro. Os Navarros atuaram em Pernambuco e na Paraíba, onde arremataram o direito de cobrar impostos sobre o açúcar, o imposto sobre engenhos, o direito de barcagem no rio dos Afogados, o imposto de balança do Recife.

A presença dos judeus nos grandes negócios estava restrita, porém, a um grupo seleto. Os negociantes de *grosso trato* não passavam de 14% e isto faz ruir o estereótipo de que os judeus portugueses do tempo de Nassau eram todos grandes mercadores. Poucos tinham cabedal para atuar nos grandes negócios, embora a participação deles tenha crescido de maneira espantosa em relação à dos negociantes holandeses ou portugueses católicos.

De todo modo, logo em 1637 a participação dos judeus na exportação do açúcar tornou-se visível, alcançando cerca de 18%, conforme os dados de seis navios que partiram do Recife ou da Paraíba para a Holanda. Em 1641, segundo os dados de um só navio – o *Fortuna* – os judeus exportaram 44% contra 43% dos negociantes holandeses. Em 1643, com dados exclusivos do navio *Soetelande*, os judeus exportaram 38%, contra 33% exportados por holandeses e 29% de cristãos portugueses – e pode muito bem ser que houvesse cristãos-novos entre os últimos.

A concentração do capital comercial nas mãos de poucos judeus também se pode perceber nos negócios escravistas, não obstante os dados dificultem, também aqui, cálculos exatos. Os negociantes judeus atuaram no comércio de escravos desde 1637, após a conquista holandesa de São Jorge da Mina, e sobretudo a partir de 1641, com a conquista de Luanda. É certo que não negociavam diretamente com os reinos africanos, pois isto sempre permaneceu como monopólio da WIC. Mas é certo que judeus portugueses residentes na África não só participavam do tráfico como auxiliaram os holandeses nos contatos com soberanos africanos envolvidos no tráfico. Afinal, o sistema de tráfico de escravos para o Atlântico foi uma empresa montada por chefias africanas e mercadores portugueses desde o século XV.

O investimento dos judeus na distribuição de escravos pelos engenhos foi muito favorecido por certas decisões da WIC no período nassoviano. Em 1637, no início do governo de Nassau, a WIC ainda admitia o pagamento a prazo dos escravos desembarcados no Recife. As vendas eram realizadas por meio de leilões e os pagamentos parcelados em até um ano depois da arrematação. Após a conquista de Luanda, porém, a WIC passou a exigir pagamentos à vista – em *dinheiro contado*. A decisão foi deliberada pelos Dezenove Senhores (conselho diretor da WIC) em 1642 e reiterada nos dois anos seguintes – sinal de que as autoridades da WIC, no Recife, continuavam a parcelar os pagamentos. Em 1644, a WIC flexibilizou a nova regra, admitindo que os pagamentos em "dinheiro contado" poderiam ser complementados com açúcar, em caso de extrema necessidade.

Se a participação dos judeus no comércio externo e interno, bem como nos negócios escravistas, foi notável, o mesmo não se pode dizer dos investimentos na agricultura. Há poucos registros deles como lavradores de mantimentos ou roças, lavradores de cana ou senhores de engenho, embora dentre esses últimos houvesse mercadores graúdos que diversificaram seus investimentos na colônia. De todo modo, no leilão de engenhos promovido pela WIC em 1637, os judeus arremataram seguramente seis engenhos ou 13% deles.

Duarte Saraiva, cujo nome judeu era David Senior Coronel, é um dos melhores exemplos de fortuna, entre os mercadores de *grosso trato* do Brasil holandês. Nascido em Amarante, Portugal, em 1572, foi um dos primeiros cristãos-novos que imigrou para Amsterdã no final do século XVI. Antes mesmo de fugir para a Holanda, sua família possuía bens em Pernambuco, havendo registro de visitas dele e do irmão, Antônio Saraiva, à casa de um certo Manuel Cardoso Milão, em Olinda. Duarte foi também um dos primeiros judeus a se fixar no Recife quando da conquista holandesa. Sua casa na cidade abrigou a primeira sinagoga informal, em 1635, antes da construção da *Zur Israel* no ano seguinte. Seu patrimônio rural era um colosso.

O conjunto de comerciantes judeus foi muito beneficiado pelo governo de Nassau, fossem negociantes de grosso trato ou mascates de pequeno porte. Os grandes negociantes arrematavam direitos fiscais, postos de corretagem, licitações, além de não serem molestados pelos juros que cobravam na venda de escravos a prazo. Os pequenos comerciantes também prosperavam nos seus negócios de secos e molhados a varejo, não obstante as queixas dos comerciantes holandeses, que se viam cada vez mais alijados desse mercado.

Mas talvez a razão mais importante para explicar o êxito dos comerciantes judeus no Brasil holandês, em especial a ascensão dos pequenos comerciantes, resida antes na cultura do que na economia ou na política. Frei Manuel Calado tocou no ponto com argúcia, ao comentar o sucesso dos negociantes judeus:

> como os mais deles eram portugueses de nação, e juntamente sabiam falar a língua flamenga, serviam de línguas entre os holandeses e os portugueses, e por esta via granjearam dinheiro; e como os portugueses não entendiam os flamengos, nem eles aos portugueses, não podiam negociar nas compras e vendas, aqui metiam os judeus a mão, comprando as fazendas por baixo preço e logo, sem risco nem perigo, as tornavam a revender aos portugueses, com o ganho certo, sem trabalho algum.[19]

É verdade que nem todos os judeus portugueses eram fluentes na língua holandesa. Os membros mais velhos da comunidade, então, mal

---

19   CALADO, Frei Manuel. *O Valeroso Lucideno...*, p. 113.

falavam o holandês. Mas entre os jovens – alguns chegados em tenra idade à Holanda – o aprendizado da língua foi mais rápido, sobretudo quanto ao vocabulário ligado ao trato comercial, principal elo entre judeus e holandeses na vida cotidiana de Amsterdã. Em terra na qual até mesmo Maurício de Nassau somente arranhava o português após oito anos de governo, como era o Brasil, o bilinguismo dos sefarditas foi trunfo apreciável para seu desempenho na vida econômica e social da colônia.

CONGREGAÇÕES JUDAICAS

Nos primeiros anos da presença judaica no Recife, os judeus se reuniam para orar na casa de Duarte Saraiva. Eram poucos os judeus estabelecidos no Recife, de modo que os ofícios religiosos não deviam contar com muito mais gente do que o quorum mínimo do *minyam* – dez judeus maiores de 13 anos.

A bibliografia é quase omissa sobre quem teria sido o rabino ou *haham*, nesta fase heroica do judaísmo pernambucano, havendo consenso de que o primeiro rabino da Zur Israel foi Isaac Aboab da Fonseca. Mas este só desembarcou no Recife em 1642. Assim, quem dirigia os trabalhos da Zur Israel entre 1636 e 1642? A resposta pode ser encontrada nas *Memórias do estabelecimento e progresso dos judeus portugueses e espanhóis nesta famosa cidade de Amsterdam*, obra de David Franco Mendes, publicada em 1772.[20] O primeiro rabino informal da Zur Israel foi provavelmente Arão de Pina, cujo nome judeu era Aarão Sarfati. Segundo o memorialista de Amsterdã, Aarão foi o primeiro menino circuncidado em Amsterdã com oito dias de nascido, conforme manda a lei judaica. Filho de Tomás Nunes de Pina (Jeosua Sarfati), foi criado na Holanda e chegou ao Brasil em 1636, na companhia de seu irmão Benjamin de Pina ou Benjamin Sarfati. Gonsalves de Mello informa que os dois irmãos

---

20 MENDES, David Franco. *Memórias do estabelecimento e progresso dos judeus portugueses e espanhóis nesta famosa cidade de Amsterdam*. Edição fac-símile. Lisboa: Távola Redonda,1990, p. 12.

se dedicaram ao comércio: Aarão fornecia camisas para os soldados da WIC, em 1649, e obteve licença para explorar pau-brasil, em 1652.

Esta sinagoga foi a base da primeira e principal congregação judaica do Recife, a Kahal Kadosh Zur Israel (Santa Congregação do Arrecife de Israel), localizada na *Jodenstraat*. Mas a Zur Israel não foi a única congregação. Logo em 1637 foi fundada uma segunda congregação na ilha de Antônio Vaz, na outra margem do Beberibe e do Capibaribe. Os judeus ali estabelecidos solicitaram à Zur Israel, em 1637, autorização para fundar ali uma sinagoga para seguir os ofícios do *Shabat*. Ao Recife não poderiam comparecer porque, no sábado, nenhum judeu pode lidar com dinheiro, nem sequer tocá-lo, segundo a *halajá* – a lei judaica. A Zur Israel concordou com a petição dos conterrâneos da outra banda do rio e autorizou a criação da sinagoga, embora se reservasse o poder de fechá-la a qualquer momento. O que era para ser uma simples sinagoga reservada aos *Shabat* dos moradores da ilha tornou-se, porém, uma congregação rival da Zur Israel. No mesmo ano, os judeus da ilha fundaram a *Kahal Kadosh Magen Abraham* (Santa Congregação do Escudo de Abraão), com seu próprio *mahamad* e rabino, Moisés Rafael Aguillar. As duas congregações entrariam em conflito acirrado, em 1648, vencido pela Zur Israel com o apoio da Talmud Torá de Amsterdã.

DILEMAS: JUDEUS EM ROTA DE COLISÃO

A relação entre os *judeus novos* vindos de Amsterdã e os cristãos-novos residentes em Pernambuco e demais capitanias da WIC foi mais complicada do que na Holanda. É certo que havia parentes entre os dois grupos e, como vimos, foram celebrados casamentos entre cristãos-novos e judias, bem como entre judeus e cristã-novas, o que contribuiu para encorpar a comunidade judaica no Brasil holandês. Mas havia também estranhamentos, motivados pelas diferenças entre judeus assumidos, de um lado, e cristãos-novos que, apesar da ascendência judaica, viviam como católicos. A relação entre os dois grupos foi marcada, a um só tempo, por tensões e afinidades.

O segmento dos cristãos-novos, muito mais numeroso no Brasil do que na Holanda, era muito heterogêneo. Vários cristãos-novos somente o eram somente pela origem, levando a sério o catolicismo. Outros eram apenas meio cristãos-novos ou tinham 1/4 ou 1/8 de sangue cristão--novo, sendo mais ligados ao catolicismo do que à memória judaica. Há notícia de cristãos-novos pela metade que rejeitaram o judaísmo e reafirmaram sua identidade católica ao se defrontarem com o mundo da sinagoga. No polo oposto, muitos buscaram aderir ao judaísmo ou foram a isto incentivados pelo rabino Isaac Aboab. Entre os aderentes, alguns foram convencidos de que a "lei de Moisés" era melhor do que a "lei de Cristo", enquanto outros ingressaram no judaísmo por conveni-ências de ocasião. Casar-se com judeu ou judia era uma delas.

No caso da Zur Israel, seja antes de Isaac Aboab assumir o posto de rabino, mas sobretudo após 1642, cresceu bastante a conversão de cristãos--novos. Já no caso da Maghen Abraham – menos conhecida – isto talvez não ocorresse, considerado o rigor do rabino Moisés Rafael d'Aguillar. Contrariamente a Isaac Aboab, que via com generosidade os cristãos-no-vos, sustentando que poderiam salvar-se apesar da vivência *goim*, Aguillar era cético quanto à capacidade de o cristão-novo comprender e assumir as leis judaicas. De todo modo, considerava inaceitável que um cristão-novo incircunciso frequentasse a sinagoga, enquanto Isaac Aboab julgava que esta abertura era passo importante para atrair novos judeus.

Mesmo na Zur Israel, apesar da tolerância demonstrada por Isaac Aboab, havia quem visse os cristãos-novos com muita desconfiança, so-bretudo quando eles hesitavam em se converter ao judaísmo. É possível dizer que, entre os *parnassim* – que, afinal, mandavam na congregação – prevalecia uma atitude cética. Lembremos que o regulamento do *maha-mad*, conselho diretor da congregação, estabelecia o prazo de um ano para que cristãos-novos convertidos ao judaísmo no Brasil pudessem ser indicados para cargos na congregação.

De fato, entre 1648 e 1653 – período mais documentado da Zur Isra-el – nenhum cristão-novo residente ou natural do Brasil foi eleito para o *mahamad*. Todos os *parnassim* do período foram de origem ibérica, portugueses em sua imensa maioria, com passagem pela Holanda durante algum tempo. Os judeus que prevaleciam na congregação eram, portanto, "os judeus de Holanda".

Os cristãos-novos, por sua vez, quando se convertiam ao judaísmo na Zur Israel, não raro se viam em grande dificuldade para aprender a ser judeu, considerado o rigor da congregação e o espantoso número de 613 *mitzvot* – as obrigações que todo judeu deveria seguir. Muitos desistiram, tendo crescido o número de arrependidos à medida em que a insurreição pernambucana avançava contra os holandeses. Mas um número incerto de cristãos-novos sequer cogitou da possibilidade de largar o catolicismo, além de casos documentados de briga em família, com membros cristãos-novos repudiando ou tentando impedir parentes desejosos de abraçar a "lei de Moisés".

No limite dessas tensões, há casos de jovens judeus que haviam migrado ainda meninos, ou muito jovens, para Amsterdã que "regressaram", no Brasil, a um catolicismo que mal conheciam. As motivações para a recaída cristã de judeus novos com escassa formação católica, uma vez que eram judeus desde a infância ou mocidade, se explica muitas vezes por circunstâncias fortuitas – incluindo a intenção de se casar com mulher cristã velha ou cristã-nova hostil à sinagoga. Mas há que considerar um fator geral: a forte presença do catolicismo na região, que sempre foi majoritário na colônia, incluindo a presença de padres seculares e regulares, com exceção dos jesuítas. Para compensar o esforço de um Isaac Aboab em atrair cristãos-novos, houve padres que fizeram o mesmo com judeus novos para trazê-los de volta ao catolicismo. Frei Manuel Calado, autor de *O Valeroso Lucideno* (1648), foi incansável na tarefa de "abrir os olhos" de jovens perdidos na crença da *lei velha* ou "lei de Moisés". Convenceu vários a se *reduzir* à fé cristã.

A comunidade sefardita da Nova Holanda dependia de novas migrações e conversões de para se manter forte na colônia. Mas, de várias maneiras, as conversões foram dificultadas ou não foram facilitadas. Os

Brasil Holandês: história, memória e patrimônio compartilhado

judeus convertidos no Recife acabaram relegados à condição de judeus de segunda categoria. Judeus incertos. Judeus coloniais.

INSURREIÇÃO PERNAMBUCANA: OCASO DA JERUSALÉM COLONIAL

É sabido que o levante irrompido em Pernambuco, em 13 de junho de 1645, apesar de se autoproclamar uma "guerra da liberdade divina" – católica – contra o herege flamengo, foi antes de tudo uma rebelião de devedores insolventes. Não é caso de aprofundar assunto tratado com máxima erudição e completude por José Antônio Gonçalves de Mello – em especial seu alentado estudo sobre o chefe da rebelião, João Fernandes Vieira[21] – e por Evaldo Cabral de Mello, autor de livros capitais sobre as motivações, circunstâncias e imaginário das guerras pernambucanas.[22]

Para o tema do presente artigo, importa lembrar que o levante de 1645 foi especialmente duro com os judeus. Gonsalves de Mello e Arnold Wiznitzer, compulsando documentos da WIC no *Rijksarchief* de Haia, ofereceram evidências sobre a atuação dos judeus, não apenas como vítimas da retaliação luso-brasileira, mas também como soldados, intérpretes, espiões, colaboradores, agentes encarregados do abastecimento do Recife holandês quando a penúria se tornou dramática.

Antes de tudo, os judeus tiveram papel importantíssimo na descoberta da rebelião. Em 13 de outubro de 1644, oito meses antes do levante, os *parnassim* da Zur Israel informaram o Conselho Político sobre a existência de uma conspiração, baseados em notícias de judeus que mascateavam no interior da capitania. Alguns judeus fizeram denúncias específicas de fatos suspeitos, como Moisés da Cunha, que viu João

---

21 MELLO, José Antônio Gonsalves. *João Fernandes Vieira: mestre-de-campo do Terço de Infantaria de Pernambuco* (original de 1956). Lisboa, Centro de Estudos de História do Atlântico/Comissão para as Comemorações dos Descobrimentos portugueses, 2000.

22 Para citar apenas dois: MELLO, Evaldo Cabral de. *Olinda restaurada: guerra e açúcar no nordeste, 1630-1654*. 2ª ed. revista e aumentada. Rio de Janeiro: Topbooks, 1998; _____. *Rubro veio: o imaginário da restauração pernambucana*. 2ª edição revista e aumentada. Rio de Janeiro: Topbooks, 1997.

Fernandes Vieira mandar para a Bahia suas joias e todo o serviço de prata que tinha em casa, além de vender escravos e bois, como se reunisse recursos para uma guerra. Vários pequenos negociantes judeus, que andavam pela várzea do Capibaribe, denunciaram a compra de armas enviadas da Bahia para Pernambuco às escondidas.

O ataque aos judeus começou logo no início da guerra. O próprio João Fernandes estimulou execuções e saques, "decretando" nulas as dívidas que os apoiantes da causa tivessem contraído junto aos judeus. Frei Manuel Calado contou que, em 17 de junho de 1645, quatro dias após o início da rebelião, dois judeus foram mortos por portugueses em Ipojuca, enquanto carregavam, junto com os flamengos, três barcos com açúcar e farinha para levar ao Recife. O tumulto começou tão logo chegou a notícia do levante. Os judeus do Recife pediram pronta retaliação ao Conselho Político, oferecendo dinheiro para a organização de uma expedição punitiva.

Os episódios do início da guerra foram suficientes para que muitos judeus decidissem voltar o quanto antes para Amsterdã. Outros recém-convertidos retornaram ao catolicismo, na esperança, muitas vezes vã, de serem poupados. Alguns preferiram se converter depois de capturados, mas nem assim conseguiam salvar-se, a exemplo de Moisés Mendes e Isaac Russon. Outro movimento importante foi a fuga para o Recife, considerada a trincheira mais segura dos holandeses. Ao longo de 1646, praticamente todos os judeus do Brasil se refugiram no Recife e na Cidade Maurícia, abandonando as demais capitanias.

As execuções e confiscos continuaram, no entanto, ao longo da guerra. A própria Inquisição passou a se preocupar com o assunto, em 1646, sabedora de que os rebeldes estavam saqueando a propriedade dos judeus. Presumindo, com razão, que os "confiscados" eram cristãos-novos apóstatas, os inquisidores se julgavam usurpados. Afinal, confisco de bens judaicos era apanágio do Santo Ofício, não de amotinados coloniais. Mal sabiam os inquisidores que o pior estava por vir, em 1649, quando d. João IV isentou os cristãos-novos da pena de confisco.

A contribuição dos judeus ao esforço de guerra foi enorme até o final do conflito, por vezes compulsória, outras vezes voluntária. Mas, no campo de batalha, foram incansáveis, mais dedicados do que os mercenários da WIC. Lutavam por uma causa: impedir, a todo custo, a vitória dos portugueses. Nieuhof percebeu muito bem este ânimo: "os judeus, mais que os outros, estavam em situação desesperadora e, por isso, optaram por morrer de espada na mão, ao invés de enfrentar seu destino sob o jugo português: a fogueira".[23] Mas não era apenas esse o motivo do engajamento judaico na guerra. À diferença dos soldados comuns, os judeus lutavam por seus bens, por suas vidas e pela dos parentes; lutavam contra as execuções e os saques praticados pelos rebeldes; lutavam, por que não, pela "lei de Moisés" e pela Zur Israel – "Jerusalém colonial".

As duas batalhas de Guararapes, em 1648 e início de 1649, demonstraram que a vitória dos insurretos era questão de tempo. Em 1652 a guerra estava perdida para os holandeses, tanto mais porque a Holanda se envolveu numa guerra marítma com a Inglaterra de Cromwell, cujo poder naval era já evidente. Esta foi a primeira das guerras anglo-holandesas do século XVII, travada entre 1652 e 1654. Ao priorizar a guerra contra a Inglaterra, a Holanda desistiu de lutar no Brasil. Não por acaso, a rendição do Recife ocorreu em 1654.

Ao entrar no Recife, em 28 de janeiro de 1654, o mestre-de-campo Francisco Barreto de Menezes cumpriu, com elegância, a proposta de acordo apresentada pelos holandeses para depor as armas. Concedeu três meses para que holandeses e judeus ajustassem seus negócios e deixassem o Brasil, levando seus bens. O prazo final foi fixado em 27 de abril, após o que, o novo governo não mais garantiria nem os bens, nem as pessoas dos "antigos invasores". Os judeus que optassem por permanecer no Brasil, por sua vez, ainda que convertidos ao catolicismo, ficariam à mercê da Inquisição. Os judeus portugueses de grosso trato abandonaram os casarões e sobrados da *Jodenstraat*, bem como o prédio da sinagoga da Zur Israel,

---

23 NIEUHOF, Joan. *Memorável viagem marítima e terrestre ao Brasil* (original de 1682). Belo Horizonte: Itatiaia, 1981, p. 255-256.

tudo constante do *Inventário das armas e petrechos que os holandeses deixaram em Pernambuco e dos prédios edificados ou reparados até 1654.* Os judeus ricos perderam copioso número de escravos. Os donos de engenhos, perderam todos eles, em especial Duarte Saraiva, cujos herdeiros eram credores da maior fortuna deixada em Pernambuco: mais de 350 mil florins.

Fortuna perdida? Muitos perderam pouco, alguns perderam muito ou custaram a ser ressarcidos. Mas os judeus portugueses não saíram arruinados do Brasil holandês. Cerca de 30% deles, no mínimo, continuou ao lado dos holandeses nos investimentos coloniais, em especial na economia açucareira disseminada nas ilhas do Caribe e na Guiana. Gonsalves de Mello considera que os judeus abandonaram o Brasil holandês amargando prejuízos. Tenho dúvidas acerca deste prejuízo sefardita, a julgar pela vitalidade dos negócios judaicos na pequena ilha de Barbados, por exemplo, centro irradiador da economia açucareira nas Antilhas[24]. Os sefarditas logo se espalharam por outras ilhas, firmando contratos com a WIC. A comunidade da Nova Holanda renasceu no Caribe, associada aos holandeses, depois aos ingleses. Réplicas caribenhas da Jerusalém pernambucana, erigidas pelos judeus do Recife holandês.

REFERÊNCIAS BIBLIOGRÁFICAS

BLOOM, Herbert. "A Study of Brazilian Jewish History, 1623-1654. Based cheifly upon the findings of the late Samuel Oppenheim". *American Jewish Historical Society*, n. 33, 1933.

BODIAN, Mirian. *Hebrews of the portuguese nation. Conversos and community in early Modern Amsterdam.* Indianapolis: Indiana University Press, 1999.

BOXER, Charles. *Os Holandeses no Brasil.* São Paulo: Companhia Editora Nacional, 1961.

CALADO, Manuel, frei. *O valeroso Lucideno.* Lisboa: [s.n.] 1648. 4ª ed. Recife: Fundarpe, 1985. (Coleção Pernambucana, 2ª fase; vol. 13).

CANABRAVA, Alice. *O açúcar nas Antilhas (1697-1755).* São Paulo: Instituto de Pesquisas Econômicas/USP, 1981.

EMMANUEL, Isaac. "New Light on Early American Jewry". *The American Jewish Archives*, n. 7, 1955.

---

24   CANABRAVA, Alice. *O açúcar nas Antilhas (1697-1755).* São Paulo: Instituto de Pesquisas Econômicas/USP, 1981.

194 Brasil Holandês: história, memória e patrimônio compartilhado

FAIGUENBON, Guilherme *et al* (orgs.). *Dicionário sefardi de sobrenomes*. Rio de Janeiro: Frahia, 2003, p. 123-133.

FEITLER, Bruno. *Inquisition, juifs et nouveaux chrétiens au Brésil*. Leuven: Leuven University Press, 2003.

ISRAEL, Jonathan. *European Jewry in the Age of mercantilism, 1550-1750*. Oxford: Oxford University Press, 2003.

KAPLAN, Yosef. *Judíos Nuevos em Amsterdam: estudio sobre la história social e intelectual del judaísmo sefardí en el siglo XVII*. Barcelona, Gedisa editorial, 1996.

LIPINER, Elias. *Izaque de Castro: o mancebo que veio preso do Brasil*. Recife: Massangana, 1992.

_____. "Homens à procura de um nome: antroponímia de sobrevivência na história dos cristãos-novos". In: *Baptizados em pé*. Lisboa: Vega, 1998.

MELLO, Evaldo Cabral de. *Olinda restaurada: guerra e açúcar no nordeste, 1630-1654*. 2ª ed. revista e aumentada. Rio de Janeiro: Topbooks, 1998.

_____. *Rubro veio: o imaginário da restauração pernambucana*. 2ª edição revista e aumentada. Rio de Janeiro: Topbooks, 1997.

MELLO, José Antônio Gonsalves de. *Gente da Nação. Cristãos-novos e judeus em Pernambuco, 1542-1654*. 2ª ed. Recife: Massangana, 1996.

_____. *João Fernandes Vieira: mestre-de-campo do Terço de Infantaria de Pernambuco* (original de 1956). Lisboa, Centro de Estudos de História do Atlântico/ Comissão para as Comemorações dos Descobrimentos portugueses, 2000.

_____. *Tempo dos flamengos. Influência da ocupação holandesa na vida e na cultura do Norte do Brasil* (original de 1947). 3ª ed. aumentada. Recife: Massangana, 1987.

MENDES, David Franco. *Memórias do estabelecimento e progresso dos judeus portugueses e espanhóis nesta famosa cidade de Amsterdam*. Edição fac-símile. Lisboa: Távola Redonda,1990.

NIEUHOF Joan. *Memorável viagem marítima e terrestre ao Brasil* (original de 1682). Belo Horizonte: Itatiaia, 1981.

VARNHAGEN, Francisco Adolpho de. *História das Lutas com os holandeses no Brasil desde 1624 até 1654* (original de 1871). Rio de Janeiro: Biblioteca do Exército, 2002.

WEBER, Max. *A ética protestante e o espírito do capitalismo*. São Paulo: Companhia das Letras, 2004.

WIZNITZER, Arnold. *Os judeus no Brasil Colonial*. São Paulo: Pioneira, 1966.

WOLFF, Egon & Fieda. *Quantos judeus estiveram no Brasil holandês e outros ensaios*. Rio de Janeiro: Edição dos Autores, 1991.

Entre os rios e o mar aberto: Pernambuco, os portos e o Atlântico no Brasil holandês

RÔMULO LUIZ XAVIER DO NASCIMENTO
Professor de História da Universidade de Pernambuco,
Doutor em História pela Universidade Federal Fluminense

NO DIA 17 DE DEZEMBRO DE 1642, partiu do porto do Recife os navios St. Pieter, Buyeman e Dolphin em direção a Barbados. Em seguida, as embarcações seguiriam para os Países Baixos levando, certamente, as novidades acerca da recém conquista da Companhia das Índias Ocidentais: o Maranhão. Essa conexão direta Recife-Barbados, oferecia a Maurício de Nassau e ao Conselho que o assessorava um maior raio de ação além da escala nordestina. Estava o Recife inserido numa *weltwirtschaft* (economia-mundo, denominada por Immanuel Wallerstein) holandesa que, pela época acima, já contava com a participação direta de Angola. Viagens como esta se tornaram comuns porquanto durou a presença nassoviana no Brasil.[1]

Do ponto de vista geoestratégico, basta dar uma olhada no mapa do Atlântico sul para percebermos a importância do Recife, localizado à 29 dias de viagem de Luanda. Para se ter uma ideia, para se navegar de Salvador à Luanda, gastava-se aproximadamente 35 dias. Certamente, ao intentarem a ocupação de Pernambuco, esse fato não passou despercebido

---

[1] IAHGP. Coleção José Higyno. Brieven em Paieren uit brasilie. Carta de Nassau e do Alto Conselho ao Conselho dos XIX. 08/04/1642.

aos neerlandeses. Também não podemos associar a vinda da Companhia das Índias Ocidentais para o Brasil apenas à questão geoestratégica. Se assim tivesse sido, a estada batava em Salvador anos antes não teria acontecido. Sendo mais claro, procuraremos neste artigo perceber a importância do porto do Recife não apenas enquanto local de desembarque do açúcar que abastecia boa parte dos países da Europa ocidental na segunda metade do século XVI, mas sobretudo como um meio, uma passagem, para outros pontos do Atlântico. Também será vista como se processou a navegação na malha fluvial do Nordeste promovida pela Companhia das Índias Ocidentais.

Não seria heresia considerar que, primeiro, veio o porto, depois, a cidade. É fato que o litoral nordestino, principalmente entre Natal e Salvador, oferece boas condições de aportagem e também serve de via de acesso a outros pontos do Atlântico. Contudo, a importância do Recife se deve a muitas vantagens associadas. Em Pernambuco mesmo, os portos de Pau Amarelo e Nazaré, este último ao sul do Recife, representaram alternativas de aportagem ao Recife. O porto de Nazaré, por exemplo, bem que serviu aos luso-brasileiros como uma das "escápulas do açúcar" (expressão de Evaldo Cabral de Mello) enquanto os holandeses não se assenhoreavam dos engenhos do litoral sul de Pernambuco.

A invasão holandesa a Pernambuco em 1630 veio a mudar a frequência de embarcações dos portos próximos a esta capitania, e mesmo nela. Observou Evaldo Cabral de Mello que

> antes de 1630, os pequenos portos ao norte e ao sul do Recife eram utilizados com frequência durante os meses de verão. Só no Recife e na Paraíba, os senhores de engenho e comerciantes de açúcar dispunham de transporte para o Reino Unido durante todo o ano. A queda do Recife em 1630 determinou uma redistribuição da navegação em favor da Paraíba e também dos portos menores, especialmente o do Cabo de Santo Agos-

tinho, os quais passaram a ser mais procurados, escoando em conjunto mais açúcar do que o porto da Paraíba.[2]

A existência de portos é determinante nas condições de ocupação de um território, sobretudo numa época em que a tecnologia ainda não havia compensado as rudezas da navegação transatlântica. Regime dos ventos, correntes, conhecimento de acidentes geográficos, tudo isso era fundamental às aventuras ou desventuras marítimas. Em Pernambuco, o Cabo de Santo Agostinho (ao sul do Recife) nos serve como um exemplo de acidente geográfico – referência na "planície líquida" (a expressão é de Fernand Braudel) que é o Atlântico. O Cabo de Santo Agostinho era, para os navegadores do século XVI, uma efeméride na navegação do Atlântico sul.[3] É certo, portanto, que, quem quer que estivesse na carreira das Índias Orientais, sabia muito bem precisar o Cabo (como é popularmente conhecido), na Capitania de Pernambuco. Segundo Ulysses Pernambucano de Mello, "era o Cabo de Santo Agostinho e suas proximidades o lugar para onde se dirigiam os navios dispersos que cruzavam o atlântico sul, constituindo-se no local de mais fácil identificação para os que vinham do Hemisfério Norte".[4]

---

2 MELLO, *op. cit.*, p. 59.

3 "a corrente equatorial que vem da África se bifurca no Cabo de São Roque e uma de suas bifurcações segue a costa Norte do Brasil e das Guianas e chega às Antilhas, enquanto a outra segue até o sul, paralela à costa Brasileira e constitui a corrente do Brasil; nos meses de junho a setembro, que era quando os barcos que saíam da Península Ibérica chegavam ao Brasil, as correntes nas imediações do Cabo de São Roque se dirigem a NW e se a sua ação se junta à das monções do Sul, que alcançam então sua maior identidade, se compreende facilmente que aos barcos a vela era sumamente difícil vencer esses obstáculos para dirigir-se ao Sul, sendo muitas vezes arrastados até as Antilhas. Em troca, alcançando-se o Cabo de Santo Agostinho se cai dentro da corrente do Brasil e é fácil prosseguir a viagem para o sul. A eleição do Cabo de Santo Agostinho como ponto que satisfaz plenamente as condições indicadas supõe viagens anteriores que impuseram o conhecimento dessas características, impossíveis de se obter de uma única vez em navegação." In: MELLO, Ulysses Pernambucano de. "O Cabo de Santo agostinho e a Baía de Suape". *Revista do Instituto Arqueológico, Histórico e Geográfico Pernambucano*, Vol. LIII, Recife, 1981, p. 38.

4 *Idem.* O autor considera que o Cabo já aparece bem representado em cartas náuticas

Esses pormenores da navegação sul-atlântica já foram bem explorados por Luis Filipe de Alencastro, que observou:

> Na altura do Cabo de Santo Agostinho (Pernambuco) a corrente Subequatorial se bifurca, dando lugar à corrente das Guianas, que deriva costa acima até o Caribe, e à corrente do Brasil, descendo costa abaixo. Fenômeno que explica o interesse dos holandeses, durante sua ofensiva na América do Sul, em ganhar o controle do arquipélago de Fernando de Noronha, entrada de duas rotas estratégicas para os ataques contra o Império Filipino: a das Antilhas e a que descia pela costa brasileira.[5]

Ao norte do Recife, a praia de Pau Amarelo (como fora acima observado) oferecia boas condições de aportagem. Não é à toa que foi lá que desembarcaram mais de vinte navios das tropas da Companhia das Índias Ocidentais em 1630. A outra metade estacionou no porto do Recife. O próprio nome "Pernambuco", que significa algo como "pedra vazada" em tupi-guarani, deve a sua origem a uma barreira de arrecifes que, como era vazada, permitia a passagem de embarcações que ficavam protegidas por sua barra. Localizava-se esta barra nas imediações da Vila de Igarassu (norte do Recife). Logo, surgiu o topônimo Pernambuco a partir de um porto.[6]

Com o início da economia açucareira em Pernambuco e o seu desenvolvimento na segundo metade do século XVI, tais portos passaram a ter, na prática, uma função a mais do que oferecer boas condições de aportagem. A expansão da economia açucareira, aliada a extração de pau-brasil, aumentou a importância dos portos do Nordeste do Brasil.

---

do inicio do século XVI, como as de Caverio, Magiollo (1504), A. Vespucio (1505), Kustmann II, Waldseemuller (1508) e Ruysch (1508).

5 ALENCASTRO, Luis Filipe de. *O Trato dos Viventes: formação do Brasil no Atlântico sul.* São Paulo: Companhia das Letras, 2000, p. 57-58.

6 MEDEIROS, Guilherme de Souza. *Cruzando o Tenebroso: A Arte da Navegação no Inicio do Século XVI em Pernambuco.* Dissertação de Mestrado defendida em 2000 (UFPE).

Como em Pernambuco se produzia a maior parte do açúcar consumido na Europa, já no último quartel do século XVI, teve no porto do Recife a sua mais importante porta de saída daquele produto. A partir de então os navios passaram a frequentar o Nordeste não apenas para se afastar da cabotagem ao longo da África, e sim para fazer comércio.[7]

Mas estes portos eram também, e muitas vezes, de contrabando. Vejam-se os casos do Porto dos Franceses (Alagoas) e Pitimbu (norte de Pernambuco), fartamente utilizados pelos franceses para desviar açúcar e madeira das capitanias de Pernambuco e Itamaracá.[8] O próprio porto do Recife protagonizou um comércio ilegal de madeira, açúcar e, inclusive, prata de Potosí desviada pelo Rio da Prata. Nas relações atlânticas, o contrabando esteve presente e precisou sobremodo de lugares ermos para o seu êxito.[9]

O interesse da WIC na prata espanhola era evidente. Uma vez estabelecidos no Caribe, os holandeses "cercavam" as saídas da prata do Mé-

---

7   Acerca da navegação no litoral do Nordeste, escreveu Philip Curtin: " Brazil was, first and foremost, a place the Portuguese had to pass on the way to India. Once past the bulge of Africa and the doldrums, the most direct route to the Cape of the Good Hope was in the teeth of the southeast trade winds. To avoid this, mariners sailed as close to the trade as possible – just as they headed back toward Europe took a detour away from the Saharan coast of Africa. As a result, they passed very close to the northeastern bulge of Brazil. CURTIN, Philip D. *The Rise and Fall of the Plantation Complex: Essays in Atlantic History*. Cambridge University Press, 1990, p. 48.

8   Sobre a presença de franceses em Itamaracá e Paraiba, afirmou Capistrano de Abreu: "Os petiguares da serra entretinham boa relacao boas relações com os colonos; [...] os da praia, sempre amigos dos franceses, faziam com estes bons negócios na Paraiba". Essa referência é do século XVI (segunda metade), fase em que a presença francesa era constante na costa do Brasil. *Capítulos de História Colonial: 1500-1800.* – Rio de Janeiro: Civilização Brasileira, Brasília, 1976, p. 56.

9   Sobre o contrabando na America do Sul envolvendo Pernambuco, afirmou Fernand Braudel: "Do Brasil para o Rio da Prata, um tráfico continuo de pequenas naus de umas quarenta toneladas trazia à socapa açúcar, arroz, tecidos, escravos negros, talvez ouro. Regressavam "carregados de reaes de prata". Paralelamente, pelo Rio da Prata, vinham mercadores do Peru com espécies para comprar mercadorias em Pernambuco, Bahia, Rio de Janeiro. Os lucros destes tráficos ilegais, segundo um mercador, Francisco Soares (1597), iam de 100% a 500% e, se acreditarmos no que ele diz, chegavam a 1.000%". BRAUDEL, *op. cit.*, p. 135.

xico e do Peru. Por volta de 1630-1640, a produção argentífera daquelas minas ainda se revelava atraente aos batavos. Merece destaque, também, a economia que girava em torno da atividade mineradora, que era o comércio de roupas, vinho da Espanha e escravos africanos que circulavam nas vilas mineiras. Todas essas mercadorias eram pagas com grandes quantidades de metal precioso. Certamente os comerciantes ligados a WIC quiseram entrar nestes "circuitos econômicos, energizados pela mineração", como destacou Peter Backwell.[10] No processo de colonização da América desenvolveu-se desde cedo uma classe social local (os crioullos), os quais colocaram as colônias espanholas, cada vez mais, numa relação de independência da Espanha. Como observou John Lynch:

> By the 1640's certain sectors of the American economy – shipbuilding, agriculture, and invest in overseas trade – were far more buoyant than their couterparts in spain. The economic independence of America, and its superior capital resources, denotated a fundamental shift of balance wirhin the Hispanic world. Economically, at least the dominant partner was now America.[11]

Essa relativa independência econômica da América espanhola em relação a sua metrópole foi, ainda segundo Lynch, mais prejudicial à Espanha do que mesmo os agravos por ela sofridos por parte dos holandeses através das guerras de independência dos Países Baixos.

Como consequência da atividade mineradora, as cidades passavam a concentrar grandes populações para os padrões da época. Para se ter ideia, a cidade de Lima comportava, em 1610, algo em torno de 25 mil habitantes.[12] Lima concentrava em torno de si um comércio interessante.

---

10   BAKEWALL, Peter. "A Mineração na América Espanhola Colonial". In: *História da América Latina: América Latina Colonial*, vol. II/Leslie Bethel (org.). São Paulo: Edusp, Brasília, 2004, p. 102.

11   LYNCH, John. *Spain under the Habsburgs*. Vol. II. Nova York: New York University Press, 1984, p. 13.

12   MOERNER, Magnus. "A Economia e a Sociedade Rural da América do Sul Espanhola

Não foi por acaso que os holandeses empreenderam expedições à costa peruana e chilena a partir de Pernambuco. Ao redor das cidades mineradoras se estabeleciam as *haciendas*, fontes constantes de abastecimento de víveres para a população mineradora.

Para a primeira metade do século XVII, podemos considerar a prata e o comércio de gêneros alimentícios como sendo o que mais interessava a Companhia das Índias Ocidentais na América espanhola. Quanto a venda de escravos para o trabalho nas minas, ainda não seria o momento, uma vez que por essa época os holandeses ainda estivessem iniciando diretamente o comércio com a África Centro-Ocidental. Além do mais, o aumento da mão de obra escrava africana nas minas do Peru e México não se deu ainda no século XVII e sim no XVIII.[13]

No início da década de 1640, era mais interessante para a WIC vender escravos para algumas fazendas de açúcar no Caribe que ali se instalavam. Barbados era um desses lugares. De várias maneiras os holandeses cercavam os espanhóis, sendo mais ostensivos em Pernambuco e no litoral brasileiro. O interesse holandês pelos metais preciosos no Brasil foi evidenciado por Hermann Waetjen, que se referiu às expedições realizadas ao interior de Pernambuco e Paraiba em busca de ouro e prata. Tudo isso se deu já no governo de Mauricio de Nassau que, segundo Waetjen, "satisfazia [Nassau] o ardente desejo dos seus patrões da Holanda, dos quais grande número esperava ver realizado no Brasil o sonho do 'el dorado'".[14]

---

no Periodo Colonial". In: *História da América Latina: América Latina Colonial*, vol. II/ Leslie Bethel (org.). São Paulo: Edusp, Brasília, 2004, p. 194.

13 *Ibidem*. Segundo o autor, "na costa peruana os escravos africanos constituíram parte importante da força de trabalho rural. Em 1767 os jesuítas empregavam 5224 escravos, 62 por cento nas fazendas de cana-de-açúcar, 30 por cento nos vinhedos. Esses escravos muitas vezes recebiam pedaços de terra onde podiam cultivar seus próprios alimentos", p. 195.

14 Waetjen, *op. cit.*, p. 209. O autor se refere a duas expedições incentivadas por Nassau no ano de 1637 em "abas de serra de Pernambuco" e a expedição empreendida por Elias Herckmans ao interior. Ambas sem sucesso. No Ceará, uma expedição comandada por Mathias Beck teve mais êxito, tendo encontrado uma mina de prata

A atuação dos holandeses contra a Espanha data desde bem antes da fundação da Companhia das Índias Ocidentais, em 1621. John Lynch chega a relacionar a crise do comércio da Espanha com as suas colônias na América com os sucessivos ataques de "inimigos estrangeiros", entre eles, os holandeses. Essa crise do comércio transatlântico situa-se já na primeira década do século XVII e esteve na conjuntura de uma crise europeia marcada pela inflação que durou quase um século (1550-1650).[15]

Retomando as ambições da WIC no Caribe, e a relação que isto tem com a prata e ouro espanhóis, temos uma passagem do cronista Gaspar Barleus em que o mesmo narra uma tentativa dos holandeses para se apoderarem dos carregamentos para a Europa. Em setembro de 1640, uma expedição comandada pelos almirantes Jol e Lichthart intentou com vinte navios capturar a prata vinda das minas de Potosí a partir do porto de Havana. A operação foi malsucedida. Segundo Barléus:

> Frustou-se-lhes, porém, a expectativa. A sede do dinheiro não sofre delongas, e nada se ficou sabendo da outiva sobre a chegada da frota da prata, por mais que se interrogassem a respeito pescadores apanhados aqui e acolá. Cada uma delas efetivamente, por ótimos alvitres e por prudente receio, permaneceu nos seus respectivos portos, não achando razoável expor à ambição armada o ouro e a prata que levavam.[16]

A importância do Caribe para a Companhia das Índias Ocidentais se deve também ao fato de ficar a meio caminho entre a América do Sul e do Norte. Mais especificamente, a corrente do Gulf Strean permitia a circulação de embarcações entre a Europa, América do Norte e Caribe,

---

"aparentemente rica", mas que não chegou a ser explorada.

15 LYNCH, John. Spain under the Habsburgs. Vol II. Nova York: New York University Press, 1984, p. 11. Segundo o autor, " a crise pode ser datada precisamente entre os anos 1598 e 1620 e se tratou de uma crise de mudança da tendência econômica do século XVI". Na Espanha, o contexto foi de "empobrecimento da população rural, depopulação e recessão do comércio com as colônias americanas".

16 BARLÉU, Gaspar. *História dos fatos recentemente praticados durante oito anos no Brasil.* Belo Horizonte: Itatiaia; São Paulo: Edusp, 1974, p. 204.

como destacaram os historiadores Peter Linebaugh e Marcus Rediker ao tratarem da circularidade de pessoas no Atlântico Norte e Caribe. Como eles mesmos destacaram:

> The planetary currents of the North Atlantic are circular. Eupeans pass by Africa to the Caribbean and then to North America. The Gulf Stream then at three knots moves north to the Labrador and Artic currents, which moves eastward, as the North Atlantic Drift, to temper the climates of northwestern Europe.[17]

Uma outra forma de atacar o Império espanhol sem ser pelo Caribe foi a ocupação de Angola em 1641. Tomou parte da mesma o Almirante Jol citado acima. Da fracassada expedição a Cuba para a bem-sucedida conquista de São Paulo de Luanda, a WIC atingia a Espanha impedindo que 15 mil negros saíssem de Angola para trabalhar nas minas do Peru e do México.[18]

O Recife antes da invasão holandesa, enquanto porto da então florescente vila de Olinda, já tinha um caráter de "cidade-etapa" na economia-mundo do Atlântico. Tendo como "cidade-polo" Lisboa, passou, após a invasão a girar, de forma direta, na órbita de Amsterdam, o maior empório comercial da primeira metade do século XVII. E foi mesmo durante a presença holandesa que a cidade do Recife deixou a condição de "povo" para a de núcleo urbano com problemas de superpopulação, inclusive. Ao descrever o Recife por volta de 1636, José Antônio Gonsalves de Mello não deixou de mencionar os altíssimos preços de imóveis bem como a circulação constante de gente de diversas partes da Europa. O

---

17 LINEBAUGH, Peter; REDIKER, Marcus. *The Many-Headed Hydra: sailors, Slaves, Commoners, and the Hidden History of the Revolutionary Atlantic*. Boston: Beacon Press, 2000, p. 1.

18 BARLEUS, *op. cit.*, p. 214. Segundo o cronista: "Efetivamente, o próprio rei da Espanha se acostumou a levar dali anualmente 15.000 negros, dos quais se utilizava para trabalharem nas minas do Ocidente. É, pois, certo que o rei tentará extremos para recuperar o Reino de Angola, de tanta importância para o império hispânico".

Recife deixava de ser um "burgo triste e sem vida"[19] para ser um importante entreposto comercial para os Países Baixos, pelo menos para uma parte da burguesia de Amsterdam.

Evidentemente, não podemos comparar o porto do Recife com os de Amsterdam e Antuérpia, os quais podiam comportar mais de mil embarcações de uma só vez. Nestes ancoradouros existiam diversas embarcações que chegavam do Báltico após pescarem centenas de baleias e aproveitarem seus derivados. Chegavam a lucrar com essa atividade mais de 2 milhões de florins a cada temporada. O maior de todos esses comércios era mesmo o de Arenque, chamado de *moedernegotie*, ou "negócio mãe".

A presença holandesa fez com que o Recife se conectasse mais diretamente a outras partes do Atlântico como, por exemplo, o Caribe. Assim, navios como o *Holandia*, *De Wapen van Hoor* e *Bonte Coe*, bem conhecidos das fontes coEvas, faziam viagens a Curaçau, Barbados, Santa Bárbara e Cuba. Em agosto de 1635, de uma só vez, zarparam do porto do Recife em direção a Cuba os navios *De Zujdsterre*, *Schoop*, *De Meermine* e *Angola* levando vários soldados luso-brasileiros como prisioneiros.[20] A queda do Arraial Velho do Bom Jesus, em 1635, terminava com parte de seus soldados nas ilhas do Caribe, que de lá prosseguiam para os Países Baixos.

Retomando a discussão da posição estratégica de Pernambuco, quando não do Nordeste, temos um trecho do relato feito por um administrador holandês em 1633. Diz ele:

> Esta conquista nos fornece meios para outros empreendimentos importantes, tais como a conquista do Brasil meridional

---

19 MELLO, José Antônio Gonsalves de. *Tempo dos Flamengos: influência da ocupação holandesa na vida e na cultura do norte do Brasil*. Recife: Massangana, 1987, p. 35. Palavras do autor: "Burgo triste e abndonado [o Recife], que os nobres de Olinda deviam atravessar pisando em ponta de pé, receando os alagados e os mangues; burgo de marinheiros e de gente ligada ao serviço do porto; burgo triste, sem vida própria, para onde até a água tinha de vir de Olinda".

20 IAHGP. Coleção José Higyno. Dagelijkse notulen van de Hooge Raden in Brasilie. 17/08/1635.

> [...], o desvio do comércio de Angola, a anexação do Rio da
> Prata e a navegação do Chile e de todo o mar do Pacifico; e ao
> passo que este pais seria para nossa Companhia das Índias
> Ocidentais uma estação de parada cômoda e segura.[21]

A partir desse relato, podemos perceber a dimensão da *conquesten* holandesa: açambarcar o Nordeste para depois açambarcar outros domínios ibéricos. As intenções holandesas aumentam até a importância que tinha esta parte do Atlântico Sul para a WIC, econômica e geopolítica. Seja como for, eis aqui o gérmen, se não um antecedente da ideia que seria colocada em prática por Maurício de Nassau quando de seu governo (1637-1644), quando o mesmo, a partir do Recife, atacou El Mina, Angola e o Chile.[22] Uma história do Atlântico que se estendeu ao Pacífico. Por enquanto, fiquemos com os exemplos Atlântico Sul apenas.

Na esteira de uma perspectiva atlântica, temos que a própria Companhia não olhava apenas para o Nordeste. Em 1633, por exemplo, um dos conselheiros políticos chamava a atenção para as ligações entre o Nordeste e outros pontos como o Rio da Prata, o Chile e até as Índias Orientais. Chegaram, inclusive, a considerar que "este país seria para nossa Companhia das Índias Ocidentais uma estação de parada cômoda e segura".[23]

---

21   Relatório do Conselho político no Brasil Jean de Walbeeck, apresentado aos diretores da Companhia das Índias Ocidentais a 2 de julho de 1633, lido pelos Estados Gerais à 11 de julho de 1633. In: *Documentos Holandeses*. Vol. I. Ministério da Educação e Saúde, 1945, p. 125/126.

22   As intenções flamengas no Nordeste enquanto ponto estratégico no Atlântico Sul evidencia-se após a tomada de São Jorge da Mina, em 1637, quando os primeiros navios da WIC passaram a trazer escravos diretamente dos portos africanos. Para o ano de 1639, já é possível identificar a chegada de navios das regiões próximas ao Castelo da Mina sobretudo "peças de escravos" (*stuck negers*). Numa ocasião, aportou no Recife os navios *Camel* e *Charitas*, trazendo pouco mais de trezentos escravos, sendo 150 provenientes de El Mina e 174 do porto de Ardras. Também trouxeram ouro e uma carta do administrador Willem Willeckems do Cabo Lopez. IAHGP. Coleção José Higino. Birven em Papieren uit brasilie. 29/04/1639.

23   Carta de Walbeeck ao Conselho dos XIX, *op. cit.*, p. 126.

Para o Norte, muito embora a WIC tenha consolidado a conquista com a ocupação de São Luis, em 1640, houve embarcações que passaram a fazer escala no Caribe antes de regressarem aos Países Baixos. Mas, antes entrarmos nessa questão, retomemos as conexões que a WIC podiam fazer frente às coroas ibéricas. Numa descrição anônima sobre a região do Rio da Prata, feita por alguém a bordo do navio *De Windhond*, de 1628, consta:

> O Brasil venderia a eles [comerciantes locais] suas manufaturas [...], que são muito procurados pelos habitantes do Rio da Prata e de todo o Mar do Sul; [...] Angola venderia a eles uma quantidade notável de escravos [...] porque é fato conhecido que os portugueses mandaram e venderam todos os anos de Luanda entre seis e sete mil negros, que de lá são mandados ao interior e vendidos de uma mão à outra, até chegarem às minas. Em troca deles os mercadores de Angola receberam trigo, milho e também prata e ouro.[24]

Pelo relato acima, cinco anos antes do relatório do conselheiro político, a WIC estava ciente das conexões entre Angola e o Rio da Prata. Sabiam também que os espanhóis preferiam descarregar os seus metais de Potosi pelo Norte, por terra até Cartagena e, daí em diante, por mar ate a Europa. Nesse sentido, o avanço holandês em direção ao norte (Rio Grande, Ceará e Maranhão) viria a preencher essa lacuna. A preocupação das coroas ibéricas com as capitanias ao norte de Pernambuco ficou evidente quando, numa Carta Régia destinada ao Conselho da Fazenda em 1634, Filipe III chamou a atenção para necessidade em se proteger o Rio Grande do Norte, Maranhão e Grão-Pará. Havendo aprestado algumas embarcações em socorro de Pernambuco, considerou em suas ordens o seguinte:

---

24   Considerações a respeito do Rio da Prata. In: JOHANNES e LAET [1637]. *Roteiro de um Brasil desconhecido: Descrição da costa do Brasil.* Capa Editorial, 2007, p. 304. Segundo o linguista holandês B. N. Teensma " pelas características litográficas e linguísticas do texto holandês é provável que seja de autoria de Willem Joster Glimer".

> E porque o Rio Grande há mister com que poder fazer oposi-
> ção ao enemigo para que não entre a terra adentro e nella lhe
> senhoria em que fica o Rio Grande do Seare [Ceará] e D'Aly
> ao Maçanhão [Maranhão] e Gráo Pará que são praças muy im-
> portantes. E de que podem tirar os enemigos grande proveito
> pelas madeiras que aly há para fabricar navios e terá aly os
> milhores portos do Brasil que seria do dano que se deixa hir
> se dessem por essas praças.[25]

Pelo visto os socorros vieram um pouco tarde, uma vez que os holandeses, já no final do ano de 1634, estendiam as suas tropas à Paraíba e ao Rio Grande. A conquista do Ceará e do Maranhão esperaria mais alguns anos. O importante é salientar que, tanto os holandeses quanto as coroas ibéricas estavam cientes de suas fragilidades militares[26] e da importância geoestratégica das capitanias ao norte de Pernambuco. A consolidação da conquista de Pernambuco era já meio caminho para a conquista da porção norte do Brasil. Mesmo depois da saída dos holandeses do Brasil, em 1654, navios holandeses frequentavam o litoral do Rio Grande do Norte. Em 1662, um parecer do Conselho Ultramarino dava notícias do contrabando de pau-brasil no litoral potiguar feito pelos holandeses. O dito parecer registrava que os holandeses "vinhão carregar pao Brasil, que naquelle sitio avia feito e deixado hú hollandéz, antes que à terra se rendesse aos nossos".[27] Em 1662, a costa do Rio Grande do Norte ainda era muito desabitada, o que favorecia o contrabando.

---

25   LAPEH. Projeto Resgate. AHU_ACL_CU_015, Cx.2, D.127. "Carta Régia (minuta de capítulo) do rei [D. Filipe III] ao Conselho da Fazenda, ordenando o envio de quatro esquadras das duas coroas com homens, armas e munições, para socorrer a Capitania de Pernambuco, impedindo que o inimigo se espanhe pelas Capitanias do Rio Grande do Norte, Maranhão e Grão Pará".

26   *Idem*. Segundo o mesmo documento: "a experiência tem mostrado que muita parte dos maus sucessos que há havido no Brasil he por falta de cabeças que governem a guerra."

27   LAPEH. Projeto Resgate. AHU_ACL_CU_018, Cx.1, D.6. Parecer do [conselheiro do Conselho Ultramarino] Feliciano Dourado, sobre uma devassa acerca do cntrabando de pau-brasil feito pelos holandeses no poto de João Lostao, no Rio Grande do Norte.

Por outro lado, já que os holandeses não conseguiram conquistar a região do Prata, valeria a pena investir mais se aproximar mais do Caribe. Um grande incentivo seria, sem dúvida, a proximidade da frota da prata. Outra observação: tanto o relato de um anônimo sobre a região do Prata como o relatório do conselheiro político convergem numa coisa: no "desvio do comércio de Angola".[28]

A captura da frota da prata na costa de Cuba, em 1628, representou um grande golpe contra a Espanha, uma vez que os banqueiros genoveses passaram a investir menos no negócio das minas. Assim, a casa de Madrid passou a compensar a falta de recursos com o aumento dos impostos. Esse subterfúgio de Castela desagradou, sobretudo, aos catalães e aos portugueses.[29]

Antes mesmo desse episódio, em 1624, a WIC havia enviado uma expedição de reconhecimento ao Caribe, com uma forca superior a mil homens. Logo em seguida, atacaram a Bahia.[30] Seis anos depois desta expedição ao caribe, algumas embarcações que dela fizeram parte haveriam de estar em Pernambuco. As descrições que a WIC tinha desde o Rio da Prata ao extremo norte do Maranhão municiavam-lhes de um conhecimento relevante para se chegar ao Caribe. Do ponto de vista da navegação em si, sair de Pernambuco rumo ao Caribe pode ser uma aventura, dependendo da época em que se navegue. Segundo relatórios de navegação, em certos meses do ano, os ventos Nordeste empurram as águas para o sul, dificultando a navegação em direção ao norte.

As viagens de navios holandeses para as Índias Ocidentais, partindo de Pernambuco, começaram ainda na época dos "tempos difíceis".

---

28 Relatório do..., *op. cit.*, p. 126.

29 Blackburn, Robin. *A construção do escravismo no Novo Mundo: do barroco ao moderno (1492-1800)*. Rio de Janeiro: Record, 2003, p. 236. Paradoxalmente, essa vitória holandesa na captura da prata espanhola, segundo o autor, complicava a situação da Companhia das Índias Ocidentais porque "com o poder espanhol enfraquecido no Atlântico, parte se sua *raison d'être* deixou de existir – pelo menos aos olhos daqueles excluídos de seus privilégios".

30 *Idem, Ibidem*, p. 235.

Em abril de 1632, alguns navios partiram em direção ao Caribe, num dos quais se encontrava o soldado Ambrósio Richoffer, que registrou o percurso das embarcações pelas ilhas de Barbados, Santa Lúcia, Martinica, São Domingos, São Martinho, Tortugas, Bonaire e Cuba. Junto aos dez navios mencionados pelo cronista, haviam mais qutro outros carregados de açúcar de Pernambuco. Estes, contudo, não fizeram escala no Caribe.[31] Nessa escala, os holandeses carregaram suas embarcações com sal antes de voltarem aos Países Baixos. Algumas poucas viagens de navios saídos de Pernambuco em direção às Índias Ocidentais foram registradas pela documentação. Em agosto de 1635, os navios De Swaem, Erasmus, Mercurius e Ernestus receberam a missão de carregar sal e madeira em Curaçau.[32] Em setembro (dia 23), o navio Alkmaer, cuja carga não foi especificada, também partiu rumo ao Caribe.[33] Finalmente, poucos dias depois, o Westfrieslant, acompanhado de uma chalupa, foi incumbido de completar a sua carga nas Índias Ocidentais.[34]

Aliado à navegação de longo curso, exemplificado pelos casos acima, temos uma navegação de cabotagem que se somava à navegação dos rios do Nordeste oriental. A partir das operações de guerrilha adotadas em 1632, embarcações menores como Iates e Chalupas passaram a ser utilizadas no bloqueio de barras e incursões aos rios para fins de assalto e saques. O início de sua utilização foi discutido por Evaldo Cabral de Mello[35] que, apontando uma carta do Coronel Wanderburch aos Estados Gerais, em novembro de 1631, situou a mudança de es-

---

31   RISCHSHOFFER, Ambrosio. *Diario de um soldado (1629-1632)*. Recife: CEPE, 2004.

32   IAHGP. Coleção Jose Higyno. Dagelijckse Notulen. 13/08/1635.

33   IAHGP. Coleção Jose Higyno. Dagelijckse Notulen. 23/09/1635.

34   IAHGP. Coleção Jose Higyno. Dagelijckse Notulen. 30/09/1635.

35   MELLO, Evaldo Cabral de. *Olinda Restaurada*. São Paulo: Edusp, 1979, p. 39. Com relação ao uso destas embarcações, em rios, a inferência é do próprio autor quando afirma "o litoral do Nordeste poderia ser melhor bloqueado mediante o emprego de iates e chalupas que poderiam atacar os portos, fechar as barras dos rios ou subi-los para atacar os engenhos em suas margens".

Brasil Holandês: história, memória e patrimônio compartilhado

tratégia batava para empreender a guerra de conquista. Na missiva, afirma o governador:

> Suas Graças [os Estados Gerais] ordenaram que se conservassem, sem exceção, aqui na costa, todos os grandes navios e a frota inteira, o que não influirá de modo algum em nossos fins, e não me parece que os grandes navios possam ser de grande utilidade [...] o mais prudente em minha opinião seria retirar daqui os ditos navios, pois que esta costa e estes portos são mais fáceis de defender por meio de pequenos "yatchs" e chalupas do que por meio de navios grandes.[36]

Este parece ter sido o *turning point* da estratégia de defesa holandesa. A proposta do governador militar foi seguida, de modo que em 1635 já se podia contar dezenas de embarcações menores transitando nos rios de Itamaracá, Pernambuco e Paraíba. Se Wanderbuch estava ciente das descrições de Adrien Verdonck, feitas pouco mais de um ano antes, é algo a se cogitar, vez que demonstra já ter conhecimento da profundidade das barras e desembocaduras destes rios, possíveis, boa parte deles, apenas de serem navegados por embarcações de pequeno calado. Não é à toa que, sobre isso, comentou Cabral de Mello que, a esse tempo, era "significativo o conhecimento pormenorizado de que dispunham os holandeses acerca das condições técnicas de navegação nos pequenos rios do Nordeste oriental".[37] Esse "conhecimento pormenorizado" de rios como o Goiana, Camaragibe, Formoso, Serinhaém, São Miguel, entre outros, foi sobretudo aurido nos diversos ataques aos engenhos e povoações localizados em seus cursos inferiores.

A partir do ano de 1635, encontramos fartamente nas Nótulas Diárias (*Dagelijkse Notulen*) várias informações acerca da incursão de iates e chalupas aos rios do nordeste. Todavia, não seria difícil de imaginar

---

36 Missiva do Governador D. van Weerdenburch, em Antonio Vaz, aos Estados Gerais. 09/11/1631. In: *Documentos Holandeses*, vol. I. Ministério da Educação e Saúde, 1945, p. 89.

37 MELLO, *Idem*.

que elas tenham sido utilizadas antes ainda nos primeiros dois anos da conquista. Essa utilização seria, de início, mais de forma pontual do que mesmo generalizada, como vai ser de 1635 em diante. Ao lado do "pequeno comércio", que se fazia mais forte principalmente após a queda do Arraial Velho do Bom Jesus, também a "pequena navegação", que prescindia dos grandes navios, se constituía.

Na guerra de "guerrilha", em que as operações pontuais valiam mais do que os ataques frontais que exigiam um grande efetivo, da mesma forma, as embarcações menores valiam mais do que os grandes navios. A mudança da tática de guerra, mudaria, por conseguinte, o cotidiano administrativo do Brasil holandês.

Um detalhe técnico. Na Europa, os barcos de pequena tonelagem tinham na Idade Moderna uma presença na economia muito maior do que os grandes. Para Braudel, pelo menos no aspecto mercantil, os barcos menores "carregam rapidamente, deixam os portos à primeira rajada".[38] Nos rios do Nordeste, eram as barcas (ou barcaças) que os portugueses utilizavam para adentrarem os rios e colher as caixas de açúcar dos engenhos em suas margens. Este pormenor, observado por Verdonck em sua *memoire*, certamente também o foi pelos primeiros militares e civis que adentraram a interlândia em campanhas extenuantes. A prova disto são os relatórios de capitães de embarcações e militares em geral compiladas por Johannes de Laet com o fim de instruir Maurício de Nassau acerca do Brasil.[39]

Sobre o rio Cunhau, no Rio Grande do Norte, teve ciência a WIC que, a partir do depoimento de um prisioneiro português, que tem, "doze pés de profundidade, duas léguas ao sul da Ponte da Pipa [Ponta da praia de Pipa], os barcos entram quatro a cinco léguas rio adentro

---

38   Braudel, Fernand. *O Mediterrâneo e o Mundo Mediterrânico ao Tempo de Filipe II*. Vol I. Lisboa: Martins Fontes, 1983, p. 330.

39   Johannes de Laet. Descrição das Costas do Brasil, e mais para o sul até o Rio da Prata, etc. Tirada de jornais de bordo, declarações oficiais, etc. de 1624 a 1637. In: *Roteiro de um Brasil Desconhecido*. Manuscrito do John Carter Brown Library, Providence. KAPA Editorial, 2007.

com profundidade de 2, 2 1/2 e 3 braçadas, onde está um engenho de açúcar e onde se cultiva muito tabaco. [...] Teríamos entrado nele com a chalupa se o tempo estivesse melhor". Sobre a Paraíba, souberam que "é um rio grande; nunca entrou nele senão de barco; na entrada tem uma curva e coroas de areia e de pedra. Querendo entrar nele, deveria-se mandar adiante uma chalupa veleira para sondar os baixios".[40] Sobre o Rio Goiana, na capitania de Itamaracá, souberam que "na desembocadura há uma profundidade de só 8, 10 pés, mas dentro é muito profundo. Seis a sete léguas rio adentro há três a quatro engenhos, aonde os barcos navegam para carregar. [...] Dirigindo-se lá com quatro a cinco chalupas expulsaria a todos e tomaria todos os açúcares".[41] Da mesma forma, outros rios foram descritos, especificamente do norte da capitania de Pernambuco e Itamaracá, como o Massaranduba, Igarassu, Catuama e Maria Farinha. O primeiro deles, para se ter uma ideia, é muito pouco conhecido atualmente. Entretanto, na geografia dos engenhos dos séculos XVI e XVII, tinha uma importância que não poderia ser descartada. Ao descrecer o Rio Igarassu, consideraram que "por este rio é que [Matias de] Albuquerque recebeu a maior parte da suas provisões, as quais chegaram com barcos da Paraíba a Goiana, e logo detrás de Itamaracá e Igarassu".[42] Essa ligação entre Paraíba e Goiana, já evidenciada quando a questão é um estabelecimento de comércio regular entre a WIC e a população local, tinha a sua anterioridade nas relações de comunicação fluvial intracapitanias antes da invasão em 1630. O que não era novidade para a resistência luso-brasileira sitiada no Arraial, era para os militares e conselheiros políticos neerlandeses. Certamente, a localização do Arraial do Bom Jesus levou em consideração essa malha de assistência fluvial que ligava a Paraíba àquela fortificação. Quando nada, para a WIC, a relação entre a navegação dos cursos-d'água e a relativa normalização do comércio da interlândia, é direta.

---

40   *Ibidem*, p. 121-122.

41   *Ibidem*, p. 125.

42   *Ibidem*.

Quanto aos rios situados ao sul do Recife, o conhecimento holandês através do depoimento de Peres seguia a ordem. Rio das Jangadas, Ipojuca, Maracaípe, Formoso e Una.[43] Neste último, "só entram barcos ligeiros". Finalmente, no extremo sul da capitania de Pernambuco, encontram o rio de Porto Calvo, no qual "os barcos entram seis léguas rio adentro, ande estão três engenhos, uma légua afastados das margens do rio". O ultimo deles, o Rio Coruripe, "ao entrarmos com um iate ou uma chalupa, lá ainda encontraríamos paus bastantes para levar".[44] Até a Barra Grande (sul da capitania de Pernambuco), situada em cartas náuticas antes da conquista, careceu de uma "atualização" para os holandeses. Segundo a declaração e Manuel Vieira, "tem [Barra Grande] tanta profundidade que uma carraca carregada poderia entrar nela; e, dentro do porto, há bastante espaço para mil navios".[45]

Em todas essas descrições, vale ressaltar, a relação com o comércio de açúcar e madeira era discriminada, além, é claro, das condições de navegabilidade. A malha de comunicação fluvial do São Francisco à Paraíba começava a ser conhecida, desbravada e aparecia aos olhos dos holandeses como atualizações precisas do conhecimento da área que ambicionavam dominar.

Em conclusão, percebe-se a complexidade e a importância do conhecimento e utilização dos portos, tanto do Atlântico como fluviais, no processo de ocupação e administração de um território, como o caso do Brasil pelos holandeses. Nesse sentido, o proto do Recife serviu bem a essa grande escala, que torna a presença batava no Brasil como algo que

---

43 O região do Rio Una, em específico, mereceu a seguinte descrição de um depoente português: "A aldeia do Uma fica a dez léguas espanholas de Pernambuco, légua e meia terra adentro. Lá há dois engenhos. O rio se chama Uma, pelo qual os barcos entram até o primeiro engenho; o outro fica meia légua terra adentro. Os açúcares são transportados até o rio em carros. O rio tem uma profundidade de apenas seis pés". In: Johannes de Laet, *op. cit.*, p. 133.

44 *Ibidem.*

45 Johannes de Laet, *op. cit.*, p. 133.

só pode ser inserido numa escala que envolva a Europa Ocidental, as Áfricas Centro-ocidentais e Ocidental e o Caribe.

REFERÊNCIAS BIBLIOGRÁFICAS

FONTES PRIMÁRIAS

Coleção José Higyno (Dagelijckse Notulen van den Hogen Raden in Brasilie – IAHGP)

FONTES IMPRESSAS

BARLÉU, Gaspar. *História dos fatos recentemente praticados durante oito anos no Brasil*. Belo Horizonte: Itatiaia; São Paulo: Edusp, 1974.

BIBLIOGRAFIA

ALENCASTRO, Luis Filipe de. *O Trato dos Viventes: formação do Brasil no Atlântico sul*. São Paulo: Companhia das Letras, 2000.

BAKEWALL, Peter. "A Mineração na América Espanhola Colonial". In: *História da América Latina: América Latina Colonial*, vol. II/Leslie Bethel (org). São Paulo: Edusp, Brasília, 2004.

BRAUDEL, Fernand. *O Mediterrâneo e o Mundo Mediterrânico ao Tempo de Filipe II*. Vol I. Lisboa: Martins Fontes, 1983.

JOHANNES DE LAET. "Descrição das Costas do Brasil, e mais para o sul até o Rio da Prata, etc. Tirada de jornais de bordo, declarações oficiais, etc. de 1624 a 1637". In: *Roteiro de um Brasil Desconhecido*. Manuscrito do John Carter Brown Library, Providence. KAPA Editorial, 2007.

LINEBAUGH, Peter; REDIKER, Marcus. *The Many-Headed Hydra: sailors, Slaves, Commoners, and the Hidden History of the Revolutionary Atlantic*. Boston: Beacon Press, 2000.

LYNCH, John. *Spain under the Habsburgs*. Vol II. Nova York: New York University Press, 1984.

MEDEIROS, Guilherme de Souza. *Cruzando o Tenebroso: A Arte da Navegação no Inicio do Século XVI em Pernambuco*. Dissertação de Mestrado defendida em 2000 (UFPE).

MELLO, Evaldo Cabral de. *Olinda Restaurada*. São Paulo: Edusp, 1979

MELLO, José Antônio Gonsalves de. *Tempo dos Flamengos: influência da ocupação holandesa na vida e na cultura do norte do Brasil*. Recife: Massangana, 1987.

MOERNER, Magnus. "A Economia e a Sociedade Rural da América do Sul Espanhola no Periodo Colonial". In: *História da América Latina: América Latina Colonial*, vol. II/Leslie Bethel (org). São Paulo: Edusp, Brasília, 2004.

ANEXO

TABELA DE EMBARCAÇÕES QUE ENTRARAM E SAÍRAM DO PORTO RECIFE

(ANO 1635)

Natureza	Nome	Data	Soldados	Carga e/ou informações	Procedência/ destino	Câmara
1. Navio	Walcheren	27/03 entrada	166	Farinha e outros	Paises Baixos (procede)	Zelândia
2. Cruzador	DeVledermuis	29/03 entrada	–	–	Barra Grande (procede)	–
3. Cruzador	Ter Veere	29/03 saída	–	Açúcar e pau-brasil	Paraíba e Paises Baixos (destino)	–
4. Cruzador	T'Wapen van Hoorn	29/03 saída	–	Açúcar e Pau-brasil	Paraíba e Paises Baixos (destino)	–
5. Navio	Adam e Eva	02/04 entrada	89	Munições e provisões	Paises Baixos (procede)	Groningen
6. Navio	Salamander	02/04 entrada	200	Munições e provisões	Paises Baixos (procede)	Amsterdam
7. Barco	Gijseling	05/04 entrada	–	–	Paraíba (procede)	–
8. Chalupa	Duitzendbeen	06/04 entrada	–	2 pipas de cal;700 bananas e 20 cocos de Igarassu	Itamaracá (procede)	–
9. Navio	Walcheren	06/04 saída	–	Provisões e munições	Cabo de Santo Agostinho (destino)	Zelândia
10. Navio	Ter Veere	11/04 entrada	Qtd não informada	Provisões outros	Paises Baixos (procede)	Zelândia
11. Navio	Sint Martijn	12/04 entrada	48	Provisões	Paises Baixos (procede)	Zelândia
12. Chalupa	Duizenbeen	13/04 entrada	–	320 cocos	Itamaracá (procede)	–
13. Cruzador	De Vledermuis	13/04 saída	–	–	Barra Grande (destino)	–
14. Cruzador	De Bonte Craij	13/04 saída	–	–	Cabo de Santo Agostinho e Barra Grande (destino)	–

15. Cruzador	Ceulen	13/04 entrada	–	–	Não informada	–
16. Cruzador	Ceulen	15/04 saída	–	Provisões	Sul de Pernambuco (destino)	–
17. Navio (Aprisionado Pelo Cruzador Itamaracá)	Nossa Senhora do Carmo	15/04 chegada	–	93,5 pipas de vinho	Costa de Angola (procede)	–
18. Cruzador	Gijseling	16/04 chegada	–	Cartas do Sr. Carpentier pedindo provisões	Paraíba (procede)	–
19. Navio	Sint Martha	16/04 chegada	–	–	–	Zelândia
20. 2 Barcos	–	16/04 chegada	–	7 caixas de açúcar branco e mascavado	Ilha em frente ao Forte Amélia(procede)	–
21. Cruzador	Lichthart (sofreu avarias)	19/04 chegada	–	–	Sul de Pernambuco (procede)	–
22. Cruzador	Lichthart	21/04 saída	–	Provisões	Sul de Pernambuco (destino)	–
23. Cruzador	De Goutvinck	22/04 chegada	–	68,5 caixas de açúcar para a WIC e 15 para serem vendidas a particulares	Goiana (procede)	–
24. Cruzador	De Spreeuw		–			–
25. Cruzador	Gijseling	23/04 saída	Efetivo não informado	Provisões e carta ao comandante Lichthardt	Porto Calvo (destino)	–
26. Cruzador	De Vledermuis	24/04 chegada	–	Carta do comandante Lichthardt	Barra Grande (procede)	–
27. Cruzador	De Sperwer van Zeeland	25/04 chegada	–	Carta de Carpentier solicitando viveres	Paraíba (procede)	Zelândia
28. Navio	De Liefde	27/04 chegada	37	Descarregou em função de uma tempestade na Inglaterra	Paises Baixos (procede)	Amsterdam
29. Cruzador	De Sperwer	01/05 saída	–	Missiva para Carpentier e 2.700 florins	Paraíba (destino)	Zelândia
30. Cruzador	De Goutvinck	01/05 saída	–	–	Goiana (destino)	–

31. Cruzador	De Spreeuw	01/05 saída	–	Missiva para Eijsens e 1.200 florins	Goiana (destino)	Zelândia
32. Chalupa	Groningen	04/05 chegada	–	Missiva do Capitão Jacob Petri e 6 pipas de cal	Itamaracá	–
33. Cruzador	Gijseling	07/05 saída	36	Provisões para o governador e o Sr. Schott	Cabo de Santo Agostinho (destino)	–
34. Cruzador	De Vliegende Sperwer	12/05 chegada	–	–	Porto Calvo (procede)	–
35. Cruzador	De Leeuwerick	23/05 chegada	–	–	Porto calvo (procede)	–
36. Cruzador	De Goutvinck	24/05 saída	–	Carregará 12 caixas de açúcar, passará em Goiana e irá abastecer um navio na Paraiba	Itamaracá, Goiana e Paraíba (destino)	–
37. Cruzador	Schoppe	25/05 chegada	–	–	Cabo de Santo Agostinho (procede)	–
38. Barco Obs: Aprisionado Pelo Cruzador Schoppe No Cabo De Sto Agostinho	Nossa Senhora do Rosário	25/05 chegada	1 capitão e cinco marinheiros	100 potes pequenos de óleo de feijão, 72 tonéis de bacalhau,12 tonéis de sardinha, 3000 vadem de pavio e 4 toneis de farinha portuguesa	Cabo de Santo Agostinho (procede)	–
39. Navio	Pernambuco	27/05 chegada	–	Açúcar	Porto Calvo (procede)	–
40. Navio	Erasmus	27/05 chegada	–	Carta do Fiscal de Ridder pedindo viveres	Porto Calvo (procede)	–
41. Cruzador	De Bonte Craij	27/05 chegada	–	Madeira para as padarias do Recife	Itamaracá (procede)	–
42. Cruzador	De Leeuwerick	27/05 saída	21	Provisões para o Forte Ceulen	Rio Grande do Norte (destino)	–

218   Brasil Holandês: história, memória e patrimônio compartilhado

43. Barco	Nossa Senhora do Rosário	27/05 saída	–	Missiva para o capitão Jan Vos	Sul de Pernambuco (destino)	–
44. Navio	Mauritius	29/05 saída	–	Provisões	Alagoas (destino)	–
45. Cruzador	Gijseling	29/05 chegada	–	Açúcar e missiva do capitão de Ridder	Porto Calvo (procede)	–
46. Cruzador	Schoppe	30/05 saída	–	2 missivas para o capitão de Ridder e provisões	Porto calvo (destino)	–
47. Cruzador	De Meerminne	08/06 chegada	–	Sem provisões	Paraíba (procede)	Amsterdam
48. Cruzador	De Meerminne	16/06 chegada	–	–	Ilha de Santo Aleixo (procede)	Amsterdam
49. Navio Fluit	Het Land van Belofte	19/06 chegada	Sem soldados	Provisões	Paises Baixos (procede)	Amsterdam
50. Navio	De Winthond van Hoorn	19/06 chegada	–	Sem provisões	Cabo de Santo Agostinho (procede)	–
51. Navio	De Moriaen	28/06 saída	–	Provisões e munições	Cabo de Santo Agostinho (destino)	–
52. Cruzador	De Vledermuis	29/06 chegada	–	–	Bahia (procede)	–
53. Cruzador	Snaphaen	29/06 saída	–	Busca de materiais para a construção do forte de Barra Grande	Não informado	–
54. Navio	Het Land van Belofte	10/07 saída	–	Será carregado de sal	Índias Ocidentais e Paises baixos	–
55. Cruzador	De Meermine	17/07 saída	soldados portugueses prisioneiros	–	Cuba e Paises Baixos (destino)	Amsterdam
56. Cruzador	De Zuijdsterre	17/07 saída	soldados portugueses prisioneiros	–	Cuba e Paises Baixos (destino)	Zelândia
57. Cruzador	Schoope	17/07 saída	soldados portugueses prisioneiros	–	Cuba e Recife (destino)	–
58. Barco	Angola	17/07 saída	soldados portugueses prisioneiros	–	Cuba e Paises Baixos (destino)	–
59. Cruzador	De Kemphaen	17/07 chegada	–	Carta do Fiscal de Ridder	Barra Grande (procede)	–
60. Cruzador	De Bonte Craij	30/07 chegada	–	–	Cabo de Santo Agostinho (procede)	–
61. Cruzador	De Kemphaen	30/07 chegada	–	–	Cabo de Santo Agostinho (procede)	–

62. Cruzador	De Winthond van Hoor	30/07 chegada	–	–	Cabo de Santo Agostinho (procede)	–
63. Navio	Enckhuisen	02/08 chegada	–	Aprisionou um navio de Lubeck no litoral da Bahia	Bahia (procede)	–
64. Navio (Aprisionado)	Não informado	02/08 chegada	–	27 peças de artilharia, tabaco, pau-brasil e 1.900 caixas de açúcar	Bahia (procede)	–
65. Cruzador	Ceulen	02/08 saída	–	–	–	–
66. Cruzador	De kemphaen	02/08 saída	–	Provisões	Porto Calvo (destino)	–
67. Cruzador	De Vinthond van Hoor	02/08 saída	–	Provisões	Porto Calvo (destino)	–
68. Cruzador	De Spreeuw	04/08 chegada	–	–	Porto Calvo (procede)	Amsterdam
69. Cruzador	De Vliegende Spewer	06/08 chegada	–	–	Não informado	–
70. Cruzador	Tortelduijf	06/08 chegada	–	–	Não informado	–
71. Navio	De Bonte Craij	06/08 chegada	Quantidade não informada	Viveres, artigos para o comércio e material para o exército; missiva da Câmara de Groningen	Paises Baixos (procede)	Groningen
72. Cruzador	De Leeuwinne	06/08 saída	–	Missiva para Carpentier	Paraíba (destino)	Zelândia
73. Cruzador	De Kemphaen	06/08 chegada	Soldados espanhóis prisioneiros	–	Cabo de Santo Agostinho (procede)	–
74. Cruzador	De Goutvinck	06/08 chegada		800 alqueires de farinha		–
75. Cruzador	De Winthond de Hoor	06/08 chegada		–		–
76. Navio	De Swaen	13/08 saída	Não informado	Provisões (receberam instruções para carregarem-se de sal e madeira em Curaçau)	Índias Ocidentais(Ilhas Marguerita e Curaçau) (destino)	–
77. Navio	Erasmus					
78. Navio	Mercurius					
79. Navio	Ernestus					
80. Barco	–	13/08 chegada	–		Porto Calvo (procede)	–

220 Brasil Holandês: história, memória e patrimônio compartilhado

81. Cruzador	Ceulen	13/08 chegada		24 caixas de açúcar do Arraial do Bom Jesus		
82. Cruzador	Deventer	16/08 chegada	–	Provisões	–	–
83. Navio	Salamander	16/08 chegada		Poucas provisões	Litoral da Bahia(procedem)	–
84. Navio	Walcheren					
85. Navio	De Maagd van Dort					
86. Navio	De Faem					
87. Navio	Westfriesland	16/08 chegada	94	Provisões e cartas da Câmara de Maas	Paises Baixos (procede)	Maas (Roterdam)
88. Cruzador	De Kemphaen	16/08 chegada	–	–	Cabo de Santo Agostinho (procede)	–
89. Cruzador	De Vliegende Sperwer	16/08 saída	–	Provisões	Barra Grande, Porto Calvo e Santo Antônio (destino)	Delft
90. Cruzador	De Canarievogel	17/08 chegada	–	Trouxe carta de Arcizewnsk	Santo Antônio (procede)	–
91. Cruzador	De Spreeuw	26/08 saída	–	Viveres e munições	Santo Antonio (destino)	Amsterdam
92. Barco (Grande)	–	26/08 chegada	–	Cartas pedindo viveres	Santo Antonio (procede)	–
93. Navio	Enckhuisen	28/08 chegada	–	Será carregado de açúcar	–	–
94. Barco (Avariado)	De Nortsche pip	30/08 chegada	–	–	Santo Antônio (procede)	–
95. Navio	Alckmaer	30/08 chegada	–	Viveres, material de trem e bens para comércio	Paises Baixos (procede)	Amsterdam
96. Cruzador (Avariado)	De Vliegende Spreeuw	30/08 chegada	–	–	Barra Grande (procede)	Maas (Roterdam)
97. 3 Barcos Portugueses	–	05/09 chegada	–	–	Porto Calvo(procedem)	–
98. Navio	Overijsel	07/09 saída	–	–	Bahia (destino)	–
99. Navio	De Haes		–	–		–
100. Barcos Portugueses	–	08/09 saída	Prisioneiros luso-brasileiros	–	Índias Ocidentais (destino)	–
101. Cruzador	De Spreeuw	10/09 chegada	–	–	Paraíba (procede)	Zelândia
102. Cruzador	Lichthart	12/09 saída	–	Viveres e artilharia	São Gonçalo (destino)	–
103. Cruzador	De Spreeuw	13/09 chegada	–	–	Porto Calvo(procedência)	Amsterdam

104. Navio	Salamander	18/09 saída	–	–	Barra Grande (destino)	–
105 Navio	Walckeren		–	–		–
106. Navio	De Maagd van Doort		–	–		–
107. Navio	De Faem		–	–		–
108. Navio	De Sperwer	18/09 chegada	–	–	Barra Grande (procede)	Zelândia
109. Navio	Alckmaer	23/09 saída	–	Carga não especificada	Índias Ocidentais e Paises Baixos (destino)	Amsterdam
110. Cruzador	De Canarievogel	23/09 saída	80	Viveres e produtos para comércio	Sul de Pernambuco (destino)	–
111. Navio	De Wesfrieslandt	30/09 saída	–	Carga não especificada	Índias Ocidentais e Paises baixos (destino)	–
112. Chalupa (Acompanhand O O Navio Westferiesland)	–		–	Completara a sua carga nas Índias Ocidentais		–
113. Cruzador	De Goutvinck	30/09 chegada	–	Viveres	Itamaracá (procede)	–
114. Chalupa	Groningen	30/09 chegada	–	–	Não informado	–
115. Cruzador	De Bontecraij	30/09 chegada	–	–	Rio Grande do Norte(procedência)	–
116. Navio	Overijssel	30/09 chegada	–	–	Bahia(procedência)	–
117. Cruzador	De Bontecraij	03/10 saída	–	Pau-brasil para abastecer o navio De Moriaen	Cabo de Santo Agostinho (destino)	–
118. Navio De Carga	De Wassende Maen	03/10 saída	–	–	Índias Ocidentais e Paises Baixos	–
119. Cruzador	De Canarievogel	05/10 chegada	–	Carta do Governador pedindo 3 Cias de soldados	São Gonçalo (procedência)	–
120. Navio	Ter Toolen	05/10 saída	Quantidade não informada	Viveres	Sul de Pernambuco (destino)	–
121. Cruzador	De Spreeuw	05/10 saída	–	Viveres	Sul de Pernambuco (destino)	Amsterdam
122. Navio	Overijssel	05/10 chegada	–	–	Paraíba (procede)	–
123. Barco (Fluit)	Passmoij	08/10 saída	–	Será abastecido pelo navio Hércules	Ilha de Santo Aleixo (destino)	–

124. Cruzador	De Cambe	08/10 saída	–	Viveres e munições	Cabo de Santo Agostinho (destino)	–
125. Navio	Sint Clara	08/10 chegada	–	Bens de comércio, ervilhas, feijão, cevada e farinha/ carta do Cons. XIX	Paises Baixos (procede)	Amsterdam
126. Galeão	De Doffer	08/10 saída	–	Controlar o descarrega-mento do Hércules	Ilha de Santo Aleixo (destino)	–
127. Cruzador	De Bontecreij	12/10 chegada	–	Pau-brasil	Rio Grande do Norte (procede)	–
128. Cruzador	Kemphaen	12/10 chegada	–	–	Santo Antonio (procede)	–
129. Cruzador	Lichthart	12/10 chegada	–	–	Santo Antonio (procede)	–
130. Cruzador	De Leeuwerick	18/10 saída	–	Viveres	Paraíba (destino)	–
131. Galeota	Het Duifjie	18/10 chegada	–	Tinha levado materiais p/a ilha	Itamaracá (procede)	–
132. Navio	De Speeljatch	19/10 saída	–	Recebera a carga do Hércules	Ilha de Santo Aleixo (destino)	–
133. Galeota	De Doffer	27/10 chegada	–	–	Ilha de Santo Aleixo (procede)	–
134. Cruzador	Itamaracá	31/10 chegada	–	Pau-brasil	Ilha de Santo Aleixo (procede)	–
135. Cruzador	De Winthond van Hoor	31/10 saída	–	Viveres e munições	Santo Antonio (destino)	–
136. Cruzador	De Cauwe	31/10 saída	–	Viveres	Cabo de Santo Agostinho (destino)	Zelândia
137. Fluit	De Zeerob	03/11 chegada e saída (permanência de 1 hora no Recife)	–	Pau-brasil e cidadãos livres	Ipojuca (destino)	–
138. Cruzador	De Spreeuw	08/11 chegada	–	–	Santo Antônio (procede)	Amstrerdam
139. Cruzador	Lichthart	09/11 saída	–	Viveres	Barra Grande (destino)	–
140. Navio	De Oragieboom	09/11 chegada	–	Óleo e vinho aprisionados em butim	Paises Baixos (procede)	Zelândia
141. Cruzador	De Bonte Craij	13/11 chegada	–	Lenha para padaria	Itamaracá (procede)	–
142. Navio	De Moriaen	19/11 chegada	–	Pau-brasil e açúcar	Cabo de Santo Agostinho (procede)	–

143. Cruzador	De Goutvinck	19/11 chegada	–	Lenha para padaria	Paraíba (procede)	–
144. Cruzador	De Bonte Craij	20/11 saída	–	Viveres	Itamaracá (destino)	–
145. Navio	De Doffer	20/11 chegada	–	Cartas de Arcizensck	Sul de Pernambuco (procede)	–
146. Cruzador	De Spreeuw	23/11 saída	–	Viveres e munições	Sul de Pernambuco (destino)	Amsterdam
147. Cruzador	De Spewer	26/11 saída	–	Viveres	Barra Grande (destino)	Zelândia
148. Cruzador	De Kemphaen	27/11 saída	–	–	Sul de Pernambuco (destino)	–
149. Cruzador	De Winthond	27/11 saída	–	–	Sul de Pernambuco (destino)	–
150. Cruzador	De Spreeuw	27/11 saída	–	–	Sul de Pernambuco (destino)	–
151. Navio	Ter Tholen	27/11 saída	–	–	Sul de Pernambuco (destino)	–
152. Navio	Salamander	27/11 saída	–	–	Sul de Pernambuco (destino)	–
153. Navio	De Maagd van Dort	27/11 saída	–	–	Sul de Pernambuco (destino)	–
154. Navio	Walcheren	27/11 saída	–	–	Sul de Pernambuco (destino)	–
155. Navio	De Faem	27/11 saída	–	–	Sul de Pernambuco (destino)	–
156. Navio	Goeree	27/11 saída	–	–	Sul de Pernambuco (destino)	–
157. Cruzador	Het Haentje	27/11 chegada	–	Cartas informando as vitórias da Espanha sobre terras neerlandesas	Amsterdam (procede)	–
158. Cruzador	Het Haentje	28/11 saída	–	–	Norte de Pernambuco (destino)	–
159. Cruzador	De Meermine	28/11 saída	–	–	Norte de Pernambuco (destino)	Zelândia
160. Cruzador	De Sperwer	28/11 saída	–	Viveres e munições	Sul de Pernambuco(?) (destino)	–
161. Cruzador	–	06/12 chegada	–	Veio comercializar pau-brasil	Paises Baixos(procedência)	–
162. Cruzador	De Goutvinck	06/12 saída	–	Viveres	Paraíba (destino)	–
163. Cruzador	De Meermine	06/12 saída	–	Viveres	Sul de Pernambuco (destino)	–
164. Cruzador	Canarevogel	06/12 saída	–	Viveres	Sul de Pernambuco (destino)	–

167. Navio	Het Haus van Nassau	06/12 chegada	–	Foi buscar a carga do navio Hercules	Ilha de Santo Aleixo (procede)	–
168. Navio	Spitsbergen	07/12 chegada	Cidadãos – livres	Bens de comércio, vinho e vinagre para a WIC	Paises Baixos (procede)	–
169. Navio	De Sperwer de Zeland	07/12 chegada	–	Trouxe informes acerca da marcha de Arcizenski para Alagoas	Barra Grande (procede)	–
170. Chalupa	–	07/12 chegada	–	Informa acerca do carregamento do navio Mauritius	Paraíba (procede)	–
171. Navio	Overijssel	07/12 saída	–	–	Ilha de Santo Aleixo (destino)	–
172. Cruzador	De winthond van Hoor	15/12 chegada	–	–	Foi buscar os navios que se encontravam nas latitudes 10 e 11 graus de latitude	–
173. Cruzador	De Leeuwinwe	15/12 chegada	–	–	Latitude 10 e 11 graus (procede)	–
174. Cruzador	Zeeridder	15/12 chegada	–	–	Latitude 10 e 11 graus (procede)	–
175. Cruzador	Ceulen	15/12 chegada	–	Informa cerca da falta de viveres das tropas de Alagoas	Sul de Pernambuco (procede)	–
176. Galeota	De Doffer	16/12 chegada	–	Açúcar	Barra Grande (procede)	–
177. Cruzador	De Sprreeuw de Zelândia	16/12 chegada	–	Informa acerca da vinda da esquadra espanhola	–	–
178. Cruzador	De Cauwe	16/12 chegada	–	Informa a falta de viveres do Sr. Stachouwer	–	Zelândia
179. Cruzador	De Canarivogel	17/12 chegada	–	–	–	–
180. Cruzador	De Goutvinck	17/12 chegada	–	Missiva do Sr. Eijsens	Paraíba (procede)	–

181. Galeota	De Duijft	23/12 chegada	–	–	Barra Grande (procede)	–
182. Cruzador	De Cauwe	23/12 saída	–	Provisões	Itamaracá (destino)	–
183. Navio	De Holandsche Tuijn	23/12 chegada	–	Bens para os cidadãos livres, viveres, armas e material de artilharia	Amsterdam (procede)	Amsterdã
184. Navio	Enckhuisen	23/12 saída	–	Pau-brasil	–	–
185. Cruzador	Het Haentje	27/12 chegada	–	Noticias do possível ataque inimigo por terra	Sul de Pernambuco (procede)	–
186. Cruzador	Lichhart	27/12 chegada	–	Noticias do possível ataque inimigo por terra	Sul de Pernambuco (procede)	–
187. Cruzador	De Canarivogel	31/12 chegada	–	–	Sul de Pernambuco (procede)	–

Percursos feridos: homens de guerra nas tramas do tenebroso mundo Atlântico e nos labirintos da capitania de Pernambuco, de 1630 a 1635

Hugo Coelho Vieira

Pesquisador do Instituto Ricardo Brennand, Mestre em História Social pela Universidade Federal Rural de Pernambuco (UFRPE) e membro do Grupo de Estudos em História Social e Cultural (GEHISC)

> Que pobres diabos somos nós! Trabalhamos a morrer de dia e de noite; estamos sempre em perigo de vida no mar, principalmente durante uma horrível tempestade como esta. Somos tratados da pior maneira, e ganhamos um soldo tão mesquinho que nunca poderemos prosperar.[1]

Ambrósio Richshoffer, soldado belga que lutou nos três primeiros anos da Guerra de Pernambuco[2] a favor dos neerlandeses,[3] teve a trajetória

---

1 RISCHSHOFFER, Ambrósio. *Diário de um soldado: (1629-1632)*. Organização e estudo introdutório Leonardo Dantas Silva; tradução de Alfredo de Carvalho. Recife: CEPE, 2004, p. 179.

2 A Guerra de Pernambuco foi o período que a historiografia convencionou chamar de Brasil holandês. Porém, o nome que aparece na documentação da época é Guerra de Pernambuco, tanto na documentação luso-espanhola (Arquivo Histórico Ultramarino e Archivo General de Simancas) quanto na documentação holandesa. Além dessa definição na documentação do período, tem-se também o mesmo termo utilizado pelos cronistas do período, como Diogo Lopes de Santiago e Duarte de Albuquerque Coelho.

3 Utilizaremos o termo neerlandês, tanto como adjetivo como substantivo masculino para designar os naturais dos Países Baixos e não apenas da Neerlândia. Além do termo neerlandês poderemos utilizar os termos holandês, flamengo e batavo para

de sua vida profundamente marcada pelas lutas contra os luso-espanhóis na colônia brasileira. Richshoffer nasceu no dia 15 de fevereiro de 1612, entre nove ou dez horas da noite na cidade de Estraburgo, era filho do comerciante Daniel Richshoffer e D. Catharina Richshoffer. Além de servir como soldado na capitania de Pernambuco foi mestre de arcabuzeiros na Europa e chegou a ser capitão de Luís XIII, na França. Richshoffer fala da brutalidade e das situações que os soldados chegavam a passar na guerra.[4]

Serão através das tramas vividas por esses homens que constituiremos nosso enredo para escrever este artigo e estabelecer um diálogo com a história social desse período. Assim, tentaremos demonstrar que os soldados que lutaram no Pernambuco colonial, especificamente nos cinco primeiros anos do denominado Brasil Holandês, tiveram suas vidas relacionadas às dinâmicas do Atlântico Sul, as encruzilhadas daquilo que Charles Ralph Boxer chamou de luta global entre portugueses e holandeses, bem como nos labirintos que Evaldo Cabral de Mello convencionou chamar de guerra volante.[5]

Durante o diário do soldado, podemos perceber que o risco de vida de um homem de guerra não era apenas na chegada à Pernambuco e a travessia do Atlântico, pois escreveu Ambrósio Richshoffer, na saída para a América, que tinha corrido "grande perigo de corpo e vida, por causa das guarnições espanholas que ainda existiam em vários lugares".[6]

---

tratar dos habitantes do mesmo lugar. *Neerlandês*. IN: FERREIRA, Aurélio Buarque de Holanda. *Aurélio: Novo Dicionário da Língua Portuguesa*. Curitiba: Positivo, 2004. Dicionário Eletrônico.

4   RISCHSHOFFER, Ambrósio. *Diário de um soldado: (1629-1632)*. Organização e estudo introdutório Leonardo Dantas Silva; tradução de Alfredo de Carvalho. Recife: CEPE, 2004, p. 59.

5   BOXER, Charles. *O império marítimo português 1415-1825*. Tradução de Anna Olga de Barros Barreto. São Paulo, Companhia das letras, 2002. p 43. MELLO, Evaldo Cabral de 1936. *Olinda restaurada: guerra e açúcar no Nordeste, 1630-1654*. São Paulo: Ed. 34, 2007.

6   RISCHSHOFFER, Ambrósio. *Diário de um soldado: (1629-1632)*. Organização e estudo introdutório Leonardo Dantas Silva; tradução de Alfredo de Carvalho. Recife: CEPE, 2004, p. 7.

Segundo esse soldado, sua intenção era de lutar nas Índias Orientais, mas terminou tendo que servir na capitania de Pernambuco, pois era o local mais necessitado para servir a Companhia das Índias Ocidentais (WIC) naquele momento. Foi a experiência das batalhas da Guerra de Pernambuco que fez com que o jovem soldado refletisse sobre a condição do militar no século XVII.

Desde o recrutamento, até a volta para casa, o perigo de vida se fazia presente no cotidiano de um soldado. Assim como Richshoffer, muitos outros soldados também vieram parar em Pernambuco e tiveram que passar por um amedrontar mundo Atlântico. Assim, cada homem de guerra, tinha um cotidiano repleto de aventuras e viviam cada dia uma guerra distinta pela sobrevivência. Dessa forma, um único instante, poderia mudar os rumos de um desses homens de forma brusca e crucial. Um dia para "a gente de guerra" também poderia parecer um combate interminável e algumas dessas trajetórias demonstram que a sua intricada vida cotidiana foi precária e arriscada.[7]

Geograficamente a capitania de Pernambuco se estendia "quarenta milhas para o sul ao longo da costa do mar até o Rio S. Francisco, e para o norte cinco milhas até de Itamaracá ou à aldeia Igarassu, e, para o interior, de quatro, cinco, seis, sete, doze milhas, e ali é que se acha e é extraído o pau-brasil".[8] De acordo com o Padre João Baers, existia na capitania de Pernambuco, "cento e trinta e um engenhos, que são moinhos de açúcar, os quais produzem juntos anualmente para mais de sessenta mil caixas de açúcar".[9] O açúcar e o pau-brasil eram as

---

7   Utilizo o termo gente de guerra da recente e mais completa obra sobre a soldadesca desse período do historiador Bruno Miranda. Para aqueles que desejam saber mais sobre as várias trajetórias dos soldados desse período ver: MIRANDA, Bruno Romero Ferreira. *Gente de Guerra: origem, cotidiano e resistência dos soldados do exército da Companhia das Índias Ocidentais no Brasil (1630-1654)*. Leiden. Tese de Doutoramento pela Universidade de Leiden, 2011.

8   BAERS, Padre João. *Olinda conquistada*. Recife: CEPE, 2004, p. 43.

9   *Idem*, p. 43.

riquezas que interessavam aos países europeus e aos que viviam do comércio mercantil.

Contudo, a capitania de Pernambuco estava além de ser um mero local de cobiça de açúcar e pau-brasil. Foi também um importante ponto estratégico que servia de apoio para as embarcações que navegavam no mundo Atlântico. Era uma rota preferencial por conta dos ventos oceânicos, da atividade mercantil que sua localização proporcionava, das embarcações que navegavam pelos continentes africano e americano. Sua relativa aproximação com o Caribe e com a rota da prata fazia de Pernambuco uma das principais entradas para a América Latina Colonial.

Portanto, Pernambuco era *locus* importante para o Atlântico e seu porto, o do Recife, era, sem sombra de dúvida, um dos mais movimentados. Como bem colocou o historiador Rômulo Xavier, a história do Brasil holandês é também uma história do Atlântico,[10] pois as diversas tramas ocorridas em Pernambuco com a luta pelo Brasil entre a coroa hispânica e a Companhia das Índias Ocidentais estão circunscritas não "apenas numa história de Pernambuco ou do Brasil, mas na história do Atlântico sul".[11] Para este historiador, a história do Brasil holandês envolveu "três mundos: o espanhol, o português e, é claro, o dos Países Baixos".[12]

Atualmente, com o advento dos diversos trabalhos historiográficos, chegamos a aceitar que o oceano pode ser visto como separador e unificador ao mesmo tempo, seja entre Brasil e Portugal, Pernambuco e Lisboa, Recife e Angola, Olinda e Holanda, Holanda e Luanda, enfim entre colônias e metrópoles e entre Europa, América e África. O Atlântico deve ser visto como ponto de encontro que ajuda a separar a visão bipolar entre dominadores e dominados. O século XVII foi o período em que as navegações do Mediterrâneo se ampliaram para o mundo Atlân-

---

10 NASCIMENTO, Rômulo Luiz Xavier do. *O Desconforto da Governabilidade: aspectos da administração no Brasil holandês (1630-1644)*. Rio de Janeiro. Tese de Doutoramento da Universidade Federal Fluminense, 2008, p. 22.

11 *Idem.*

12 *Idem.*

tico, essa mudança na estrutura naval, ocasionou maiores proporções para os negócios do período, "unindo", de certa maneira, um espaço geográfico que antes era considerado um obstáculo de impedimento entre as navegações dos continentes americano e europeu por ser considerado *tenebroso*, como era conhecido o Atlântico.[13]

Antes da invasão holandesa da Companhia das Índias Ocidentais ao Brasil colonial, a relação entre Pernambuco, Angola e os países Ibéricos já estava estabelecida pelas suas similaridades em termos de relevância geoestratégica. Pernambuco para a América colonial, Angola para África colonial e os países ibéricos para a Europa, o mediterrâneo e claro, o Atlântico. A semelhança disso tudo é que ambos estavam estrategicamente de frente para o mundo Atlântico e, desse modo, eram importantes bases de apoio para as embarcações que por ali circulavam. Constatou Rômulo Xavier, que "entre a África, Portugal e o Brasil estava o mundo atlântico ibérico, que cederia espaços aos holandeses".[14]

O mercado de escravos foi outro ponto em comum que intensificou não só a relação entre Angola e Pernambuco, Luanda e Olinda, bem como a aproximação entre África e Brasil. De acordo com o historiador Ernst van den Boogaart, já se tinha mandado plantar roças na ilha de Fernando de Noronha pelos escravos angolanos em 1628.[15] Escravos esses que foram a grande força de trabalho nos engenhos pernambucanos. Em consulta do Conselho da Fazenda ao rei Felipe, informava Luis de Siqueira, escrivão da Alfândega e Almoxarifado de Pernambuco, que deveriam ser pagos os salários dos oficiais da Fazenda e da Alfândega para que não houvesse irregularidades na arrecadação dos escravos que vinham de Angola.[16] Assim, alertava o escrivão de Pernambuco que o

---

13 NASCIMENTO, Rômulo Luiz Xavier do. *Brasil holandês: uma história do Atlântico.* In: *O Desconforto da Governabilidade: aspectos da administração no Brasil holandês (1630-1644).* Rio de Janeiro. Tese de Doutoramento da Universidade Federal Fluminense, 2008, p. 25.

14 *Idem*, p. 30.

15 BOOGAART, Ernest Van Den. "Morrer e viver em Fernando de Noronha 1630-1654". In: *Viver e Morrer no Brasil holandês.* Recife: Fundaj, Massangana, 2007, p. 21.

16 AHU_ACL_CU_015, Cx. 2, Doc. 104. Consulta do Conselho da Fazenda ao rei D.

232 Brasil Holandês: história, memória e patrimônio compartilhado

atraso dos salários era um forte álibi para aumentar a corrupção no comércio dos escravos angolanos.

Diante dos inúmeros documentos sobre a vida dos militares que circularam no Atlântico Sul encontra-se um interessante requerimento do capitão Antônio Bezerra Monteiro ao Rei Felipe IV.[17] Tal documento demonstra a complexa vida dos homens que circularam no mundo Atlântico do século XVII. O documento referido data de 10 de janeiro de 1636, mas trata de sua experiência nas lutas da colônia brasileira antes mesmo da ocupação holandesa, pois este capitão se encontrava no Brasil desde 1627 a serviço da coroa espanhola.

Antônio Bezerra Monteiro informava que já havia trabalhado como soldado, alferes e capitão, exercendo assim três funções militares distintas. Informava também, que tinha sido aprisionado pelos holandeses quando teve que deixar seu pai e sua mãe pobres e perdidos, teve dois de seus irmãos mortos por crime, serviu nas Salinas e em Afogados, além de ter passado grandes perigos de vida, fome e miséria, chegando a ter que comer carne de cavalo durante quatro dias quando esteve sitiado no Arraial do Bom Jesus e ainda ter sido atingindo por duas balas de mosquetes.[18]

Filipe III sobre o requerimento do proprietário do ofício de escrivão da Alfândega e Almoxarifado de Pernambuco, Luis de Siqueira, pedindo regimento dos salários de seu ofício, evitando irregularidade na arrecadação dos valores dos escravos de Angola.

17 Felipe IV era chamado de Felipe III em Portugal e Felipe IV na Espanha, numeração que segue a lógica desde Filipe II, que em Portugal chamava-se Filipe I, denominação que também se reflete na documentação dos países ibéricos da época conforme documentação do Arquivo Histórico Ultramarino e do Arquivo Geral de Simancas. Portanto, quando falamos no decorrer do trabalho em Felipe III e Felipe IV tratamos da mesma pessoa, ou seja, o último rei do período filipino (Filipe IV). AHU_ACL_CU_015, Cx. 3, Doc. 226, datado de Lisboa, 10 de janeiro de 1636. Requerimento do capitão Antônio Bezerra Monteiro ao rei [D. Filipe III] pedindo uma das companhias de soldados e o soldo do dito posto para retornar à guerra da capitania de Pernambuco, por ali ter deixado seus pais, quando foi preso e levado pelos holandeses para a Índia.

18 AHU_ACL_CU_015, Cx. 3, Doc. 226, datado de Lisboa, 10 de janeiro de 1636. Requerimento do capitão Antônio Bezerra Monteiro ao rei [D. Filipe III] pedindo uma das companhias de soldados e o soldo do dito posto para retornar à guerra da capitania de Pernambuco, por ali ter deixado seus pais, quando foi preso e levado pelos holandeses a Índia.

O requerimento em questão é uma solicitação que Antônio Bezerra utiliza para voltar a exercer a patente de capitão e comandar uma nova companhia de soldados que iriam à Guerra de Pernambuco. O soldo almejado por esse capitão era de 80 mil ducados e segundo o mesmo: sua situação era de um soldado em estado de grandes dificuldades financeiras, pois "há mais de um mês e meio estava como um forasteiro", passando por necessidades na cidade de Lisboa, depois que havia sido libertado dos holandeses nas Índias.[19]

Antônio Bezerra ficou sabendo da formação de uma nova companhia para servir nas guerras de Pernambuco, pelas informações obtidas nos portos da Galícia,[20] antes mesmo de chegar a Lisboa. Dizia o requerente que chegariam novas frotas rendidas pela corte espanhola ou que uma nova tropa seria formada pelas "gentes soltas" que tinham na capitania de Pernambuco.[21] Além do capitão ressaltar seu estado de dificuldade, informava também que as informações eram "frescas" e pleiteava seu pedido argumentando a lealdade de sua família ao Rei, pois seus irmãos já haviam servido a vossa majestade estando seus pais pobres e perdidos por não terem debandado para o lado inimigo. A fidelidade, a lealdade e a honra eram muito valorizadas em um período aonde os mercenários ajudavam a constituir as tropas. Podemos perceber na documentação que cada homem de guerra carregava em sua vida marcas e sinais causados por uma dura vida.

Em 11 de setembro de 1626, quatro anos antes da presença oficial neerlandesa em Pernambuco, já podemos verificar na documentação do

---

19   *Idem.*

20   A Galícia é praticamente a região central da Europa que foi dividida em 1945 entre a Polônia e a Rússia.

21   AHU_ACL_CU_015, Cx. 3, Doc. 226, datado de Lisboa, 10 de janeiro de 1636. Requerimento do capitão Antônio Bezerra Monteiro ao rei [D. Filipe III] pedindo uma das companhias de soldados e o soldo do dito posto para retornar à guerra da capitania de Pernambuco, por ali ter deixado seus pais, quando foi preso e levado pelos holandeses para a Índia.

Arquivo Histórico Ultramarino,[22] um interessante requerimento de Bartolomeu Ferraz de Menezes. Este pedia ao Rei espanhol o exercício para o cargo de Provedor Mor da Fazenda Real da capitania de Pernambuco. Embora, tivesse o rei espanhol oferecido o cargo na fortaleza de Masangano em Angola, preferia Bartomoleu ir para Pernambuco. Alegava Bartolomeu Ferraz para a corte de Madrid, que já havia servido várias vezes "em quatro armadas desta Coroa de Portugal a sua custa, nas três delas com um criado e na outra com dois sem receber soldo e ajuntando aos serviços que lhe pertencem de Lourenço Ferraz de Andrade, seu pai".[23]

Argumentava ainda, Bartolomeu Ferraz que além de ter realizado seus serviços, possuía herança de seu pai, uma das principais pessoas da cidade do Porto e por ser seu avô, o coronel Bartolomeu Ferraz de Andrade, "pessoa que serviu aos reis passados muitas anos"[24] ensinando a capitães, soldados e mestres nas comarcas de Porto Alegre e Castelo da Vide e, por isso, ter recebido as Rendas da Ordem de Cristo. Informava ainda, que tinha sido encarregado de capitão da cidade do Porto e por ter sua casa saqueada, teve que fugir para não ser preso. Desta maneira, escolhia Pernambuco em detrimento de ir para a fortaleza de Massangano, no Reino de Angola, para onde Vossa Majestade o mandava por três anos, pois alegava o solicitante, que "não tem notícia alguma das couzas daquele Reino de Angola por não haver servido nunca nele, antes tem muita notícia do estado do Brazil".[25] Finalizava o suplicante que por estar o cargo de Provedor da Fazenda da capitania de Pernambuco vago, esperava demonstrar as *calidades* para esse cargo pelo tempo de seis anos.

---

22 AHU_ACL_CU_015, Cx.2, Doc. 119, datada de 11 e setembro de 1626. Carta Régia (capítulo) de [D. Filipe III] sobre o requerimento de Bartolomeu Ferraz de Meneses pedindo o cargo de provedor da Fazenda Real da capitania de Pernambuco, pelo período de seis anos, como remuneração de serviços prestados em Angola, ordenando que se façam as diligências necessárias para saber se o cargo está vago e se há outros pretendentes que o podem ocupar.

23 *Idem.*

24 *Idem.*

25 *Idem.*

O caso de Bartolomeu Ferraz de Menezes é um pequeno exemplo da diversidade de assuntos e problemas que chegavam para a coroa hispânica resolver. No caso citado, apresentava o suplicante ao Secretário Ruy Dias de Menezes, com os papéis necessários, a intenção de servir em Pernambuco no cargo de Provedor da Fazenda em detrimento de servir em Angola. A situação explicitada, além de demonstrar a intenção de Bartolomeu Ferraz na preferência de Pernambuco a Angola, também mostra a tradição e o resquício da herança medieval em relação as atividades militares, a transferência dos ensinamentos e das ordens militares que eram passadas de pai para filho, visivelmente, indicando a disputa por cargos tão marcados numa sociedade patriarcal. Pelas informações do suplicante, sua família, a Ferraz, já vinha servindo em guerras por três gerações para a coroa ibérica: Bartolomeu Ferraz de Andrade, seu avó, Lourenço Ferraz de Andrade, seu pai e agora Bartolomeu Ferraz de Menezes. Para Rômulo Xavier, "o Atlântico Sul pode ser entendido também pelo viés da ocupação de cargos"[26] e, tudo indica, que o exemplo do cargo preterido por Bartolomeu Ferraz de Menezes está inserido nas relações de parentesco em que se encontravam a gente de guerra. A Guerra de Pernambuco esteve quase sempre relacionada com as redes familiares e comerciais e no episódio de Bartolomeu não foi diferente.

Outro caso interessante que se insere nesse mundo Atlântico foi o caso de Pero Cadena Corte Real, que havia servido a mais de quinze anos nas guerras do mundo Atlântico, especificamente nas guerras de Angola e do Brasil. Dizia Pero Cardena, que serviu de soldado, alferes, cabo da gente de guerra e capitão por mais de quinze anos. Cardena renunciava a capitania de Cambembe no Reino de Angola por "muitas pelejas que ouve e que precedeu com satisfação e valor, e ser cativo e

---

26 Nascimento, Rômulo Luiz Xavier do. "Brasil holandês: uma história do Atlântico". In: *O Desconforto da Governabilidade: aspectos da administração no Brasil holandês (1630-1644).* Rio de Janeiro. Tese de Doutoramento da Universidade Federal Fluminense, 2008, p. 36.

roubado dos holandeses", preferia assim, lutar na capitania da Paraíba "partindo na primeira armada que fosse para o Brasil.[27]

Diferentemente do caso anterior, Pero Cardena que já conhecia as guerras brasílicas tanto quanto às guerras angolanas, porém, por possuir muitos inimigos em Angola, preferia servir como capitão-mor na capitania da Paraíba. Os dois casos, que por coincidência escolheram o Brasil em detrimento de Angola, estão relacionados a complexidade que Charles Boxer falou na obra Salvador de Sá e a luta pelo Brasil e Angola.[28] Logo, os homens da Guerra de Pernambuco também estavam inseridos no contexto da luta entre neerlandeses e luso-espanhóis e as decisões de patentes e mercês repercutiam de forma prática o interesse desses homens no mundo Atlântico.

O cotidiano e estrutura da vida dos soldados no Atlântico Sul demonstra que não foram poucos os soldados que fugiram e se rebelaram contra a própria estrutura da guerra. No diário de Richshoffer, encontramos várias deserções que diariamente iam ocorrendo por soldados que passavam para ambos os lados.[29] De acordo com o soldado belga, os nomes daqueles que fugiam eram pregados na forca. Identificava Richshoffer, que a maioria dos desertores da companhia holandesa eram "franceses, de sorte que os desta nacionalidade estão sendo muito suspeitos e odiados entre nós".[30]

Mas não foram apenas franceses que desertaram. Do lado luso-brasileiro, também havia aqueles que mudavam de opção, assim como do

---

27 AHU_ACL_CU_014, Cx.1, D. 29. Consulta (minuta) do Conselho Ultramarino, ao rei [D. João], sobre o requerimento do capitão Pêro Cadena Corte Real, solicitando o cargo de capitão-mor da Paraíba, em lugar da capitania de Cambembe, em Angola, que renuncia.

28 BOXER, Charles Ralph. Salvador de Sá e a luta pelo Brasil e Angola: 1602-1686. Tradução de Oliveira Pinto. São Paulo: Edusp, 1973.

29 RISCHSHOFFER, Ambrósio. Diário de um soldado: (1629-1632). Organização e estudo introdutório Leonardo Dantas Silva; tradução de Alfredo de Carvalho. Recife: CEPE, 2004, p. 87 e 100.

30 Idem, p. 89.

lado da WIC. A deserção era, em alguns momentos, uma maneira de tentar obter uma ascensão financeira e social, ou até mesmo, tentar fugir de uma situação arriscada, como não ter que sofrer como preso de guerra. O caso do Padre Manuel de Moraes tratado por Ronaldo Vainfas é um bom exemplo.[31] Mas não foram apenas os soldados que tiveram suas vidas profundamente abaladas e foram obrigados a escolher um lado para ficar. A população de um modo geral teve que representar uma fé, uma ideologia ou uma identidade. Nesse caso, parece que os interesses pessoais foram, na maioria das vezes, os parâmetros adotados para escolher de que lado deveriam ficar, defender, correr, matar ou morrer.

O historiador Ronaldo Vainfas toca numa questão crucial no contexto da Guerra de Pernambuco, pois o autor conta a história de um jesuíta nascido em São Paulo no final do século XVI, Manoel de Moraes, que foi missionário em Pernambuco e que teve sua vida alterada no contexto da conquista de 1630. Manoel tornou-se pregador jesuíta e combateu a tropa holandesa, liderou parte dos soldados e nativos, manuseou armas, mas depois passou para o lado contrário traindo os portugueses, se tornando calvinista e depois voltou a ajudar os portugueses na guerra de restauração de Pernambuco. Sua história revela que a peleja dos mazombos e luso-espanhóis contra a Companhia das Índias Ocidentais nos leva a um diálogo com outros temas do período como a questão da resistência, o casamento, o trabalho, o abandono da fé (religião), o medo da inquisição e das bruxas.

Observou José Antônio Gonsalves, ao analisar a documentação da Mesa da Consciência de 1635, que "alguns religiosos se aproximaram e conviviam de maneira estreita com os invasores, às vezes comendo e bebendo com eles e lendo livros heréticos em espanhol", enquanto outros "passavam a usar traje "à holandesa", levando trato, vida e costumes dos novos senhores da terra".[32] Pelas diversas documentações e princi-

---

31 VAINFAS, Ronaldo. *Traição: um jesuíta a serviço do Brasil holandês*. São Paulo: Companhia das Letras, 2008.

32 CALADO, Frei Manoel. *O valeroso Lucideno e triunfo da liberdade*. Recife: CEPE, 2004, p. XXIX.

palmente pelos cronistas da época é fácil pensar que muitos homens deram suas vidas para combater os invasores enquanto outros aproveitaram o momento como uma nova oportunidade para mudar de vida e até mesmo para se rebelar contra uma situação indesejada há mais tempo. Assim, também é pertinente a ideia de que qualquer homem na colônia poderia ser um soldado em potencial. Nesse sentido, um camponês, um comerciante livre, um senhor de engenho e um escravo poderiam se transformar, no calor do conflito, em homens perigosos.

Podemos pensar que a deserção poderia ser algo desejada, como poderia ser uma coisa forçada, pois dependia tanto do calor do conflito como a situação do soldado. Em caso extremo, a deserção poderia também ser uma farsa, uma estratégia para tentar espiar o inimigo. Segundo o historiador José Antônio Gonsalves de Mello, foram muitos insurretos que passaram do lado neerlandês para o lado luso-espanhol, pois "os documentos referem-se ao grande número de soldados holandeses que se passaram às fileiras ou ao campo dos insurrectos".[33] De acordo com o historiador pernambucano, do lado neerlandês, muitos teriam mudado de religião e se tornado "católicos, como fez Diederik van Hoogstraten".[34]

Os comandantes da guerra estavam cientes que era muito provável a deserção e a traição na guerra. Diederik van Waerdenburch, primeiro governador da tropa holandesa em 1630, "mandou afastar da costa e voltar para os navios todos os botes e lanchas que nos haviam conduzi-

---

33 MELLO, José Antônio Gonsalves de. *Templo dos Flamengos. Influência e ocupação holandesa na vida e na cultura do norte do Brasil*. Recife; Topbooks, 2000, p. 151.

34 *Idem*, p. 151. O autor se refere ao depoimento de Klaes Klaesz. Datado do Recife, 15 de novembro de 1645, no qual informa que entre os insurgentes havia 8 companhias de holandeses, a saber: em Pernambuco a companhia dele, depoente, com 63 homens, a de Alexander Boeckholt, com 43, a de Antoni com 36, a de Jan de With com 40; em Goiana havia mais duas: a de Jorge Pires com 19 e a de la Coes com o mesmo número. Na Paraíba a de Pierre Gendre com 19 e a de Eduwart Ijersman com 20 homens, das quais o coronel era Hoogstraten e o major François de la Tour ex-escabino de Serinhaém. Este De la Tour convoca seus patrícios franceses a abandonar os holandeses por meio de proclamações.

do para terra, a fim de que ninguém fosse tentado a fugir".[35] Os cronistas da guerra demonstram que as fugas eram comuns e corriqueiras.

Dentre os principais motivos de deserções estão à condição da tropa, em especial e a falta de alimentos dos soldados. A Junta de Madrid para o socorro de Pernambuco chamou atenção para uma boa administração do abastecimento de víveres, pois sabia que as tropas deveriam ser bem providas de alimentos ao longo da luta.[36] Ambrósio Richshoffer, revelou o seguinte sobre as deserções: "são motivadas pela falta de víveres de que sofremos. As mais das vezes as rações de pão ou provisões distribuídas para oito dias mal chegam para dois, sendo até devorados cães, gatos e ratos".[37] Morrer de fome ou morrer com um tiro resultavam em um denominador comum: a morte. Portanto, os soldados tinham que fugir dos perigos da guerra, dentre eles a falta de alimentos. A fome parece ter mesmo resultado em muitas deserções.

De acordo com Evaldo Cabral de Mello, "as dificuldades de abastecimento sujeitavam as operações militares a priorizarem a obtenção de víveres sobre quaisquer outras considerações, como se verificou com a chegada da tropa de Rojas y Borja".[38] Esse foi um problema para as tropas luso-espanholas, pois as promessas do fornecimento de víveres nem sempre eram cumpridas pela coroa. Diz Cabral de Mello, que "em Lisboa, não se cumprira a promessa da dar-lhe víveres para quatro meses de Brasil, por se carecer do tempo e do dinheiro para reuni-los.[39] Assim, o exército de ambos os lados lutavam com fome e sem força física.

---

35 RISCHSHOFFER, Ambrósio. *Diário de um soldado: (1629-1632)*. Organização e estudo introdutório Leonardo Dantas Silva; tradução de Alfredo de Carvalho. Recife: CEPE, 2004, p. 62.

36 AGS, Guerra Antígua, Legajo 1025.

37 RISCHSHOFFER, Ambrósio. *Diário de um soldado: (1629-1632)*. Organização e estudo introdutório Leonardo Dantas Silva; tradução de Alfredo de Carvalho. Recife: CEPE, 2004, p. 88.

38 MELLO, Evaldo Cabral de 1936. *Olinda restaurada: guerra e açúcar no Nordeste, 1630-1654*. São Paulo: Ed. 34, 2007, p. 237.

39 *Idem.*

A questão da alimentação no Brasil colonial foi um grande problema a ser resolvido pelas autoridades da época. A política empreendida pela monocultura açucareira, que estava voltada para o mercado externo não priorizou o abastecimento da população local. Com a chegada da tropa neerlandesa, o problema do abastecimento alimentar aumentou, pois, embora o interior não fosse ocupado de imediato, a dificuldade em manter a comercialização do interior com o centro promoveu a escassez de víveres. Comercializar com o inimigo não era coisa simples, e assim, obter alimentos nos anos iniciais da guerra foi um problema sério.

Nesse ponto do abastecimento de víveres e do comércio no início da guerra, os luso-brasileiros e luso-espanhóis saiam na frente da WIC pela estrutura que já possuíam, por conhecerem mais o interior e se comunicarem sempre com o governo central em Salvador.[40]

A preocupação da armada e da tropa de resistência foi pensada e amplamente discutida pela Junta de Socorro a Pernambuco, pois identifica-se na documentação do Arquivo de Simancas a preocupação para que cada navio contivesse "galinhas, ovos, passas, amêndoas, açúcar e alguns carneiros".[41] Advertia a Junta que, caso fosse necessário, um funcionário que servisse o ofício de tenente de abastecimento, que mudasse sempre de navio para não ficar o mesmo responsável pelos víveres em toda viagem. Sabia os membros da Junta do Rei espanhol que a distribuição de alimentos entre espanhóis, portugueses e italianos deveriam ser feitas de forma correta para que não houvesse deserções. Uma tropa mal alimentada e insatisfeita era fácil de ser subornada.

Para Sigrid Porto de Barros, o problema do abastecimento foi "vital no panorama das lutas" e a tropa de resistência se alimentou basicamente de "bois, farinha, peixe, sal e aguardente".[42] Na documentação

---

40 Essa foi inclusive a opinião de Alfredo de Carvalho em Olinda Restaurada. Rischshoffer, Ambrósio. *Diário de um soldado: (1629-1632)*. Organização e estudo introdutório Leonardo Dantas Silva; tradução de Alfredo de Carvalho. Recife: CEPE, 2004, p. 2.

41 AGS, Guerra Antígua, Legajo 1025.

42 Barros, Sigrid Porto de. *Armas que documentam a guerra holandesa*, 1959, p. 19.

de Simancas, encontramos a preocupação para o fornecimento das pipas de vinho que deveriam seguir nas embarcações.[43] Pelo parecer de Johannes van Walbeeck sobre a situação da conquista, datado de 27 de novembro de 1631, podemos observar a dificuldade encontrada pelos holandeses nos anos iniciais da guerra, pois dizia o seguinte:

> Vivemos em uma ponta de terra, sem liberdade de nos dirigir para o interior, pois a falta de refrescos e de madeira, tanto para construção, como para a cozinha, é suficiente para nos manter aqui sem possibilidade de realizar ulteriores ataques; sem refrescos, a tropa não se sustentando senão com alimentos vindos da Pátria, é vítima do escorbuto, como se verifica diariamente e não se obtendo nem verdura nem água fresca, necessariamente definha até a morte, sem que neste areal possa ser empregado qualquer expediente, tal qual como se estivéssemos em um deserto. Alguns soldados com escorbuto que receberam limões vindos de Olinda atribuíram a sua cura a eles, abaixo de Deus.[44]

Sobre a alimentação dos soldados holandeses, nos conta José Antônio Gonsalves de Mello, baseado em carta do Recife de 13 de novembro de 1632, enviada do Conselho Político ao conselho dos XIX que "os soldados muitas vezes precisam cavar uma hora ou mais para poder obter a raiz de alguma árvore para cozinhar o seu alimento e muitas vezes os que não se aplicam a esse trabalho têm de comer alimentos crus".[45] A di-

---

Panfleto pertencente à Biblioteca de José Antônio Gonsalves de Mello da coleção do Instituto Ricardo Brennand. Este trabalho esta com a referência JGM F688, tombo 8374 na Biblioteca do Instituto Ricardo Brennand.

43   AGS, Guerra Antígua, Legajo 1025.

44   MELLO, José Antônio Gonsalves de. *Templo dos Flamengos. Influência e ocupação holandesa na vida e na cultura do norte do Brasil.* Recife; Topbooks, 2000, p. 45 e 46.

45   *Apud.* Carta do Conselho Político ao Conselho dos XIX, datado do Recife, 13 de novembro de 1632. In: MELLO, José Antônio Gonsalves de. *Templo dos Flamengos. Influência e ocupação holandesa na vida e na cultura do norte do Brasil.* Recife; Topbooks, 2000, p. 46.

ficuldade de adaptação da alimentação pela tropa neerlandesa era pior do que os luso-espanhóis, pois esses contavam com um apoio maior dos luso-brasileiros. Assim, pedia o secretário do Conselho Político, o Sr. Pieter de Vroe, de Olinda ao Conselho dos XIX, que enviassem "juntamente com vinho de Espanha, um forte vinho francês, tanto branco como tinto, alguma cerveja e especialmente arroz, favas turcas [isto é, milho], cevada, passas de Corinto e, sobretudo, grande quantidade de farinha de trigo".[46]

Segundo o historiador Ernst van den Boogart, "a importação de farinha, cevadina, ervilhas, feijão, carne salgada e toucinho da pátria era insuficiente"[47] para manter a tropa da WIC. Assim, a falta de alimentação poderia resultar muitas vezes em casos de deserções, aliciamentos e traições. Para a alimentação da tropa holandesa no período que vai de 1630 à 1635, conta José Antônio Gonsalves de Mello, que "ainda em 1635, o exército holandês sofreu uma redução na ração que passou a ser distribuída pela metade da que era fornecida até então".[48] Ambrósio Richshoffer, em *Diário de um soldado*, fala que a alimentação que eles recebiam eram péssimas. É quase que recorrente entre os cronistas e contemporâneos da época as queixas pela falta de alimentos.[49]

Relembramos o caso do capitão Antônio Bezerra Monteiro contado por nós inicialmente, que ficou durante quatro dias comendo carne de cavalo quando esteve sitiado no Arraial do Bom Jesus. De acordo com José Antônio Gonsalves de Mello, "não podemos mostrar o ponto a que chega a falta de alimentos senão informando que em algumas guarni-

---

46   *Apud* Carta de Pieter de Vroe, secretário do Conselho Político e em nome deste, ao Conselho dos XIX, datada de Olinda, 2 de abril de 1630. MELLO, José Antônio Gonsalves de. *Templo dos Flamengos. Influência e ocupação holandesa na vida e na cultura do norte do Brasil*. Recife; Topbooks, 2000, p. 46.

47   BOOGAART, Ernst Van Den. Morrer e Viver em Fernando de Noronha 1630-1654. *Viver e morrer no Brasil holandês*. Recife: Fundal, Massangana, 2007, p. 21.

48   MELLO, José Antônio Gonsalves de. *Templo dos Flamengos. Influência e ocupação holandesa na vida e na cultura do norte do Brasil*. Recife; Topbooks, 2000, p. 46.

49   RISCHSHOFFER, Ambrósio. *Diário de um soldado (1629-1632)*. Recife: CEPE, 2004, p. 14.

ções mais afastadas, gatos e cachorros são comidos".[50] A alimentação ruim resultava em doenças como o escorbuto e a diarreia, que "neutralizavam a quarta parte dos efetivos e mais soldados morriam nos acampamentos do que nas batalhas com o inimigo".[51]

Portanto, pelos cronistas da época e pela historiografia referente ao período, podemos observar que a vida de um soldado não era fácil, pelo contrário, era feita de "tiros" incertos e barulhos assombrosos. Ambrósio Richshoffer, na mudança de Olinda para o Recife escreveu que não pôde marchar porque estava doente de febre, mas mesmo assim foi "transportado com outros doentes e feridos em uma chalupa".[52] Para piorar as coisas, dizia o soldado que quando a companhia chegou no Povo[53] encontraram "péssimos alojamentos".[54] Desse modo, a maior "parte dos soldados licenciados deixava-se ficar na cidade, criando problemas difíceis de alojamento".[55] Os soldados da WIC nos cinco primeiros anos da guerra ainda tinham estruturas piores daqueles que chegaram quando a resistência e o reforço metropolitano havia diminuído, pois oito anos após o período em tela, já na época nassoviano, começaram a "construir aquartelamentos (*quartieren*) ou palhoças (*hetten*), no total de 23."[56] Não

---

50   *Apud* Gen. Missive ao conselho dos XIX, datada de Recife, 25 de outubro de 1642. MELLO, José Antônio Gonsalves de. *Templo dos Flamengos. Influência e ocupação holandesa na vida e na cultura do norte do Brasil*. Recife; Topbooks, 2000, p. 159.

51   BOOGAART, Ernst Van Den. *Morrer e Viver em Fernando de Noronha 1630-1654. Viver e morrer no Brasil holandês*. Recife: Fundal, Massangana, 2007, p. 21.

52   *Idem*, p. 85.

53   Era assim que era denominada a vila do Recife.

54   RISCHSHOFFER, Ambrósio. *Diário de um soldado: (1629-1632)*. Organização e estudo introdutório Leonardo Dantas Silva; tradução de Alfredo de Carvalho. Recife: CEPE, 2004, p. 85.

55   MELLO, José Antônio Gonsalves de. *Templo dos Flamengos. Influência e ocupação holandesa na vida e na cultura do norte do Brasil*. Recife: Topbooks, 2000, p. 59.

56   *Apud* Dag. Notule de 5 de novembro de 1643. In: MELLO, José Antônio Gonsalves de. *Templo dos Flamengos. Influência e ocupação holandesa na vida e na cultura do norte do Brasil*. Recife; Topbooks, 2000, p. 88.

podemos afirmar que as tropas luso-espanholas tiveram uma estrutura muito diferente, principalmente após a invasão consolidada.

No início do conflito, nos cinco primeiros anos, os holandeses sofreram muito e tiveram que se adaptar a alimentação local. Observamos quase sempre queixas pela falta de alimentos. Entretanto, temos que dizer que não era impossível que os soldados de ambos os lados passassem por momentos de grande fartura. Diante de um grande saque, os homens de guerra podiam se esbaldar. Assim, devemos observar nos depoimentos dos cronistas que além da dificuldade na alimentação aconteceram raros momentos de fartura. Ambrósio Richshoffer, mesmo tendo se queixado bastante, revelou que algumas vezes passou por abundância de alimentos. Encontrou "uma boiada, da qual pegamos 42 cabeças; os bois mortos a tiro foram carneados e de novo nos fartamos de carne fresca".[57] O problema dos alimentos é que os soldados não podiam guardar durante muito tempo, principalmente quando eram alimentos altamente perecíveis. Conservar alimentos nessa época não era fácil.

Dentre os alimentos muito úteis para serem levados nas embarcações, destacamos os biscoitos, pois identificamos na documentação espanhola sempre a preocupação para que as armadas estivessem bem providas de biscoitos, que era uma espécie de pão duro muito nutritivo. O biscoito demorava mais tempo do que o pão para se estragar e por isso era muito utilizado nas embarcações dos soldados. Explica José Antônio que havia quatro tipos de biscoito, sendo o mais utilizado nas embarcações o biscoito duro ou *hard brood* como costumavam chamar.[58] Esses biscoitos também aparecem nos relatos dos cronistas da época e foram eles que abasteceram as tropas na travessia do Atlântico. Porém, foi o alimento de origem indígena que abasteceu as tropas de resistência, pois como colocou o historiador Rômulo Xavier, "o abastecimento

---

57 RISCHSHOFFER, Ambrósio. *Diário de um soldado: (1629-1632)*. Organização e estudo introdutório Leonardo Dantas Silva; tradução de Alfredo de Carvalho. Recife: CEPE, 2004. p 141.

58 CALADO, Frei Manoel. *O valeroso Lucideno e triunfo da liberdade*. Recife: CEPE, 2004. p XXXVII.

das tropas era dependente, grande modo, da farinha de mandioca".[59] Por mais que os soldados viessem de lugares longínquos, a guerra sofreu influência das características locais como bem demonstrou Evaldo Cabral de Mello em *Olinda restaurada*.[60]

De acordo com Ambrósio Rishchoffer, pode-se evidenciar que a morte poderia ocorrer de uma forma drástica ou de maneira simples ou banal, pois conta o soldado, que "muitos tripulantes doentes e atacados de escorbuto, que é uma moléstia maligna da qual morreram muitos".[61] Dentre a enorme lista informada dos camaradas que Richshoffer perdeu, encontram-se o artilheiro Cornelius Hubrt, os soldados Friderich Fries, Christian Munchhaussen, Jacob Claussen, Jann van Essels, Peter Menck, Jacob Heydenreich, um mestre chamado Peter Jacobs, o carpinteiro Claus Durckesen, o arcabuzeiro Dick Martens e o marinheiro Peter Pertesen, natural de Haarlem mesma cidade de Frans Post.[62]

Essa rápida lista corrobora com a ideia de que era mais provável morrer do que viver no cotidiano dos soldados que cruzavam o Atlântico e vinham para a Guerra de Pernambuco durante os cinco primeiros anos. A carnificina e o sangue foram corriqueiros no início do conflito armado entre luso-espanhóis e holandeses. Richshoffer fala que "tinham morrido mais de duzentos, e mais de mil e duzentos jazem enfermos".[63] Números assustadores são revelados pelos cronistas da guerra. José Antônio Gonsalves de Mello escreveu que "nos documentos dos três primeiros anos da conquista abundam as informações sobre

---

59 NASCIMENTO, Rômulo Luiz Xavier do. *O "desconforto da governabilidade": aspectos da administração no Brasil holandês (1630-1644)*. Tese de Doutoramento. Rio de Janeiro: UFF, 2008, p. 89.

60 MELLO, Evaldo Cabral de. *Olinda restaurada: guerra e açúcar no Nordeste, 1630-1654*. São Paulo: Ed. 34, 2007.

61 RISCHSHOFFER, Ambrósio. *Diário de um soldado: (1629-1632)*. Organização e estudo introdutório Leonardo Dantas Silva; tradução de Alfredo de Carvalho. Recife: CEPE, 2004, p. 21.

62 *Idem*, p. 51-6.

63 *Idem*, p. 54.

o escorbuto".[64] A interpretação desse historiador sobre alimentação dos holandeses é que a subalimentação ajudou com que muitos obtivessem doenças, mortes e escorbuto.

Logo, as péssimas condições de alimentação contribuíram muito para ocasionar as mortes dos soldados, mas também a inadaptação ao clima, pois como disse Richshoffer, "muitos morrem por não poderem se habituar a esta terra quente e a péssima água salgada".[65] As mortes ocorriam por afogamentos[66] e pelo poder feroz das balas e flechas. A veracidade e velocidade da guerra faziam com que muitos mortos não pudessem nem ser sepultados, sendo as mortes mais "importantes" enterradas na igreja do Corpo Santo.[67] Alguns soldados morriam por rixa interna entre seus próprios companheiros de combate.[68] Entre as rixas era constante a briga entre os marinheiros e soldados que tentavam defender sua classe. Richshoffer, por exemplo, considerava uma "corja sacrílega e desonesta são os marinheiros na sua quase generalidade".[69]

Também foi natural que alguns soldados morressem de forma acidental, pois realizam quase sempre ofícios de alta periculosidade. Acidentes dessa ordem devem ter ocorrido com pouca frequência, mas o fantasma da morte assustava quase sempre a vida dos soldados. Recomendava o Padre João Baers, que para vencer a guerra era preciso vencer

---

64 MELLO, José Antônio Gonsalves de. *Templo dos Flamengos. Influência e ocupação holandesa na vida e na cultura do norte do Brasil*. Recife: Topbooks, 2000, p. 46.

65 RISCHSHOFFER, Ambrósio. *Diário de um soldado: (1629-1632)*. Organização e estudo introdutório Leonardo Dantas Silva; tradução de Alfredo de Carvalho. Recife: CEPE, 2004, p. 115.

66 *Idem*, p. 31, 35, 99.

67 MELLO, José Antônio Gonsalves de. *Templo dos Flamengos*. Influência da ocupação holandesa na vida e na cultura do norte do Brasil. Recife. Topbooks, 2000, p. 119.

68 *Idem*.

69 RISCHSHOFFER, Ambrósio. *Diário de um soldado: (1629-1632)*. Organização e estudo introdutório Leonardo Dantas Silva; tradução de Alfredo de Carvalho. Recife: CEPE, 2004, p. 179.

as paixões.[70] Numa vida atribulada como era a vida dos homens de guerra possivelmente a reflexão de João Baers fosse uma saída. Fugir das paixões significava buscar esquecer e colocar de lado as lembranças de casa e da família. Relação difícil, pois tentar viver e voltar para casa era na maioria dos casos o objetivo de muitos militares. Não descartamos que outros tentavam uma nova vida distante de outros problemas, pois alguns soldados podiam ter uma nova sorte no Pernambuco atlântico.

Informa Richshoffer que quando recebeu abastecimento de víveres em Recife, recebeu cartas de seus pais de Estrassburgo e que na volta para Europa foram cercados por muita gente que buscava reencontrar seus familiares. Dizia também o soldado que quando desembarcou se assustou, pois estava cercado "por muito povo, principalmente mulheres que, em parte nos pediam notícias dos seus maridos, filhos e irmãos, e em parte regozijavam-se com o regresso dos mesmos. Muitas também ficavam em extremo penalizadas por saberem que os haviam perdido".[71] Mulheres, mães e filhas que estavam à espera de notícia de seus maridos, filhos e pais. A ausência de uma cotidiana relação familiar também poderia resultar em deserções, fugas e mortes. Entre as fugas, a bebedeira talvez fosse a mais utilizada para esquecer as origens, a família e a vida difícil.[72] Por outro lado, existiam soldados que não arredavam o pé, pois preferiam ser morto nas atividades da guerra do que ser morto por um carrasco.[73]

A partir de 1634 é provável que tenha diminuído as mortandades em Pernambuco, embora o Arraial do Bom Jesus só tenha se rendido de fato um ano depois. Contudo, já em 1634 a conquista do centro político

---

70 BAERS, Padre João. *Olinda conquistada*. Recife: CEPE, 2004, p. 33.

71 RISCHSHOFFER, Ambrósio. *Diário de um soldado: (1629-1632)*. Organização e estudo introdutório Leonardo Dantas Silva; tradução de Alfredo de Carvalho. Recife: CEPE, 2004, p. 188.

72 *Idem*, p. 75 e 76.

73 RISCHSHOFFER, Ambrósio. *Diário de um soldado: (1629-1632)*. Organização e estudo introdutório Leonardo Dantas Silva; tradução de Alfredo de Carvalho. Recife: CEPE, 2004, p. 127.

248 Brasil Holandês: história, memória e patrimônio compartilhado

de Olinda e da vila do Recife já estavam confirmados pela companhia neerlandesa. Consolidada esta parte urbana os neerlandeses sofriam menos com as emboscadas dos luso-brasileiros e luso-espanhóis. Porém, 1634 é um ano emblemático, pois é no final desse ano se conquista a Paraíba, capitania importante pela proximidade de Pernambuco.

Em 1635, André de Mello de Albuquerque, que tinha servido "na presente guerra de Pernambuco e Paraíba perto de cinco anos, nas de Pernambuco de capitão de assaltos",[74] suplicava para que fosse o capitão da primeira nova companhia que iria a Guerra de Pernambuco. Argumentava André que "foi nela ferido, indo nos socorros que fizeram a Ilha de Itamaracá, e na Paraíba se achou quando o inimigo acometeu pela primeira vez, donde o suplicante teve milagrosas pelouradas".[75] Acrescia o suplicante que também tinha servido de Capitão de Infantaria "no Rio Grande como em muitos socorros que ali houve, e na segunda vez que o inimigo intentou a dita Paraíba", bem como era neto de André de Albuquerque, "fidalgo da casa de Vossa Majestade e pessoa que por sua calidade e merecimento deveria ser honrado e premiado de outras ordens".[76]

Posteriormente, respondeu Vossa Majestade através do secretário Francisco de Lucena, que mais três anos na guerra daria ao suplicante o Hábito de Cristo (Ordem de Cristo) com doze mil réis de pensão, por julgar a coroa que era o suplicante "por sua calidade e merecimento devia de ser honrado e premiado", pois seus papéis constavam na coroa

---

74 AHU_ACL_CU_015, Cx.2, D. 141. 4 de janeiro de 1634. Requerimento do capitão André de melo de Albuquerque ao rei [D. Filipe III] pedindo uma das primeiras Companhias que se destinam à guerra da capitania de Pernambuco, ou permissão para levantar uma.

75 *Idem*. Na documentação da época, tanto a luso-espanhola quanto a neerlandesa a ilha de Itamaracá é denominada Tamaraca. E pelouro significa: bala de ferro ou de pedra, esférica, portanto pelourada é a introdução deste tipo de bala na pessoa que também pode ser no objeto.

76 *Idem*.

com "particular valor, zelo e cuidado e que tem calidade para exercitar a praça de capitão".[77]

O exemplo de André de Mello demonstra de maneira parcial, que a substituição das funções e patentes militares poderia ocorrer ao longo da guerra, além de que as solicitações quando vinham acompanhadas pelo caráter de linhagem e nobreza favoreciam os pedidos dos requerentes. O prestígio familiar era notório na nomeação dos cargos e patentes. Nesse caso, o suplicante por ter servido de capitão de assaltos e possuir serviços prestados na guerra, requeria que a próxima companhia que chegasse a Pernambuco estivesse sob seu comando. Variadas oportunidades para modificar de posto ou patente e também para fugir parece ter sido uma tônica na vida dos soldados. Com isso, o calor do momento e a situação de penúria contribuíram para que os homens empregassem meios para obter essas mudanças.

Sobre o aumento do número de cidadãos livres na WIC, observou José Antônio Gonsalves de Melo que "aproveitando o surto de construções, o mestre pedreiro empregado da Companhia, Jan Jansz, de Leyden, pediu dispensa, visto que, atualmente, há mais o que fazer para os particulares do que para a Companhia".[78]

Em 1635, consta na documentação do ultramarino, um requerimento de Domingos Correia pedindo que se passasse a patente da companhia de infantaria reunida por ele para voltar à guerra da capitania de Pernambuco. A petição do suplicante informava que o mesmo havia levantado mais de setenta homens e que a companhia deveria ficar entre oitenta a cem soldados. Porém, dizia o Procurador dos Armazéns, que embora o Rei tivesse prometido mercê ao suplicante e que mesmo a jor-

---

77 AHU_ACL_CU_015, Cx.2, D. 141. Lisboa, 4 de janeiro de 1635. Requerimento do capitão André de Melo de Albuquerque ao rei [D. Filipe] pedindo uma das primeiras Companhias que se destinam à guerra da capitania de Pernambuco, ou permissão para levantar uma.

78 *Apud* Dag. Notule de 22 de outubro de 1635. In: MELLO, José Antônio Gonsalves de. *Templo dos Flamengos. Influência e ocupação holandesa na vida e na cultura do norte do Brasil*. Recife; Topbooks, 2000, p. 57.

nada estando "tão a pique" não se deveria passar a patente de capitão desta companhia, pois alegava o procurador, que "não se lhe pode deferir a se lhe passar a patente" já que não havia comprovação da existência de mais de setenta homens nessa companhia.[79]

Apesar de não termos o desfecho final do caso, podemos dizer que de certa forma, as patentes militares eram símbolo de *status* e de poder, portanto, títulos de desejo e de interesse de muitos que enxergavam na guerra uma oportunidade de ascensão social. Devemos então, ter em vista que "poder militar e poder político entremeavam-se".[80]

É importante salientar que nesse momento da guerra, a Bahia era um fundamental ponto de resistência, era possivelmente a maior força política junto à coroa espanhola. Primeiro, era o centro político de irradiação do poder, já que era a sede do Governo-geral e que agora mais que nunca as principais comunicações deveriam partir e chegar por lá, acentuando-se essas comunicações com o perigo da presença da WIC em Pernambuco. Segundo, por ser um importante ponto de comunicação entre as capitanias do Norte pelo interior, mantendo comunicações com o Arraial do Bom Jesus em Pernambuco. E terceiro, pela importante razão geográfica que a capitania sempre teve, pois era uma rota fundamental do mundo atlântico, uma vez que as embarcações do Reino que queriam manter um comércio seguro poderiam desembarcar lá sem maiores riscos do que em Pernambuco.

Em 7 de março de 1635, evidencia-se essas características da Bahia, anteriormente apontadas, pois dizia Felipe IV a respeito da armada que ia ao socorro de Pernambuco que levasse o material para o governador-

---

79 AHU_ACL_CU_015, Cx. 3, D. 166. 17 de abril de 1635. Requerimento do capitão Domingos Correia ao rei [D. Filipe III] pedindo que se passe patente da Companhia de Infantaria reunida por ele para voltar a guerra da capitania de Pernambuco.

80 PUNTONI, Pedro. "O Governo-Geral e o Estado do Brasil: poderes intermédios e administração (1549-1720)". In: *O Brasil no Império Marítimo Português*. Organizado por Stuart Schwartz e Erik Myrup. Bauru: Edusc, 2009, p. 57.

geral do Estado do Brasil, Diogo Luís de Oliveira, por "ser aquela praça já provida de tudo o necessário contra o inimigo vizinho".[81]

Nas diversas correspondências de 1635, pode-se perceber o caráter de urgência e de correria que ganhavam o tom das organizações e negociações para o socorro da colônia. Em abril de 1635, evidencia-se essa preocupação das organizações no "apresto das duas caravellas que hão de hir de avizo com munições aos portos de Pernambuco e o Cabo de Santo Agostinho, tendo-se consideração ao risco em que estão aquella praça e o dano que lhe pode proceder".[82]

Estava ciente a coroa hispânica, que era "tão necessário fazer-se este socorro logo pela importância dos efeitos destes, que se reforça o poder com que Matias de Albuquerque se acha no Cabo de Santo Agostinho e socorrer a Bahia".[83] Com as dificuldades encontradas para um bom aparelhamento de uma armada restauradora e com a conquista do território pelo inimigo, aumentava, com passar do tempo, a incerteza da retomada do Brasil, pois sabia que caso o socorro nesta altura do conflito não ocorresse "ficaria tudo exposto a se perder se he que ainda hoje se conserva".[84]

Logo, ao passo que a imprecisão das informações chegavam na metrópole, contribuíam para o desconhecimento da situação do inimigo na capitania e consequentemente para o aumento da incerteza no êxito da guerra. Assim sendo, ordenava a coroa hispânica, que passado o inver-

---

81 AHU_ACL_CU_015, Cx.3, D. 162. Madrid, 7 de março de 1635. Carta Régia (capítulo) de [D. Filipe III] ao Conselho da Fazenda ordenando que os navios da armada que vão em socorro da capitania de Pernambuco levem o material que o governador geral do Estado do Brasil, [D. Diogo Luís de Oliveira], ia transportar para a capitania da Bahia.

82 AHU_ACL_CU_015, Cx. 3, D. 167. Lisboa, 18 de abril de 1635. Decreto da regente, [duquesa de Mântua], D. Margarida de Saboia, ordenando ao Conselho da Fazenda que informe acerca das caravelas que vão à frente da armada, destinadas a socorrer a capitania de Pernambuco, e que se apresse a saída das mesmas devido ao risco que corre alguns dos portos da dita capitania.

83 *Idem.*

84 *Idem.*

no e "melhorando o tempo, em poucos dias se poria a ponto de partir, e devendo isto ser assim por todas as razões".[85] O clima, além da falta de recursos financeiros e humanos foram problemas com que a coroa teve sempre que lidar. Porém, o decreto finalizava dizendo que o conselho ordenasse que os provimentos a Matias de Albuquerque "se acabem de aprestar para partirem sem falta ate segunda-feira, em conformidade do que sobre isto ordenei em 24 passado".[86]

O ano de 1635 também é importante para a tropa de resistência e para a coroa espanhola, pois chega a Pernambuco um novo governador para guerra, trata-se de Rojas y Borja. Em carta do conselho ultramarino, de 24 de março de 1635, tem-se a informação da nomeação do novo governador para a Guerra de Pernambuco, tratava-se de Don Luis de Roxas (D. Luis de Rojas e Borja) para que o mesmo ficasse inteirado dos "pagamentos da gente e mais despesas que ali fazem".[87]

O cotidiano da guerra modificava com novos comandantes, recrutas que vinham de outros lugares, mas a morte e a obsessão pelo lucro continuavam marcando Pernambuco em virtude de uma luta maior motivada pela Espanha e peos países baixos. Soldados que viam na guerra uma busca pela riqueza ou pela felicidade, mas que acabavam muitas vezes pobres e infelizes. O que importava era a busca pela vida, mesmo que em terras distantes separadas por um Atlântico dinâmico e múltiplo. Tentar viver para não morrer foi a tônica de muitos desses homens. Suas trajetórias são imprescindíveis, assim como a estrutura do Atlântico para compreensão daquilo que a sociedade e a historiografia denomina de Brasil Holandês.

Os homens que viviam em Pernambuco precisavam se relacionar com o mundo, nutriam formas de esperança, tentavam buscar melhores condições de vida e sofriam com a difícil vida de sobreviver em meio a

---

85   *Idem.*

86   *Idem.*

87   AHU_ACL_CU_015, Cx. 3, D. 166. 17 de abril de 1635. Requerimento do capitão Domingos Correia ao rei [D. Filipe III] pedindo que se passe patente da Companhia de Infantaria reunida por ele para voltar a guerra da capitania de Pernambuco.

tiros de canhões e mosquetes. Acreditamos que os rastros de uma guerra não podem ser contados apenas para desfrute e deleite, mas para refletir sobre questões que atualmente ainda agridem a população, como a violência. A violência humana no período investigado era promovida pela busca desmedida pela riqueza, obsessão que ainda permeia o mundo atual com outras cores, formas e discursos.

Conclui-se que viver e morrer foi uma linha tênue na vida de muitos soldados, assim como em parte da população que sofreu com o fogo cruzado na capitania de Pernambuco. Os homens de guerra foram influenciados e influenciadores de um período em que se tentava instaurar a ordem para tudo e para todos.[88] No que tange este assunto, observamos que os homens de guerra tiveram que se adaptar as mudanças de clima, de estrutura da guerra e ao conhecimento do novo. O cotidiano, as práticas e trajetórias da soldadesca nos deixa a lição de que a vida e a história andam no terreno de caminhos incertos, fronteiriços, escorregadios e que muitas vezes causam feridas incuráveis.

REFERÊNCIAS BIBLIOGRÁFICAS

BAERS, Padre João. *Olinda conquistada*. Recife: CEPE, 2004.

BARROS, Sigrid Porto de. *Armas que documentam a guerra holandesa*, 1959, p. 19. Panfleto pertencente à Biblioteca de José Antônio Gonsalves de Mello da coleção do Instituto Ricardo Brennand. Este trabalho esta com a referência JGM F688, tombo 8374 na Biblioteca do Instituto Ricardo Brennand.

BOOGAART, Ernest Van Den. "Morrer e viver em Fernando de Noronha 1630-1654". In: *Viver e Morrer no Brasil holandês*. Recife: Fundaj, Massangana, 2007.

BOXER, Charles. *O império marítimo português 1415-1825*. Tradução de Anna Olga de Barros Barreto. São Paulo, Companhia das letras, 2002.

BOXER, Charles Ralph. *Salvador de Sá e a luta pelo Brasil e Angola*: 1602-1686. Tradução de Oliveira Pinto. São Paulo: Edusp, 1973.

CALADO, Frei Manoel. *O valeroso Lucideno e triunfo da liberdade*. Recife: CEPE, 2004, p. XXIX.

---

88   FRANÇA, Eduardo D'Oliveira. *Portugal na Época da Restauração*. São Paulo: Hucitec, 1997, p. 35.

Brasil Holandês: história, memória e patrimônio compartilhado

Dicionário Eletrônico. *AURÉLIO: Novo Dicionário da Língua Portuguesa*. Curitiba: Positivo, 2004.

FRANÇA, Eduardo D'Oliveira. *Portugal na Época da Restauração*. São Paulo: Hucitec, 1997.

MELLO, José Antônio Gonsalves de. *Templo dos Flamengos. Influência e ocupação holandesa na vida e na cultura do norte do Brasil*. Recife: Topbooks, 2000.

MELLO, Evaldo Cabral de 1936. *Olinda restaurada: guerra e açúcar no Nordeste, 1630-1654*. São Paulo: Ed. 34, 2007.

MIRANDA, Bruno Romero Ferreira. *Gente de Guerra: origem, cotidiano e resistência dos soldados do exército da Companhia das Índias Ocidentais no Brasil (1630-1654)*. Leiden. Tese de Doutoramento pela Universidade de Leiden, 2011.

NASCIMENTO, Rômulo Luiz Xavier do. *O Desconforto da Governabilidade: aspectos da administração no Brasil holandês (1630-1644)*. Rio de Janeiro. Tese de Doutoramento da Universidade Federal Fluminense, 2008.

PUNTONI, Pedro. "O Governo-Geral e o Estado do Brasil: poderes intermédios e administração (1549-1720)". In: *O Brasil no Império Marítimo Português*. Organizado por Stuart Schwartz e Erik Myrup. Bauru: Edusc, 2009.

RISCHSHOFFER, Ambrósio. *Diário de um soldado: (1629-1632)*. Organização e estudo introdutório Leonardo Dantas Silva; tradução de Alfredo de Carvalho. Recife: CEPE, 2004.

VAINFAS, Ronaldo. *Traição: um jesuíta a serviço do Brasil holandês*. São Paulo: Companhia das Letras, 2008.

FONTES PRIMÁRIAS

ARQUIVO HISTÓRICO ULTRAMARINO

aHU_ACL_CU_014, Cx.1, D. 29. Consulta (minuta) do Conselho Ultramarino, ao rei [D. João], sobre o requerimento do capitão Pêro Cadena Corte Real, solicitando o cargo de capitão-mor da Paraíba, em lugar da capitania de Cambembe, em Angola, que renuncia.

AHU_ACL_CU_015, Cx. 2, Doc. 104. Consulta do Conselho da Fazenda ao rei D. Filipe III sobre o requerimento do proprietário do ofício de escrivão da Alfândega e Almoxarifado de Pernambuco, Luis de Siqueira, pedindo regimento dos salários de seu ofício, evitando irregularidade na arrecadação dos valores dos escravos de Angola.

AHU_ACL_CU_015, Cx.2, Doc. 119, datada de 11 e setembro de 1626. Carta Régia (capítulo) de [D. Filipe III] sobre o requerimento de Bartolomeu Ferraz de Meneses pedindo o cargo de provedor da Fazenda Real da capitania de Pernambuco, pelo período de seis anos, como remuneração de serviços prestados em Angola, ordenando que se façam as diligências necessárias para saber se o cargo está vago e se há outros pretendentes que o podem ocupar.

AHU_ACL_CU_015, Cx.2, D. 141. 4 de janeiro de 1634. Requerimento do capitão André de melo de Albuquerque ao rei [D. Filipe III] pedindo uma das primeiras Companhias que se destinam à guerra da capitania de Pernambuco, ou permissão para levantar uma.

AHU_ACL_CU_015, Cx.3, D. 162. Madrid, 7 de março de 1635. Carta Régia (capítulo) de [D. Filipe III] ao Conselho da Fazenda ordenando que os navios da armada que vão em socorro da capitania de Pernambuco levem o material que o governador geral do Estado do Brasil, [D. Diogo Luís de Oliveira], ia transportar para a capitania da Bahia.

AHU_ACL_CU_015, Cx. 3, D. 166. 17 de abril de 1635. Requerimento do capitão Domingos Correia ao rei [D. Filipe III] pedindo que se passe patente da Companhia de Infantaria reunida por ele para voltar a guerra da capitania de Pernambuco.

AHU_ACL_CU_015, Cx. 3, D. 167. Lisboa, 18 de abril de 1635. Decreto da regente, [duquesa de Mântua], D. Margarida de Saboia, ordenando ao Conselho da Fazenda que informe acerca das caravelas que vão à frente da armada, destinadas a socorrer a capitania de Pernambuco, e que se apresse a saída das mesmas devido ao risco que corre alguns dos portos da dita capitania.

AHU_ACL_CU_015, Cx. 3, D. 166. 17 de abril de 1635. Requerimento do capitão Domingos Correia ao rei [D. Filipe III] pedindo que se passe patente da Companhia de Infantaria reunida por ele para voltar a guerra da capitania de Pernambuco.

ARQUIVO GENERAL DE SIMANCAS

aGS, Guerra Antígua, Legajo 1025.

PARTE IV
MEMÓRIA, ACERVOS
E PATRIMÔNIO COMPARTILHADO

O Instituto Arqueológico e Os Estudos Sobre o Período Holandês

George Félix Cabral de Souza

Professor de História da Universidade Federal de Pernambuco e vice-presidente do IAHGP,
Doutor em História pela Universidade de Salamanca

AO LONGO DE 150 ANOS, O INSTITUTO ARQUEOLÓGICO, Histórico e Geográfico Pernambucano (IAHGP) congregou algumas das mais importantes figuras da historiografia pernambucana. Ele foi também responsável pela coleta e guarda de milhares de fontes documentais de diversos tipos fundamentais para a pesquisa histórica sobre Pernambuco e os estados vizinhos. Apresentamos nesta comunicação alguns aspectos de sua história a partir de documentos conservados em seu arquivo ou publicados na *Revista do IAHGP*. Dedicamos especial atenção ao seu papel como centro documental e de produção historiográfica a respeito do período de dominação da Companhia Holandesa das Índias Ocidentais em Pernambuco.

O Instituto Arqueológico foi fundado em 28 de janeiro de 1862 como Sociedade Arqueológica Pernambucana, assumindo a denominação de Instituto, em setembro do mesmo ano, quando seus primeiros estatutos foram aprovados e assumiu a primeira diretoria eleita. Nesta diretoria figurava como presidente o Monsenhor Francisco Muniz Tavares, participante e cronista da Revolução Pernambucana de 1817, o mais importante movimento de ruptura com o império português no contexto do período colonial. O movimento pernambucano – iniciado em

6 de março – foi o único que efetivamente tomou o poder e mantendo a região sob autogoverno durante mais de setenta dias.

Os proponentes da fundação do Arqueológico foram movidos direta e indiretamente pelo exemplo do Instituto Histórico e Geográfico Brasileiro. Ao mesmo tempo em que o tomavam como modelo a seguir, orientando-se por objetivos comuns, seus fundadores se propunham a rememorar os fatos notáveis da peculiar história pernambucana sob uma ótica própria. No seu discurso historiográfico expressava-se o desejo de valorizar o passado de Pernambuco sem confrontar, entretanto, as estruturas do estado imperial. Ao mesmo tempo, tinha por objetivo cuidar de que os documentos, os monumentos, os vestígios do passado fossem preservados, mantidos em Pernambuco e que fossem lidos através de lentes que valorizassem os méritos do Leão do Norte.

Não esqueçamos do impacto que teve a visita do imperador Pedro II a Pernambuco em 1859. Movido pela curiosidade que sempre o caracterizou, o jovem monarca inquiriu sistematicamente sobre os locais, os fatos e as pessoas relacionadas com a guerra contra o invasor holandês em meados do século XVII. No seu diário, Pedro II revelou-se decepcionado com a "ignorância que encontro em geral nos pernambucanos da história gloriosa de sua província nessa época". Justamente para sanar essa ignorância e impedir a destruição de documentos ou a sua retirada da província foi que a proposta lançada naquele longínquo 28 de janeiro de 1862 foi subscrita por 26 sócios-fundadores num dos salões do convento do Carmo do Recife.

O Monsenhor Francisco Muniz Tavares, participante e historiador da Revolução de 1817, presidiu a instituição durante os primeiros catorze anos. Nessa primeira fase, além das discussões históricas das reuniões quinzenais, os sócios se empenharam em questões práticas: formação de uma biblioteca, localização de sítios históricos com afixação de placas e colocação de monumentos, além de intervenções para a permanência do patrimônio histórico na província com a recolha de antiguidades. Os momentos mais importantes do calendário de atividades do Arqueológico se davam nas sessões magnas que celebravam o aniversário da instituição e a Restauração Pernambucana.

O Arqueológico permaneceu no Convento do Carmo até 1874. Depois disso funcionou provisoriamente em vários locais, inclusive no Convento Franciscano do Recife. Finalmente foi transferido em 1879 para um prédio onde havia funcionado uma escola na rua da Concórdia, também no centro do Recife. Lá funcionou até 1911, quando por questões políticas a sede foi tomada e os bens sequestrados e amontoados no Ginásio Pernambucano, onde o Arqueológico esteve instalado até 1920. Neste ano se deu a transferência para a atual sede na Rua do Hospício, 130.

Em 1863 iniciou-se a publicação da Revista Trimestral do Instituto, mas sua circulação esteve interrompida por sete anos. Na sua retomada, aparece no n. 29 de 1883 a primeira colaboração de Francisco Augusto Pereira da Costa, que em seu labor incansável de pesquisa reuniu uma enorme quantidade de dados históricos sobre Pernambuco. Toda essa informação aparece, por exemplo, nos dez volumes dos *Anais Pernambucanos*, no *Dicionário de Pernambucanos Célebres* e no *Vocabulário Pernambucano*, entre outras obras obrigatórias para qualquer um que se interesse pela história de Pernambuco.

Ao longo de sua história a Revista teve sua circulação suspensa em vários momentos ou circulou sem periodicidade constante. Recentemente a Revista do Arqueológico voltou a ser publicada com regularidade. Foram reimpressos os números 59 (2002) e 61 (2005), que haviam saído com uma tiragem muito reduzida. Em 2009 foi publicado o volume 62. Em 2010 o índice geral de assuntos e autores e finalmente número 64 (2011) já veio a luz com colaborações de renomados pesquisadores. Nessa ação, tem sido fundamental o apoio da Companhia Editora de Pernambuco.

Em 1912 surgiu na história do IAHGP outra figura de proa. Aos 28 anos, Mário Melo assumiu o cargo de Secretário que ocupou até a morte, quase cinquenta anos depois. Bem relacionado com os meios jornalísticos do Recife e com bom trânsito com as autoridades do Estado, conseguiu articular junto ao governador Manoel Borba a doação do edifício onde atualmente nos instalamos. Refinado polemista, chamava a atenção diariamente para aspectos da história de Pernambuco e para a necessidade de seu cultivo e divulgação. Tornou o Arqueológico órgão consultivo obrigatório do poder municipal para nomear ou alterar as denominações dos logradouros públicos da cidade do Recife. Sob a batuta de Melo, o centenário da Revolução de 1817 foi celebrado com a reedição da obra de Muniz Tavares com comentários de Oliveira Lima, cuja presença entre os quadros do Arqueológico elevou ainda mais a qualidade dos seus trabalhos.

Foi Mário Melo quem conseguiu junto ao governo do estado que a imprensa oficial imprimisse as revistas do Instituto. Como vimos, ao longo de sua existência a revista veiculou em suas páginas artigos e documentos de absoluta importância para todo aquele que se dedica ao estudo de nossa história. Das abordagens clássicas de Pereira da Costa às mais recentes contribuições de especialistas brasileiros e estrangeiros, a revista contém material que fazem de alguns de seus números pérolas preciosas para bibliófilos e pesquisadores.

Entre 1964 e 2000 o Arqueológico foi presidido pelo professor José Antônio Gonsalves de Melo Neto. Nascido em 1916, filho do renomado psiquiatra Ulysses Pernambucano de Melo, formou-se em direito aos 21 anos. Ainda na Faculdade Direito começou a trabalhar com o mestre de Apipucos, Gilberto Freyre, atuando como o que chamaríamos hoje de "bolsista de iniciação científica". Gonsalves de Melo trabalhou então recolhendo dados documentais para Freyre. Naquela ocasião despertava o pesquisador minucioso e pachorrento, que se dedicaria intensamente ao estudo do período holandês com um diferencial importante: o absoluto domínio do idioma neerlandês antigo.

No Rio de Janeiro conviveu com José Honório Rodrigues e ao retornar ao Recife ingressou no Arqueológico em 1943, aos 27 anos de idade. Em 1947 publicou *Tempo dos flamengos*, um clássico da historiografia brasileira. Durante muitos anos, quando o deslocamento até Portugal para pesquisar era um privilégio de poucos, a documentação recolhida por ele e depositada na antiga Divisão de Pesquisa Histórica da UFPE (atual Laboratório de Pesquisa e Ensino de História), era uma das únicas opções locais de acesso às fontes sobre o período colonial. A timidez e o recato no convívio social era uma das marcas do grande pesquisador, que com extremado zelo, foi o guardião do precioso acervo do Arqueológico.

O Instituto experimentou na última década muitas mudanças. Desde o ano 2000 as diretorias se empenharam em promover a máxima abertura possível para a sociedade. Nossa instituição padece, como muitas outras do mesmo tipo, de uma crônica (e às vezes aguda também) falta de recursos. São bem conhecidos os altos custos das operações de conservação de acervos históricos. Papéis, livros, telas e móveis antigos requerem cuidados de especialistas, materiais e equipamentos especiais que custam caro. Por outro lado, nosso acervo já é grande demais para a sede que nos abriga desde a década de 20 do século passado.

O patrimônio do IAHGP compreende três grandes áreas: museológica, documental e bibliográfica-hemeroteca.

O fundo museológico teve origem em 1866 com a abertura do museu. O IAHGP passou a receber, na forma de doações ou como fiel depositário, objetos oriundos de vários particulares e entidades interessados na conservação de peças antigas. Nos seus primeiros anos funcionou como verdadeiro gabinete de curiosidades, reunindo objetos variados, como cascos de tartarugas gigantes, costelas de baleia, artefatos indígenas e de mobiliário e decoração. Estes últimos foram mantidos em exposição após as sucessivas reformas do museu, que hoje é dedicado à história e cultura de Pernambuco.

O acervo documental foi sendo enriquecido ao longo do tempo com as aquisições de José Hygino Duarte Pereira, Mário Melo, José Antônio Gonsalves de Melo, Orlando Cavalcanti, Evaldo Cabral de Mello, entre outros. Por seu pioneirismo como centro de estudos históricos na província, o IAHGP passou a receber também uma grande quantidade de documentos oriundos de várias instituições públicas, como por exemplo, as Atas da Câmara do Recife e os ofícios da Presidência da Província.

O fundo Mário Melo se compõe de uma série de documentos (cerca de 1.200) que vão do século XVI ao XX, sobre aspectos administrativos, políticos e culturais da história de Pernambuco. Outro fundo, denominado Orlando Cavalcanti, contém cerca de 160 caixas de documentos judiciais e cartorários, cerca de sessenta caixas com cartas, notas e cópias de documentos com informações de interesse para o estudo da genealogia. A coleção de códices do IAHGP inclui as Atas da Câmara do Recife (séculos XVIII e XIX), os Ofícios da Presidência da Província, as Atas do próprio IAHGP e livros eclesiásticos e cartorários diversos.

No final do século XX, o IAHGP recebeu, na qualidade de fiel depositário, mais de 100 mil documentos oriundos do Tribunal de Justiça de Pernambuco. Esse material inclui processos criminais, de falência e inventários que cobrem uma cronologia que vai de meados do século XVIII a meados do século XX. O fundo judiciário do Tribunal de Justiça de Pernambuco contém um número ainda não totalmente quantificado de documentos. Até o momento foram identificados e relacionados cerca de 9 mil inventários (séculos XVIII ao XX), 6.700 processos criminais (séculos XIX e XX), 1.700 processos de falências (séculos XIX e XX) e 7.339 processos do Tribunal da Relação (século XIX e XX). Estimamos que existam cerca de 50 mil documentos ainda não relacionados. A Fundação de Amparo à Ciência e a Tecnologia do Estado de Pernambuco tem possibilitado recursos para a recuperação, organização, catalogação e disponibilização do fundo de inventários a que já nos referimos. O acervo tem 700 metros lineares de documentos manuscritos e 850 metros lineares de acervo bibliográfico.

Outro destaque do patrimônio do IAHGP é a sua biblioteca-hemeroteca, que contém publicações da área de história, geografia, sociologia, literatura, política, arte, arqueologia, engenharia, arquitetura e antropologia, além de grande quantidade de obras de ficção e de periódicos editados no Brasil e em vários outros países. Ao longo de 150 anos, essas obras foram doadas por sócios, particulares e entidades públicas e privadas. O IAHGP recebeu, por exemplo, fundos bibliográficos do Clube de Engenharia de Pernambuco, dos falecidos sócios Orlando Cavalcanti, Silvio Paes Barreto e Zilda Fonseca, assim como do falecido sociólogo Professor Albert Guichard. Dentre as diversas obras raras que compõem o acervo bibliográfico do IAGHP destacam-se a coleção das revistas editadas pelo próprio Instituto, desde 1863 até os dias atuais, e a coleção das revistas do Instituto Histórico e Geográfico Brasileiro.

A importância do acervo do IAHGP foi reconhecida pela Unesco, que concedeu em dois anos consecutivos o título de memória do mundo a peças integrantes dos fundos pertencentes à instituição. Em 2010 foi nominado o conjunto de mapas holandeses da costa do Brasil conhecido como Atlas Vingboons. Em 2011 os documentos agraciados foram as atas da Câmara do Recife, um conjunto que compreende os códices referentes ao período que vai de 1761 a 1897. Acomodar em condições adequadas todo esse material é um dos nossos maiores desafios. Mas como sentar e lamentar não resolve os problemas, estamos nos dedicando ao máximo para fazer aquilo que for possível.

O IAHGP COMO REPOSITÓRIO DAS FONTES PARA A HISTÓRIA DO PERÍODO HOLANDÊS

Por um dessas curiosas ironias do destino, o Secretário-perpétuo Regueira Costa no seu relatório lido em 27 de janeiro de 1885, definiu o ano de 1884 como "muitíssimo estéril com relação às deliberações tomadas pelo Instituto". Não obstante a opinião do ilustre consócio, nesse ano a instituição tomou uma das decisões mais significativas de sua história. Na sessão de 15 de fevereiro de 1884 o colegiado decidiu solicitar à Assembleia Provincial uma subvenção para financiar a missão de José Hygino Duarte Pereira. Em 1875, Hygino chegou a solicitar apoio para a empreitada ao ministro do Império, o pernambucano Cons. José Bento da Cunha Figueiredo (depois Visconde de Bom Conselho). Cunha Figueiredo, entretanto, negou o pedido dizendo que o projeto era matéria de interesse somente de Pernambuco. Em 11 de março de 1884, nova solicitação deu entrada na Comissão de Petições da Assembleia.

O pedido tramitou rápido. Em 23 de março de 1884 a Assembleia proferia o seguinte posicionamento:

A Assembleia Provincial decide:

Art 1º. – De acordo com o Instituto Arqueológico e Geográfico Pernambucano, fica o Presidente da Província autorizado a incumbir a um dos membros dessa associação de ir à Holanda a fim de examinar e extrair cópias dos documentos oficiais existentes nos arquivos e bibliotecas daquele reino, relativos às lutas dos holandeses no Brasil.

Art 2º. – Para desempenho dessa comissão o Presidente da Província fica autorizado a conceder a subvenção de 7:000$ pagos integralmente ao mesmo Instituto logo que tenha reclamado.

Art 3º. – As cópias autênticas dos ditos documentos serão recolhidas ao arquivo do Instituto Arqueológico e Geográfico Pernambucano e por ele igualmente publicados.

Art 4º. – Fica o Presidente da Província autorizado a efetuar qualquer operação de crédito para execução da presente lei.

Revogadas as disposições em contrário.

Paço da Assembleia, 13 de março de 1884

Barão de Nazaré – A. de Souza Leão – Dr. José Augusto.

O parecer da Assembleia Provincial tornou-se a lei n. 1810, de em 27 de junho. Somente com o apoio estatal seria possível financiar a missão. Se os recursos do Instituto eram limitados para financiar a empreitada, abundante era a competência do sócio escolhido para desempenhar a tarefa.

José Hygino Duarte Pereira nasceu no Recife em 22 de janeiro de 1847. Formou-se em Direito em 1867 e doutorou-se em 1876. Exerceu o cargo de juiz municipal na cidade do Desterro, atual Florianópolis. Chegou a desempenhar atividade política na província de Santa Catarina, mas acabou retornando ao Recife, onde foi nomeado professor na Faculdade de Direito do Recife. Em 1878 assumiu o posto de Secretário da Presidência da Província. Quando jovem, ainda estudante, chegou a alistar-se como Voluntário da Pátria para lutar na guerra contra o Paraguai. Não foi autorizado a sentar praça por ser de compleição física

O Instituto Arqueológico e os estudos sobre o Brasil Holandês   267

frágil. Manifestava – assim como seu avô José Hygino de Miranda, participante da Revolução de 1848 – fortes tendências liberais que se aproximaram do republicanismo positivista.

Por seu interesse no período holandês e na história de forma geral, aprendeu alemão e depois neerlandês, passo indispensável para ter acesso às fontes primárias que pretendia investigar. Quando foi escolhido para viajar aos Países-Baixos em busca de papéis de interesse para a história de Pernambuco, já tinha publicado a tradução da *História ou Anais dos Feitos da Companhia privilegiada das Índias Ocidentais* de Johannes de Laet (1874), do *Diário ou narração histórica de Mateus Von den Broeck* (1875) e *A Bolsa do Brasil* (1883). Esse último texto é um interessante estudo da economia da colônia em 1647.[1]

Quando o IAHGP decidiu solicitar subvenção para a missão de investigação de Hygino alguns estudos sobre o período já haviam sido publicados. Com o beneplácito de Pedro II, o Doutor de José Caetano Silva havia realizado uma série de levantamentos nos arquivos holandeses que foram usados na obra *L'Oyapoc et L'Amazone* e geraram ainda oito volumes de documentos dos Arquivos da Casa Real e dos Estados Gerais na Haia. Esta documentação foi traduzida para o francês. Outras obras que vieram à luz antes da expedição de Hygino foram *Les Holandais au Brésil*, publicada em 1853 por P. M. Netscher e *As lutas dos holandeses no Brasil*, de autoria de Francisco Adolfo Varnhagen, publicada em 1871. Apesar disso, havia ainda muita documentação inédita e desconhecida.

Por um feliz acaso, uma grande quantidade de documentos da Companhia das Índias Ocidentais se conservou na cidade de Middelburg. Estes manuscritos não entraram no lote de cerca de 60 mil pastas de documentos vendidas – em 1821 e 1832 – como papel de descarte para diminuir custos de armazenagem. Um informe do Barão de Ramiz alertou para a existência destes papéis. Hygino enxergava neles a possibilidade de incrementar o conhecimento histórico de uma das fases

---

1   AULER, G. "Os cem anos do Instituto Arqueológico". *Revista do Instituto Histórico e Geográfico Brasileiro*. vol. 254, jan/mar, 1962, p. 53.

melhor documentadas do nosso passado. Apesar de sofrer com os "males do pulmão" agravados pelo frio na Europa, a empreitada alcançou grande êxito. Deixemos que o próprio Hygino nos fale sobre os detalhes da missão e das descobertas que realizou. Em 12 de fevereiro de 1886 o *Diário de Pernambuco* publicou um balanço escrito por ele. A citação é longa, mas elucidativa:

> *Os documentos relativos ao Brasil existentes nos arquivos Reais da Haia, já haviam sido submetidos aos cuidados e inteligente exame de dois homens de grande competência, o Senhor General Netscher e o nosso compatriota Dr. Caetano Silva, então Cônsul do Brasil na Holanda.*

> *O Senhor Netscher extraiu desses documentos os materiais de sua monografia Os Holandeses no Brasil, exclusivamente baseada em documentos de origem holandesa. O Sr. Caetano da Silva limitou-se a mandar copiar alguns desses documentos que lhe pareceram mais importantes e remeteu essas cópias ao Instituto Histórico do Rio de Janeiro. O Senhor Visconde de Porto Seguro pode utilizá-los na redação de seu livro* As lutas dos holandeses no Brasil.

> *Nessas condições parecia que uma terceira pesquisa nos Arquivos Reais não devia ser de grande utilidade. Se porém o Instituto Arqueológico pensou de modo diverso, não foi senão porque o Senhor Ramiz Galvão, num relatório que dirigiu ao governo depois da missão de que fora incumbido na Europa, assinalou a existência em Haia de documentos referentes à História do Brasil, documentos que não trataram nem o Senhor Netscher nem o Senhor Visconde do Porto Seguro.*

> *Foi no intuito de estudar esses documentos que o Instituto Arqueológico me honrou com a missão de que agora estou incumbido.*

> *Devo dizer desde logo que os resultados que já obtive vão muito além do que esperava. Nos Arquivos Reais achei o arquivo inteiramente desconhecido da Companhia das Índias Ocidentais. Os Srs. Netscher e Joaquim Caetano apenas viram as peças relativas aos arquivos dos Estados Gerais das Províncias Unidas Neerlandesas. Supunha-se perdido o arquivo da Companhia das Índias Ocidentais. Todavia*

uma parte desse arquivo existia em Middelburgo, de onde foi remetido para Amsterdã e finalmente para Haia em 1856, isto é, algum tempo depois das pesquisas do Senhor Netscher e Caetano Silva, que se referem aos anos de 1850-1854.

Demais, foi somente então que essas peças, passando do Ministério das Colônias para o do Interior, tornaram-se acessíveis ao público.

Por um acaso feliz, a parte desses arquivos assim conservado é justamente a que encerra os documentos enviados do Brasil à Assembleia dos Dezenove. Os documentos que aí se encontram representam por si sós dez ou vinte vezes o que dantes existia nos arquivos da Haia sobre a história da invasão holandesa no Brasil. É quase inútil fazer notar qual seja o alto valor histórico desses documentos, pela mor parte de origem oficial.

Nessa coleção há duas categorias principais que foram objeto de minhas pesquisas até agora. A primeira tem o título de Brieven en Papieren uit Brazilie, 1630-1654. *Essa coleção contém a série quase completa das cartas dirigidas pelo Alto Conselho do Brasil aos diretores da Companhia.*

Algumas dessas cartas são verdadeiros relatórios cheios de detalhes sobre todos os pontos relativos a administração e ao governo. As cartas do Conselho de Justiça e do Conselho de Finanças, as dos generais e dos almirantes, os diários dos capitães e comandantes de flotilhas, os atos dos sínodos da Igreja Reformada, as cartas e relatórios dos ministros dessa Igreja, os itinerários e diários de expedições feitos ao interior do Brasil, especialmente as que tinham por fim a descoberta de minas e, finalmente, uma multidão de documentos de toda espécie, remetidos como peças justificativas.

Entre as últimas chamarei a atenção do filósofo para uma coleção de cartas em tupi, remetidas por Camarão a Pedro Poty e aos outros chefes indianos aliados com os holandeses.

A segunda coleção sob o título de Notulen van den Hoogen en Secreten Raad in Brazilie, 1636-1654, *é o complemento da precedente.*

O vocábulo Notulen não significa só o que, em linguagem moderna designamos por expediente dos negócios correntes do governo, compreendem também todos os atos e resoluções do governo com suas exposições de motivos e uma espécie de diário dos acontecimentos mais notáveis. Todos os detalhes relativos ao governo político, civil ou militar, tudo o que concerne às relações entre os portugueses e holandeses, entre os protestantes, os católicos e os judeus, todos os dados sobre a situação econômica da colônia, tudo se acha ali mencionado. Nesta coleção faltam apenas alguns cadernos.

Aí se encontram as representações das câmaras dos escabinos ao Alto Conselho, as resoluções tomadas a esse propósito, tudo quanto diz respeito aos aldeamentos de índios, às fábricas de açúcar confiscadas e vendidas pela Companhia, aos impostos e sua arrecadação, aos editais publicados pelo governo, à história financeira da colônia neerlandesa, à genealogia de algumas famílias, à topografia do país, etc., etc. Enfim aí se encontra uma grande multidão de documentos autênticos e completos, e tal como é difícil que possa existir igual sobre outros períodos da história colonial do Brasil.

Não devo omitir que nesta coleção se encontram também as atas da Assembleia Legislativa composta pelos representantes das comunas e das câmaras dos escabinos das capitanias conquistadas, assembleia que funcionou nos meses de Agosto e Setembro de 1641, sob a presidência do Conde J. Maurício.

Avanço, pois, a dizer que, sem um estudo minucioso destes documentos, será impossível obter os esclarecimentos necessários para escrever uma história verdadeiramente autêntica da invasão holandesa do Brasil.

Esses papéis compreendem duas coleções, a primeira contém grande número de documentos de toda espécie, alguns dos quais em português. Mencionarei as cartas em latim e português de Gaspar Dias Ferreira. Este homem, bastante inteligente, fez fortuna no Brasil, chegou a uma alta posição na colônia e exerceu grande influência no espírito do conde de Nassau, a quem acompanhou na sua volta para Holanda, onde se naturalizou holandês, o que não evitou que alguns anos depois fosse condenado como traidor. Entre suas cartas há uma em que ele refere à visita que fez ao celebre BARLEUS, a pedido do Conde, a fim de dar-lhe informações sobre o Brasil. Em outra carta, ele dá notícias do Brasil, fala da revolta de Pernambuco e emite um juízo sobre Fernandes Vieira.

Do mesmo Ferreira encontrei dois relatórios acerca da situação de Pernambuco, nos quais demonstra ele que a Companhia não podia manter sua conquista no Brasil e que ademais esta não apresentava interesse real. Salvo no ponto de vista da linguagem, esses relatórios não são inferiores ao célebre papel forte de Antônio Vieira.

A segunda coleção refere-se aos quarenta quadros trazidos do Brasil pelo conde de Nassau e por estes oferecidos a Luís XIV. Ignorava-se até agora qual fora o destino dos grandes quadros pintados no Brasil por Frans Post e cinco outros artistas que o Conde levara consigo. Os documentos de que falo dizem expressamente que o Conde os deu de presente a Luís XIV, que os colocou no Louvre. Estarão eles ainda ali? Não posso dizê-lo.

Devo ainda assinalar a bem interessante coleção das plantas e desenhos relativos ao Brasil, que possui o Arquivo Real da Haia. Essas plantas foram levantadas pelos engenheiros da companhia. Mandei tirar cópia de todas as que pude comprar ao livreiro Frederico Muller, de Amsterdã, uma coleção de 47 plantas manuscritas, todos os quais provavelmente pertenceram à Companhia, ou a algum de seus tribunais.

Os resultados da missão foram apresentados em maiores detalhes num discurso de três horas proferido por Hygino no IAHGP em 9 de maio de 1886. Apesar da magnitude da iniciativa e dos seus impressionantes resultados, as dissensões políticas impediram que José Hygino pudesse ter mais tempo de pesquisa na Europa. Sua militância republicana atiçou o revanchismo de opositores políticos. Em 3 de janeiro de 1886 Hygino havia sido comunicado de que por ordem do Inspetor da Tesouraria de Pernambuco – o Barão de Mamoré, na altura ministro do Império – seu salário de professor da Faculdade de Direito havia sido suspenso.

Logo após a longa fala de Hygino, Maximiano Lopes Machado proferiu um discurso de desagravo ao pesquisador pernambucano. Destacou com a retórica característica da época os principais fatos da presença holandesa em Pernambuco. Destacou que a visão parcial de Varnhagen sobre a história da província precisava ser repensada e para isso estava o Instituto formado. Manifestando seu total repúdio pela suspensão dos vencimentos de Hygino expressou: "Já vimos, Senhores, que um ministro de Estado e senador de Pernambuco nos trancara a porta da aquisição de elementos viçosos e robustos que dissipassem as dúvidas e erros da história, e expusessem ao mesmo tempo à imaginação as fontes da poesia e literatura nacional. Veio outro, malgrado o dizermos, também do Norte, como um tufão esterilizador, arrancar pela raiz a arvorezinha que cultivávamos com esmero, quando principiava a dar os seus primeiros frutos! Não há de duvidar: o cancro da centralização política e administrativa estende as suas raízes ao cérebro do Norte!". Lopes Machado agradeceu ainda a João Alfredo Correia de Oliveira pela fundamental ajuda na repatriação de Hygino e defendeu a urgência da publicação do material na Revista.[2]

Vários destes documentos foram publicados nos números seguintes da Revista. O próprio Hygino se encarregou de traduzir alguns deles. Em 1887, o IAGP enviou petição de recursos à mesma Assembleia Provincial para providenciar a tradução do conjunto completo, com a intenção de ampliar o acesso àquelas fontes aos pesquisadores que não eram versados no idioma neerlandês. Foi importante nessa ação o apoio do Dr. Manoel do Nascimento Machado Portela.[3] No que tange à contribuição de Hygino para o conhecimento do período holandês, é inegável que ele representa um marco. Apesar de não ter chegado a produzir uma história do período que tanto lhe seduzia, sua missão aos Países-Baixos transformou o IAGP num referencial obrigatório no que tange aos estudos do Brasil holandês.

O trabalho de Hygino não recebeu nenhum apoio do governo central. Apesar disso, afirma José Antônio Gonsalves de Mello, "pelo volume de documentação que trouxe em cópias para o Brasil, foi o maior até

---

2 Discurso de Maximiliano Lopes Machado na sessão especial de 9 de maio de 1886. *Revista do IAGP*, n. 30, p. 125.

3 Relatório do 1º Secretário do IAGP referente ao ano de 1887 lido na Sessão Magna de 1888.

O Instituto Arqueológico e os estudos sobre o Brasil Holandês   273

então realizado pelo nosso país na Europa, inclusive pelos protegidos do Imperador".[4] Com a chegada da República, Hygino retornou ao exercício da política elegendo-se senador por Pernambuco. Participou ativamente da elaboração da Constituição de 1891. No governo Floriano Peixoto foi ministro da justiça (23/11/1891-10/02/1892). Ocupou ainda as pastas do Interior e da Instrução Pública. No Supremo Tribunal Federal atuou como ministro, posto que deixou para exercer a advocacia na capital da República. Mas não era o fim da vida de homem público. Foi encarregado de elaborar uma Consolidação das Leis da Justiça Federal. Em 1901 viajou ao México como Delegado Enviado Extraordinário e Ministro Plenipotenciário do Brasil na Segunda Conferência Pan-Americana, na qual ocupou a vice-presidência. Faleceu na Cidade do México com quase 54 anos.

O IAHGP E AS LEITURAS DO PERÍODO HOLANDÊS

Com a chegada da documentação copiada por Hygino na Holanda, finalmente foi possível realizar uma abordagem do período holandês pelo viés da crítica histórica. Até então, o período havia sido encarado de formas distintas – ora sendo absolutamente "demonizado", ora sendo tratado com maior simpatia pelo invasor batavo – mas sempre a partir de relatos produzidos pelas partes em contenda ou pelas fontes em língua portuguesa. O *Valeroso Lucideno*, relato de Frei Manuel Calado, por exemplo, demonstrava uma nítida simpatia pela figura de Nassau. Calado chegou a comparar o conde alemão com Santo Antônio, tamanha era a sua preocupação em atender a algumas das reivindicações e necessidades dos colonos luso-brasileiros. Não obstante, Calado demarca bem a diferença entre Nassau e a Companhia, dando como negativo o resultado final da experiência colonial holandesa em Pernambuco.

Rafael de Jesus, no *Castrioto Lusitano*, não faz nenhuma concessão ao período holandês, incluindo o próprio Nassau no perfil materialista e cúpido dos invasores da Companhia das Índias Ocidentais. Diogo Lopes de Santiago propõe uma condenação ampla do invasor, ressal-

---

4   Mello, J. A. Gonsalves de. *A Universidade do Recife e a pesquisa histórica.*

tando apenas as capacidades de estrategista de Nassau. Entre os três, prevaleceu a visão essencialmente negativa do *Castrioto*, influenciando as gerações seguintes de comentadores, que viam no holandês um invasor ganancioso, imediatista e, além de tudo, herege calvinista. A visão negativa em relação a tudo que era holandês fez com que até mesmo as contribuições nos estudos da natureza fossem relegadas a um segundo plano, apesar de seu pioneirismo na América portuguesa.

Não obstante, com o passar das décadas, formou-se entre a opinião popular a ideia da época holandesa como um tempo mítico de localização indefinida num passado longínquo: um *"tempo dos flamengos"*. Tempo ao qual se atribuía todo o vestígio físico do passado cuja explicação não era conhecida, incluindo-se aí edificações tão luso-brasileiras como templos católicos ou obras de infraestrutura, tais como açudes e pontes. Tudo que era grandioso, antigo, durável, bem-feito e de origens obscuras passou a ser obra de holandês na imaginação popular. Imaginação que recheou de túneis e passagens secretas os subterrâneos de Pernambuco, particularmente os do Recife e Olinda.

Essas memórias populares começaram a ser registradas no discurso escrito no século XIX. Afirma Evaldo Cabral de Mello que

> do magma da oralidade, a memória do período holandês começou a desprender-se, em começos de Oitocentos, por obra e graça dos viajantes estrangeiros, aptos a registrarem um discurso subterrâneo. Aquela altura, a imaginação popular transformara o domínio batavo em "tempo dos flamengos", tempo antes mítico que histórico, em que a terra fora assenhoreada por "uma raça antiquíssima, fabulosamente rica, dotada de prodigioso engenho e capaz de realizar obras colossais".

Delineava-se entre os estratos populares a curiosa tendência verificada em Pernambuco – mesmo entre aqueles que tiveram acesso a maior

O Instituto Arqueológico e os estudos sobre o Brasil Holandês   275

cabedal formativo – de dividir-se entre o culto dos heróis restauradores e de uma certa "nostalgia nassoviana".[5]

O fim do período colonial e a emancipação política do Brasil permitiram que se tomasse uma maior distância em relação ao colonizador português. Daí que começaram a emergir novas percepções a respeito do que não era português na formação histórica do Brasil, com destaque para o período holandês. Abreu e Lima, por exemplo, reabilitou a visão simpática a Nassau, confrontando a sua administração com a visão de curtíssimo prazo da Companhia das Índias Ocidentais. Apesar disso, Abreu e Lima – tanto no *Compêndio da História do Brasil* de 1842, como na *Sinopse Histórica* de 1845 – formulou, mesmo que de maneira sumária, uma opinião positiva em relação a todo o período, rompendo os limites da administração nassoviana.

A tendência se nota também na obra de Fernandes Gama *Memórias históricas da Província de Pernambuco*. Ainda segundo Evaldo Cabral de Mello, "Fernandes Gama iniciou a reabilitação historiográfica do domínio batavo, segredada na clandestinidade da tradição oral, derrubando a compartimentação entre a figura de Nassau e o Brasil holandês". Gama reforçou o culto aos Restauradores e sua luta, mas elogiou o espírito ativo, curioso e empreendedor do conquistador holandês. O autor em questão chegou a afirmar que se os holandeses "tivessem mais visão política e menos ambição, talvez que os pernambucanos, formando com eles um só povo, em lugar de os expulsarem do país, cuidassem somente em sacudir o jugo europeu".[6]

Tratar do tema em Pernambuco não era tarefa fácil. Sobre a província pesava, desde 1817, a pecha do separatismo. Do governo central sempre emanou a preocupação sobre o que se passava em Pernambuco, onde vários viajantes e observadores notaram a constante agitação

---

5   Mello, E. C. de. *Rubro Veio: o imaginário da Restauração Pernambucana*. 2ª ed. São Paulo: Topbooks, 1997, p. 305.

6   Fernandes Gama, J. B. *Memórias históricas da Província de Pernambuco*. Recife: Arquivo Público Estadual, 1977, vol. I, p. 181-182; vol. III, p. 226 e 273.

subterrânea da contestação aos poderes centrais. Alguns conselheiros imperiais chegaram a sugerir ao Imperador que transferisse a Corte durante algum tempo para o Norte, com o fim de serenar os ânimos. Nesse contexto, e depois de um histórico de movimentos com variados perfis de base, mas sempre de afrontamento aos ditames do Rio de Janeiro, elogiar o período holandês podia ser equiparado a um questionamento da unidade do Império.

A opinião de Varnhagen sobre o período – leia-se, o discurso historiográfico oficial da Corte – se estribava na ideia de que o que havia de positivo no final das contas era a própria guerra contra o invasor, e não a dominação batava, como chegaram a cogitar Abreu e Lima e Fernandes Gama. Para Varnhagen, a união frente ao invasor calvinista reforçara a tendência à unidade do futuro império, que como Estado sucessor de Portugal na América, beneficiou-se da não fragmentação territorial, coisa que seria inevitável houvessem os holandeses permanecido no norte da colônia. Logo, o espaço para juízos positivos sobre o período era limitado pelos condicionamentos políticos e ideológicos impostos pela ordem imperial vigente.

Em Pernambuco, a situação era duplamente complicada. Primeiro, como referimos antes, pela desconfiança que pairava sobre a província. Segundo, porque a Restauração era considerada como o fato fundacional do espírito de contestação e irredentismo que caracterizava Pernambuco e o distinguia entre as outras províncias. Já vimos que a data escolhida para a fundação do Instituto Arqueológico faz referência direta à Restauração. Para Muniz Tavares, no calendário cívico nacional, o 27 de janeiro somente seria menos importante que o 7 de setembro. Nos seus anos iniciais, não houve espaço nas discussões promovidas pelo Instituto para qualquer revisionismo sobre o período holandês, uma vez que isso tocava diretamente o espírito nativista.

O cenário começou a se modificar ao final do primeiro decênio de vida do Instituto. O primeiro passo se deu na celebração de janeiro de 1872, quando se instalou o obelisco comemorativo no Arraial Novo do

Bom Jesus. Na ocasião, o orador do Instituto foi o professor Aprígio Guimarães, figura umbilicalmente ligada ao pensamento liberal. Como não podia deixar de ser, Guimarães rendeu seu louvor à gesta dos Restauradores, mas também registrou o seu elogio ao colonizador holandês: "por não quererem exterminar-nos (como os portugueses exterminaram os aborígenes) [...], por guardarem uma política humana e civilizadora foi que os holandeses perderam suas possessões brasileiras".[7] Ao mesmo tempo, criticou os rumos políticos tomados pela capitania: "houve muito de saber morrer, o que é glorioso, mas houve pouco de saber ser livre, o que é deplorável". A opinião de Aprígio Guimarães provocou um debate sobre o tema entre os próprios integrantes do Instituto. Anos depois, em 1876, quando de sua posse como sócio do IAGP, Pereira da Costa provocou fortes reações com um discurso ainda mais polêmico.

A ideia central do discurso do jovem historiador Pereira da Costa era que os integrantes do Instituto se equivocavam quando reduziam suas manifestações acerca do período holandês a diatribes contra o invasor batavo e a loas à ação de Fernandes Vieira, encarando a Restauração de forma muito idealizada. Pereira da Costa, afrontando diretamente a opinião de Muniz Tavares, acreditava que o 27 de janeiro não era data para celebrações, pois na ocasião da rendição holandesa, perdeu-se a oportunidade de romper os laços coloniais com a Europa. "O 27 de janeiro não nos pertence. Pertence-nos tanto como o 1º de dezembro de 1640, quando passamos do domínio espanhol para o português".

Para Pereira da Costa, a Restauração teria sido em última instância negativa para Pernambuco: "a expulsão dos holandeses foi de tão graves prejuízos para o Brasil como foi para a Espanha a expulsão dos mouros". Exagerando em alguns aspectos e equivocando-se em outros, Pereira da Costa destacou uma série de ações positivas realizadas pelos holandeses em Pernambuco, promovendo em 24 anos melhoramentos que os portugueses não fizeram em três séculos. Frente ao fanatismo e à

---

7   Discurso lido na inauguração da coluna comemorativa do Arraial Novo. *Revista do Instituto Archeologico e Geographico Pernambucano*, n. 23, p. 711 e ss.

intolerância dos ibéricos, destacava a liberdade de consciência que vigorou durante o período. "Já agora podemos dizer que o Brasil seria muito mais feliz e seria mesmo hoje a primeira potência da América se tivéssemos sido colonos holandeses". Para Evaldo Cabral de Mello, Pereira da Costa idealizava o período, colocando em seu discurso afirmações que na maturidade ele não endossaria.

O discurso foi recebido com hostilidade pela colônia portuguesa no Recife, que se manifestou acidamente através da imprensa local. No próprio Instituto ocorreram reações. Maximiano Lopes Machado foi encarregado de apresentar uma refutação a Pereira da Costa. Pouco mais de um mês depois do estremecedor pronunciamento do recém-ingresso, Lopes leu suas considerações na sessão do Instituto de 20 de julho de 1876. O historiador paraibano apontou que não era a primeira vez que se observava o período holandês por um viés positivo e assinalou alguns enganos cometidos por Pereira da Costa, como por exemplo, a referência à existência de imprensa em Pernambuco durante o domínio batavo ou a confusão no entendimento da prática de livre comércio. Mas a polêmica não se encerrou por aí.

No mês seguinte, agosto de 1876, uma comissão formada pelos sócios Cícero Peregrino e José Domingues Codeceira produziu um arrazoado sobre o polêmico discurso. Nele destacaram que a ideia central de Pereira da Costa era contrária ao espírito da celebração magna do Instituto. Discordavam de que fora um erro expulsar os holandeses e voltar ao domínio português. Não obstante, reconheciam que comparando o desenvolvimento de Portugal e da Holanda na época em que viviam, constatava-se a superioridade desta última nação.

A comissão considerou que não cabia a ela emitir opinião sobre o valor do discurso de Pereira da Costa. O seu arrazoado opta por uma fórmula claramente conciliadora:

> O ilustre autor do discurso fez a este Instituto uma censura. Devemos agradecer-lhe a sinceridade de suas expressões. Concluindo, a Comissão na impossibilidade de expor opinião segura acerca da questão principal oferece os seguintes problemas:

O Instituto Arqueológico e os estudos sobre o Brasil Holandês   279

> qual era a população portuguesa e holandesa em toda a colô-
> nia holandesa? O domínio holandês se limitaria ao território
> ocupado? Dispunham os holandeses de melhores elementos de
> civilização e progresso do que os portugueses? Continuando
> o domínio holandês, continuaria a corrente de imigração por-
> tuguesa? Continuariam as capitanias ocupadas sob o domínio
> holandês, ou teriam se libertado da nova metrópole?

Como se nota, as questões propostas na verdade repousavam no âmbito das suposições, da história do que poderia ter sido, ou recaíam no
campo do subjetivo.[8]

Mesmo com a polêmica e as reações, o discurso de Pereira da Costa
lançou sementes em solo receptivo e irrigado *a posteriori* com as cópias
trazidas por José Hygino dez anos depois. Não por acaso, Alfredo de
Carvalho, em seu relatório divulgado em 1902 sobre os primeiros 40
anos de vida do IAGP, lançou críticas à polarização do discurso sobre
o período holandês dentro da instituição. Informava Alfredo de Carvalho que na fase inicial do Arqueológico "zelou-se exclusivamente de
glorificar os heróis da Guerra da Restauração e deprimir os invasores
batavos, empenho em que um falso patriotismo desprezou a verecún-
dia dos fatos". Com a missão de Hygino, "o Instituto fez-se holandês e
dele emanou uma corrente de opinião, tão espúria quanto a primeira,
expressa por uma vaga e mal-definida nostalgia do domínio neerlandês,
cuja ruína era de bom tom carpir-se".

Influenciado pelos métodos germânicos da crítica documental e
da narrativa histórica, Carvalho propôs que o Instituto abandonasse
as temáticas até então incessantemente tratadas e discutidas, prestan-
do atenção em outros momentos do passado pernambucano, mesmo
aqueles nos quais a ausência de heróis ou de confrontações de grande
monta constituíssem uma aparência de calmaria a-histórica.[9] Em relação

---

8   Arrazoado lido em 14 set 1876 pela comissão designada para analisar o discurso de
    F. A. Pereira da Costa proferido em 1 jun 1876. Arquivo do IAHGP.

9   Para maiores detalhes sobre a questão, ver: MELLO, *op. cit.*, p. 289 e ss.

ao período holandês, assim como José Hygino Duarte Pereira, Alfredo de Carvalho não conseguiu materializar o plano de realizar uma obra de referência de maior fôlego, uma história abrangente do período. A tarefa só viria a ser cumprida quando já se encontrava bem avançado o século XX, pela mão de outra figura chave da história do Instituto, o Professor José Antônio Gonsalves de Mello.

REFERÊNCIAS BIBLIOGRÁFICAS

AULER, G. "Os cem anos do Instituto Arqueológico". *Revista do Instituto Histórico e Geográfico Brasileiro*. vol. 254, jan/mar, 1962.

Discurso de Maximiliano Lopes Machado na sessão especial de 9 de maio de 1886. *Revista do IAGP*, n. 30.

Discurso lido na inauguração da coluna comemorativa do Arraial Novo. *Revista do Instituto Archeologico e Geographico Pernambucano*, n. 23, p. 711 e ss.

FERNANDES GAMA, J. B. *Memórias Históricas da Província de Pernambuco*. Recife: Arquivo Público Estadual, 1977, vol. I.

MELLO, E. C. De. *Rubro Veio: O Imaginário Da Restauração Pernambucana*. 2ª ed. São Paulo: Topbooks, 1997.

MELLO, José Antônio Gonsalves de, 1916-2002. *A Universidade do Recife e a pesquisa histórica*. Recife: Imprensa Universitária, 1959.

Relatório do 1º Secretário do IAGP referente ao ano de 1887 lido na Sessão Magna de 1888.

SANTOS PÉREZ, José Manuel; SOUZA, George F. Cabral de. *El desafío holandés al dominio ibérico en Brasil en el siglo XVII*. Salamanca [Espanha]: Ediciones Universidad de Salamanca, 2006.

O Museu-Sinagoga Kahal Zur Israel e a Memória Holandesa em Pernambuco

Daniel de Oliveira Breda

Vice-Presidente, Arquivo Histórico Judaico de Pernambuco

PATRIMÔNIO CULTURAL COMPARTILHADO

O *I Colóquio Internacional sobre o Brasil Holandês: História, Memória e Patrimônio compartilhado*, realizado no Instituto Ricardo Brennand, Recife, entre 16 e 19 de novembro de 2011, foi um evento que não somente resultou do esforço e engajamento de diversas instituições, como subscreveu-se a um amplo leque de eventos e ações sob a égide do programa promovido pelo governo dos Países Baixos intitulado "Patrimônio Cultural Compartilhado" (*Gemeenschappelijk Cultureel Erfgoed Programma*, em neerlandês). Subscreveu-se por ter sido em certa medida inspirado pelo programa, e enfim, patrocinado pelo mesmo. Iniciado em 2009, e promovido pelos ministérios de Educação, Cultura e Ciência, assim como o de Relações Exteriores, o Programa disponibilizou um orçamento plurianual para o incentivo à pesquisa, divulgação e preservação daquilo que elege-se como um patrimônio cultural que, fundamentalmente, remete a uma experiência do passado neerlandês com outros

282 Brasil Holandês: história, memória e patrimônio compartilhado

"países".[1] Em comunicado de 2009 em que se explicita o escopo da política para o tema, o governo neerlandês expressou que:

> Entendemos por Patrimônio Cultural Compartilhado reminiscências do passado que os Neerlandeses compartilharam com outros: edifícios, arquivos, naufrágios, objetos museais e patrimônio imaterial.[2]

O uso da expressão "outros" (*andere*, no original neerlandês), é por um lado menos problemática em termos de determinação nacional, mas sugere uma série de interessantes questões. É sabido amplamente, e facilmente detectável na literatura sobre a história da expansão mercantil

---

[1] Ou, se quisermos evitar o anacronismo, outras regiões do planeta cujo território hoje encerra-se em uma unidade nacional. O programa se enquadra numa política cultural oficial neerlandesa que enxerga na realização de tais ações uma ampla possibilidade de cooperação e um efeito multiplicador de ações de escopo cultural, técnico e científico, além de diplomático, com oito países nomeados "prioritários", a saber, Brasil, Gana, Índia, Indonésia, Rússia, Sri Lanka, África do Sul e Suriname. Evidentemente, estas unidades nacionais, da forma como configuram-se hoje, não necessariamente identificam-se com o seu passado de uma perspectiva de soberania nacional. Não podemos dizer que a experiência neerlandesa do século XVII na costa nordeste do Brasil (nordeste com "n" minúsculo, uma referência cardeal) foi uma experiência com o "povo" brasileiro; ao menos não com uma possível unidade que representa a população brasileira hoje. Entretanto, esta discussão ensejaria um longo percurso sobre a questão da memória da nação, sobre se a população luso-brasileira do século XVII no Brasil seria suficientemente demarcada como a origem deste assim nomeado povo. Uma discussão deveras pertinente, mas não cabível neste espaço. Uma referência importante, porém, deve ser mencionada: a relutante história das ideias de Evaldo Cabral de Mello, que desconstrói (embora ele provavelmente desaprove o termo) o procedimento arquivamento da presença holandesa no nordeste do Brasil, ora como invasão, ora como ciclo, ou período, demonstrando a construção de um discurso que criaria o suporte para a tessitura da ideia de nação embrionária no passado colonial, e também o uso preciso e deliberado desta história para fins políticos. MELLO, Evaldo Cabral. *Rubro Veio – o imaginário da restauração pernambucana*. 2ª ed. Rio de Janeiro: Topbooks, 1997.

[2] "BELEIDSKADER Voor Het Gemeenschappelijk Cultureel Erfgoed-Programma 2009-2012". Den Haag: Ministerie van Onderwijs, Cultuur en Wetenschap/Ministerie van Buitenlandse Zaken, 2009, p. 1. Disponível em: www.rijksoverheid.nl/bestanden/documenten-en-publicaties/notas/2009/07/14/beleidskader-gemeenschappelijk-cultureel-erfgoed-2009-2012/beleidskader-gemeenschappelijk-cultureel-erfgoed-2.pdf.

e colonização neerlandesa, que uma parte significativa das pessoas que participaram das empreitadas transoceânicas sob bandeira holandesa tinham origem geográfica bastante difusa. Alemães, escandinavos, ingleses, franceses, dentre outros, foram atores em diversos aspectos da expansão ultramarina neerlandesa. Poder-se-ia citar inúmeros exemplos, desde o caleidoscópio de procedência geográfica dos militares lutando sob a bandeira das Províncias Unidas, desde a soldadesca até o oficialato,[3] cujos relatos, relatórios, mapas e desenhos de viagens e batalhas, deverão ser considerados patrimônio da experiência neerlandesa, embora processados por pessoas que também poderiam ser consideradas "outros". Mesmo na esfera intelectual, tome-se o exemplo de Georg Marcgraf, alemão que executou importantíssimas pesquisas de ordem zoobotânica e astronômica no Brasil, sob a efígie da dominação neerlandesa.

Não trago a discussão para procurar invalidar ou diminuir o sentido do conceito de patrimônio compartilhado; a intenção é apenas problematizá-lo para trazer à tona a complexidade que envolve a terminologia. Isto poderia levar a uma discussão sobre se um mapa desenhado por um oficial como o Coronel Asciszerwski a serviço da Companhia das Índias Ocidentais (WIC) também envolveria uma parcela de patrimônio polonês; ou se as cartas do conde alemão Johan Maurtiz von Nassau, enquanto governador das conquistas da WIC no Brasil, escritas em francês e dirigidas aos dirigentes da Companhia, envolveriam então quatro países! Esta discussão seria provavelmente infértil, talvez infeliz.

Parece suficientemente evidente que o conceito de patrimônio compartilhado aloca-se no esteio da atuação da *unidade política dos Países Baixos* e o que quer que estivesse envolvido em suas atividades. O patrimônio não pode encerrar aí um caráter ontológico, mas político. Assim como os indivíduos de outras procedências geográficas não podem *per si* trazer consigo a insígnia de sua bagagem cultural para repercutir em uma determinação de que seus feitos afiliam-se a outra realidade na-

---

3 Para uma recente e detida análise: Miranda, Bruno R. Ferreira. *Gente de guerra: Origem, cotidiano e resistência dos soldados do exército da Companhia das Índias Ocidentais no Brasil (1630-1654)*. Leiden: Universiteit Leiden, 2011.

cional. Na acepção do Programa Patrimônio Cultural Compartilhado, o que é mais importante é o suporte do conceito histórico, e este não se reduzindo ao indivíduo.

Se há ou houve tensões relativas à afiliação do patrimônio produzido por indivíduos não neerlandeses, é um tema que não queremos também escrutinar aqui. Entretanto, para os fins deste artigo, a questão desenrola-se em outra: e quando trata-se de uma comunidade com códigos de conduta, religião, língua afins ao lugar-comum do neerlandês do século XVII (outro conceito difícil de definir). Mais precisamente, e quando trata-se da comunidade de judeus sefaradim?

UM ARCONTE JUDAICO, PEDRAS FRÍSIAS

O museu-sinagoga Kahal Zur Israel foi inaugurado em 2001 sob a denominação de Centro Cultural Judaico de Pernambuco, abrigando em seu interior o Arquivo Histórico Judaico de Pernambuco. O museu ocupa o edifício que, entre os anos de 1642 e 1654, no período da ocupação neerlandesa no Recife, funcionou como a sinagoga Kahal Zur Israel, sabidamente a primeira sinagoga do continente americano.

O museu, como seu nome oficial denota, está relacionado diretamente à comunidade judaica existente na cidade do Recife em princípio do século XXI, sendo gerido por ela. Assim, poderíamos até subscrever o museu à orientação geral da ideia de um museu comunitário:

> O museu é uma instituição a serviço da sociedade na qual é parte integrante e que possui em si próprio os elementos que lhe permitem participar na formação das consciências das comunidades a que serve.[4]

E como parte integrante da institucionalidade da comunidade judaica, certamente posiciona-se em seu papel de guardião da memória

---

4   ICOM (International Council of Museums). Documento da Mesa-Redonda de Santiago do Chile. Santiago do Chile, 1972. *Apud*: Santos, Maria Célia T. Moura. *Encontros museológicos: reflexões sobre a museologia, a educação e o museu*. Rio de Janeiro: MinC/IPHAN/DEMO, 2008, p. 85

da mesma. Aí, extrapola o conceito primeiro de sua definição museológica, e, mais que a Kahal Zur Israel do século XVII, é o espaço para a afirmação de uma judeidade que identifica os sefaradim dos Seiscentos aos ashkenazim do presente.[5] A instituição abriga a possibilidade de uma abordagem diacrônica da história judaica, remetendo à comunidade do passado colonial, e saltando o hiato entre ela e o presente, também oferecendo-se como espaço à comunidade do século XXI. E já aí fica evidente o seu caráter arcôntico.

Ao emergir como receptáculo da memória judaica, centro cultural da comunidade judaica do estado de Pernambuco, a instituição processou, e processa, uma operação museológica de consignação, no sentido de atribuição de sentido.[6] Se o edifício possui uma complexidade arquitetônica e histórica, tendo sido palco e cenário de vários tempos e personagens históricos, tudo isto foi elidido em favor de um suporte funcional, a saber, o de museu da comunidade.

As escavações que se levaram a cabo entre 1999 e 2000 assumem então um papel duplamente arqueológico. Tecnicamente, através da equipe

---

5   A comunidade judaica do Recife no período neerlandês (1630-54) era formada em sua maioria por judeus sefaradim; a procedência inicial dos sefaradim é a Península Ibérica, de onde iniciou-se uma ampla diáspora no final do século XV, após expulsão dos judeus de Espanha e Portugal. Os imigrantes judeus para em Amsterdam em finais do século XVI eram, na sua maioria, desta procedência; deram origem à comunidade judaica daquela cidade, que permaneceu de maioria sefaradi por todo o século XVII. Os ashkenazim, judeus de procedência alemã e leste europeia, como um todo, foram maioria dentre os imigrantes que passaram ao Brasil e ao Recife desde finais do século XIX. A comunidade judaica do Recife no início do século XXI é formada por uma maioria de descendentes daqueles imigrantes. Não há continuidade institucional ou genealógica entre as comunidades mencionadas, do século XVII e do dos séculos XX e XXI.

6   "A *consignação* tende a coordenar um único *corpus* em um sistema ou uma sincronia na qual todos os elementos articulam a unidade de uma configuração ideal. Num arquivo, não deve haver dissociação absoluta, heterogeneidade ou *segredo* que viesse a separar (*secernere*), compartimentar de modo absoluto. O princípio arcôntico do arquivo é também um princípio de consignação, isto é, de reunião." DERRIDA, Jacques. *Mal de arquivo: uma impressão freudiana*. Rio de Janeiro: Relume Dumará, 2001, p. 14, 31, 123.

do Laboratório de Arqueologia da UFPE, o emprego da técnica científica leva à revelação estratigráfica de diversos períodos e acontecimentos históricos.[7] Porém, numa escancarada parábola arqueológica,[8] tanto o processo interpretativo da ciência arqueológica como a implementação do museu, elidem tudo o que não é século XVII, o que não é sinagoga, e buscando o *arkhê ontológico*, a origem da vida judaica nas Américas, materializa-se o *arkhê nomológico*, quando a musealização dá conta de que todo o sentido produzido no espaço seja remetido ao patrimônio judaico.

Com esta desconstrução do processo museal, talvez por demais breve, pretendemos sobretudo evidenciar que, se por uma lado a instituição consegue facilmente superar o *arkhê* sefaradim, para tornar-se um museu "universalmente judaico", por outro, enuncia de maneira discretíssima a complexidade que veio à tona com as pesquisas. O arquivo se apaga para deixar a origem "falar por si própria".[9] E assim o museu parece tornar-se tão-somente um monumento do judaísmo, quando encerra possibilidades múltiplas de arquivo, como, por exemplo, a história urbana, a história do porto, as políticas de reabilitação do bairro do Recife Antigo, a legislação patrimonial, e por fim, o tema mesmo do que propomos a discutir aqui, o patrimônio cultural compartilhado entre Brasil e Holanda.

Entre Brasil, Holanda e Israel.[10] Afinal, quando o procedimento arqueológico busca chegar à camada estratigráfica identificável como "tijolos frísios [Frísia, província setentrional dos Países Baixos] do século XVII" já haviam sido descartados seis outros tipos de tijoleira sobrepostas e formando pisos referentes a períodos diferentes (século XVIII, XIX e XX),[11] assim como não havia intenção de seguir adiante a extração dos pisos, pois, o sentido da escavação, o *arkhê* que se buscava, estava ali: o

---

7 ALBUQUERQUE, Marcos. *Projeto Escavação Arqueológica da Sinagoga Kahal Zur Israel: Relatório Parcial*. Recife: mimeo. Abril de 2000.

8 DERRIDA, *op. cit.*, p. 120.

9 *Idem.*

10 Não o país fundado em 1948, mas o povo israelita, ou a etnia judaica.

11 ALBUQUERQUE, *op. cit.*

piso da sinagoga. Não era o solo lamacento da margem do Beberibe no século XVII que se buscava, o arconte não era geólogo. Nem interessava a tijoleiro do século XIX, o arconte não era a memória do banco que ali funcionou. O arconte é a instituição Centro Cultural Judaico.

Portanto, este recorte específico gera uma exposição permanente, um estabelecimento institucional, uma agenda de pesquisas, voltada fundamentalmente para a questão judaica. Mas esta questão judaica está intimamente relacionada, e esta é uma consignação fundamental do museu, à presença neerlandesa, pois afinal trata-se do primeiro período de tolerância oficial à prática do judaísmo no Brasil. *Graças à presença neerlandesa.* Isto já nos bastaria para iniciarmos uma discussão sobre um patrimônio imaterial (a memória desta tolerância e suas repercussões para a história do Brasil e do judaísmo neste, por exemplo), e também material (a documentação sobre esta comunidade, guardada em arquivos neerlandeses), sempre relacionando de maneira tripartite, o entrelaçamento da história judaica com a neerlandesa e a brasileira.

Mas as pedras do Museu-sinagoga Kahal Zur Israel são um arquivo de uma complexidade ainda maior. Eis o objetivo da desconstrução do arconte neste artigo: fazer o arquivo perder-se em uma multiplicidade de sentidos, para que ganhe uma multiplicidade de apreciações.

"ENTUPIRAM E FURTARAM NO RIO OS DITOS CHÃOS"

Como mencionamos anteriormente, uma primeira contribuição que a análise do arquivo patrimonial do museu sinagoga Kahal Zur Israel oferece, diz respeito à geografia do Recife e, no sentido do patrimônio compartilhado, à influência neerlandesa na mesma. A rua em que o museu hoje localiza-se é a Rua do Bom Jesus. Durante alguns anos do século XVII ela foi chamada de Rua dos Judeus (*Jodenstraat*). O nome, não à toa, remete à construção e ocupação da maior parte do casario da mesma por membros da comunidade judaica.

Uma análise comparativa das peças cartográficas disponíveis sobre o período indicam que, antes de 1630, o terreno hoje ocupado pelo casario do lado oeste da rua, onde está a sinagoga, eram a margem do rio. Um mapa de 1639[12] nos mostra uma série de casas completamente novas às margens do Rio Beberibe. A sobreposição dos mapas de 1639 e 1637[13] confirma que os terrenos daquelas casas não existiam em 1637. Em outubro de 1638, fez-se um levantamento de diversas ruas do Recife, entre as quais não aparece relacionada à Rua dos Judeus.[14] Estas duas ausências nos fazem concluir que os terrenos destas casas foram produtos de aterros entre os anos de 1637 e 1639. Isto é corroborado por um alvará português de 25 de maio de 1654, em que algumas casas na Rua dos Judeus (então já mudada para Rua da Cruz) foram doadas pela Coroa portuguesa a João Fernandes Vieira. O documento menciona a doação de casas "na rua, que foi dos Judeus, e lhes servia de esnoga [...] as quais bemfeitorias e chãos pertencem a Sua Magestade por haverem sido de Judeos, que entupirão e furtarão no rio os ditos chãos, e que as fizerão".[15]

---

12   "CARTE VANDE HAVEN VAN PHARNAMBOCQVE... Anno 1639". Manuscrito do Atlas de J. Vingboons, do Instituto Arqueológico, Histórico e Geográfico Pernambucano, Recife. 1639 (1660). In: REIS, Nestor Goulart. *Imagens de vilas e cidades do Brasil Colonial.* São Paulo: Edusp, 2000, p. 86. Vide Imagem 1, n. 8.1.

13   *Idem,* REIS, *op. cit.,* "INSULA ANTONIJ VAAZIJ". Publicada no livro de Barleus (1647). Cerca de 1637, p. 87; MENEZES, José Luiz M. *Atlas Histórico e Cartográfico do Recife.* Recife: URB, Massangana, 1988. Vide Imagens 1 e 2.

14   *Dagelijksche Notulen van de Hooge Raad van Recife (Nótulas Diárias dos Altos Conselhos no Recife)* – Coleção José Hygino, Instituto Arqueológico, Histórico e Geográfico de Pernambuco (DNJH), 28/10/1638.

15   *INVENTÁRIO das armas e petrechos belicos que os holandeses deixaram em Pernambuco e dos predios edificados ou reparados até 1654.* [1656]. Recife: Imprensa Oficial, 1940, p. 189. A citação preserva o português da obra. Todas as casas da Rua dos Judeus foram confiscadas pela Fazenda Real, porque suas benfeitorias (estruturas) e lotes não existiam antes do período neerlandês, e logo não havia quem as reclamasse como posse suas ou herdadas de antes da invasão batava.

IMAGEM 1

"CARTE VANDE HAVEN VAN PHARNAMBOCQVE... Anno 1639". Manuscrito do Atlas de J. Vingboons, do Instituto Arqueológico Histórico e Geográfico Pernambucano, Recife. 1639 (1660). In: REIS, 2000, p. 86
1. Arrecifes; 2. Entrada do Porto (Poço); 3. Istmo; 4. Rio Beberibe; 5. Rio Capibaribe; 6. Forte do Brum; 7. Castelo de S. Jorge; 8 Recife; 8.1 Rua dos Judeus; 8.2. "Porta da Terra", baluartes da entrada norte do Recife; 9. Ponte (1642); 10. Velha Maurícia; 10.1 Praça do Mercado (Terreiro dos Coqueiros nas fontes portuguesas); 11. Nova Maurícia; 12. Forte das Cinco Pontas; 13. Palácic Vrijburg; 14. Cemitério dos Judeus; 15. Palácio e Ponte da Boa Vista.

IMAGEM 2

"INSULA ANTONIJ VAAZIJ". Publicada no livro de Barleus (1647). Cerca de 1637. In: REIS, 2000, p. 87
1. Arrecife; 2. Entrada do Porto (Poço); 3. Istmo ou Recife de Areia; 4;. Rio Beberibe; 5. Forte do Brum; 6. Castelo de São Jorge (hospital militar); 7. Recife; 7.1 "Porta da Terra", baluartes da entrada norte do Recife; 7.2 Espaço vazio onde antes ficavam os armazéns incendiados pelos portugueses em 1630; 8. Fortificações e edifícios em Antônio Vaz; 8.1 Casario português; 8.2 Casa Portuguesa: em 1637 era a Residência de Nassau; 8.3 "Hortus"; 8.4. Forte Ernesto; 8.5 "Groot kwartier", Praça-forte de Antônio Vaz, futura Velha Maurícia (ver Anexo 8); 9. Forte das Cinco Pontas; 10. Braço de rio que adentrava a ilha de Antônio Vaz

Estas evidências cartográficas e documentais foram confirmadas pelos trabalhos de escavação arqueológica realizados no interior de três imóveis da atual Rua do Bom Jesus.[16] Foram encontrados trechos de uma muralha que certamente pode ser encontrada abaixo do chão de

---

16 Imóveis do antigo restaurante Donatário, da Sinagoga Kahal Zur Israel e da galeria de arte Ranulpho. Vide Imagem 3.

todos os prédios do lado oeste a rua.[17] Esta muralha pode corresponder àquela mencionada pelo primeiro governador do Brasil neerlandês, Diederick Waerdenburch, em carta de julho de 1630 em que diz que para proteger "a aldeia do Recife [...] contra a ação da água: provisoriamente fi-la prover de boa e forte muralha".[18] É provável ainda que com o tempo esta obra tenha sido reforçada. Em todo caso, a descoberta de um muralha de contenção de água nos fundos das casas que ficavam à beira do rio Beberibe são um primeiro indicativo de que elas estavam originalmente num terreno suscetível à ação das marés.[19]

A escavação do prédio permitiu localizar "várias linhas de alicerces paralelos ao rio, que demonstram os aterros sucessivos, ampliando as quadras da Rua dos Judeus",[20] incluindo aterros posteriores a 1654, ou seja, após a saída dos judeus e neerlandeses do Recife. Isto demonstra que o prédio que abrigou a sinagoga e agora abriga o Centro Cultural Judaico de Pernambuco é atualmente mais comprido do que era a sinagoga originalmente.

Uma destas linhas de alicerces encontrada foi uma segunda muralha, paralela à que correspondia à parede posterior da sinagoga.[21] Esta estrutura formava uma pequena rua que corria por trás dos lotes da Rua dos Judeus, que pode ser observada na cartografia.[22] Esta rua está mencionada no Alvará de 1654 citado acima; "reservando sempre entre

---

17   *Idem.*

18   DOCUMENTOS Holandeses. Documentos coletados por Joaquim Caetano e traduzidos por Abgar Renault. Rio de Janeiro: Serviço de Documentação do Ministério da Educação e Saúde, 1945, p. 47.

19   Note-se que hoje a parte posterior destas casas fica a cerca de 300m da atual margem do Rio Beberibe, em consequência de diversos aterros que ocorreram entre os séculos XVII e XX.

20   ALBUQUERQUE, Marcos. LUCENA, Veleda. "Sinagoga Kahal Zur Israel retornando à vida do Recife". *Revista de Arqueologia Americana*. Ed. Instituto Panamericano de Geografia e História, n. 22, p. 63-79, 2003, p. 71.

21   Imagem 3.

22   Imagem 1.

O museu sinagoga Kahal Zur Israel e a memória holandesa em Pernambuco   291

o dito rio e as cazas huma rua de quinze palmos de largo para serventia dos moradores". A mesma rua é mencionada ainda como Rua da Senzala e indícios arqueológicos dela foram encontrados na atual Rua Domingos José MARTINS, que passa por trás do atual prédio da sinagoga.[23]

Albuquerque e Lucena informam ainda que "próximo à porta de entrada do prédio, foi localizado o antigo talude do rio Beberibe". Na área do prédio, entre este antigo talude natural e o novo talude antrópico, isto é, a muralha, foi possível encontrar o material utilizado no aterro: "areia da zona portuária e das imediações de algumas residências" que traziam fragmentos de louça popular e sofisticada e cachimbos ingleses e neerlandeses, além de outros materiais arqueológicos.[24]

Os judeus chegavam ao Recife e deparavam-se com a grande competição por terrenos e casas que havia na cidade. Vários "particulares" estavam ali engajados na construção de casas para residência e instalação de seus negócios. Um engajamento que por si só já representava um contribuição importante para o projeto colonizador da Companhia

---

23 ALBUQUERQUE, Marcos. "Holandeses en Pernambuco. Recate material de la Historia". In: PEREZ, José Manuel Santos; SOUZA, George F. Cabral de (eds.). (2006). *El Desafio Holandés al Domínio Ibérico em Brasil em el siglo XVII*. Salamanca: Ediciones Universidad Salamanca, 2006, p. 145-150.

24 ALBUQUERQUE, 2000 *op. cit.*, p. 12, *idem, op. cit.*, 2003, p. 75-77. É importante ressaltar ainda que o achado deste material no aterro indica que mesmo se a muralha encontrada nas escavações dos edifícios da Rua do Bom Jesus for de fato aquela mandada construir por Diederick Waerdenburch, em 1630 (Documentos, *op. cit.*, p. 47), é improvável que o aterro seja desta data, e a muralha deve ter servido para proteger a área da maré cheia, mas não para drená-la. Em uma data tão inicial da dominação da WIC certamente não haveria louças finas de procedência neerlandesa em quantidade à disposição para compor o aterro, uma vez que a população batava naqueles primeiros anos era predominantemente militar. Nos anos de 1637-39 já havia uma imigração civil bastante considerável, da qual muito mais acertadamente advinham estes detritos, já que determinações de agosto de 1636 obrigavam que o lixo fosse atirado nas margens dos rios (DNJH, 28/08/1636). A mesma determinação foi reiterada com o objetivo explícito de produzir espaço para ampliação da área urbana (DNJH, 27/03/1641). Uma vez que louças e cerâmicas foram achadas em abundância no material arqueológico do aterro, este deve ter sido feito num momento em que já havia uma considerável população civil no Recife.

Escavações arqueológicas na rua do Bom Jesus.
Acervo Laboratório de Arqueologia da UFPE, 2002

das Índias Ocidentais, representando também uma contribuição para a formação da comunidade urbana a partir de sua matriz mais material, a estrutura física. Assim, tiveram alguns judeus uma atitude que não só representava tal engajamento como era um esforço ainda maior, por implicar em uma luta contra a própria natureza e em obras que contribuíam para o resguardo da cidade contra as cheias do rio Beberibe. Uma prática que, no espaço de cerca de 100 metros de comprimento e 25 de largura, miniaturizava o mito patriótico neerlandês. Se a Pátria, ou seja, o sentimento de comunidade entre os neerlandeses, fora formada na luta coletiva contra a natureza,[25] no Recife, o sentimento de pertença à comunidade urbana desenvolver-se-ia no engajamento na produção de espaço físico em luta contra a natureza.

"TYPISCH NEDERLANDS": UMA INSCRIÇÃO TIPICAMENTE NEERLANDESA

"Deus fez a terra, mas os holandeses fizeram a Holanda" diz o adágio. A pequena demonstração feita acima de como a pesquisa cartográ-

---

25 SCHAMA, Simon. *O desconforto da riqueza: a cultura holandesa na época de ouro*. São Paulo: Companhia das Letras, 1992, p. 44-45.

fica, documental e arqueológica se complementam e evidenciam um processo ímpar de produção de espaço físico, tem uma dimensão bem mais profunda do que as pás dos arqueólogos podem alcançar. Aqui podemos falar de um patrimônio compartilhado em que os neerlandeses podem, observando a "sua" história no Brasil, aprender mais sobre si mesmos. Diz respeito a um senso "tipicamente neerlandês" de luta coletiva pelo espaço nacional, seja numa ordem de luta contra a natureza, numa ordem política ou numa ordem de normatização urbana.

No Recife neerlandês, no século XVII, os "particulares", *vrijeluiden*, foram responsáveis por uma quase mítica produção de terreno, de luta contra a água, luta contra o afundar o pé na porosidade do areal, contra o descompasso, contra a erosão das estruturas físicas tão custosamente adquiridas. O empreendimento do governador Johan Maurits van Nassau, trouxe o discurso barroco para a prática urbanística. Tudo isso fazia circular uma cultura urbana de produção espacial recorrente ao ideal de civilidade neerlandesa. É preciso ter em mente aqui o que nos ensina Simon Schama a respeito da *geografia moral* holandesa. Tratava-se de uma verdadeira noção de ação coletiva numa luta contra inundações e pela conquista de novas terras ao mar, ao mesmo tempo em que se formava a própria a própria autonomia política dos Países Baixos. "*A guerra pela independência*", explica Schama, "*ocorreu de modo simultâneo a uma fase particularmente feroz da luta contra o mar*".[26] O patriotismo emergente daí teve, portanto dois antagonistas: o Império Espanhol e a Natureza. A construção do espaço físico no Recife esteve evidentemente composta de semelhantes elementos: a luta com os súditos da Espanha e a luta contra a água diante da magnetização da população nos exíguos espaços próximos ao porto. É difícil, não obstante, reconhecer este discurso mítico em documentação tão técnica quanto aquela produzida pelos administradores neerlandeses no Recife; escritos burocráticos com pouco espaço para enunciações de expressões culturais. Todavia a geografia moral implicava mesmo numa racionalidade técnica, trata-se de um

---

26   *Idem*, p. 45.

Brasil Holandês: história, memória e patrimônio compartilhado

mito técnico, celebrador da vitória humana sobre os perigos naturais – discurso típico da modernidade. Mas os discursos de homens mais cultos e com propósitos mais eloquentes trazem enunciados que evidenciam esta vivência: "mandamos aterrar os terrenos baixos e pantanosos, fazendo-os próprios à construção de casas, delimitando todo o terreno com ruas e canais" retira-se do Edital publicado por Nassau em 1641.[27] Barleus chega à enunciação: *"Desde que começaram, porém, a senhorear o Brasil os holandeses, subjugadores das terras e das águas, aprouve escolher-se o Recife e a ilha de Antônio Vaz para sede do governo"* [grifo meu].[28]

EM SUAS CONSCIÊNCIAS OU EM SUAS CASAS

Um tópico que chama a atenção no tocante à relação entre judeus, luso-brasileiros católicos e neerlandeses protestantes é, sem dúvida, a questão da tolerância religiosa. Aqui, caberia uma longa discussão sobre a trajetória dos Países Baixos em direção a esta prática, que tornou o país um destino confluente para diversas denominações protestantes, além dos judeus, de toda a Europa. Entretanto, já está bem estabelecido na historiografia que nas Províncias Unidas, no século XVII, tolerância não significou necessariamente ou primordialmente, respeito, apreciação e interculturalidade. Significou, antes sim, afastamento estratégico; pragmatismo político-econômico.

Poderíamos, para determo-nos sobre a questão patrimonial, perceber que as fontes para esta análise sobre a tolerância já não estão, como os vestígios arqueológicos, disponíveis no Centro Cultural Judaico de Pernambuco. Encontram-se nas fontes primárias guardadas em arquivos neerlandeses. Já foram estudadas por vários pesquisadores, mas sempre há ausências. Pode haver documentos a serem "descobertos" ou lidos e usados, arquivados, pela "primeira vez". Isto pode ser ampla-

---

27 MELLO, José Antônio Gonsalves. *Tempo dos Flamengos. Influência da Ocupação Holandesa na Vida e na Cultura do Norte do Brasil.* 4ª ed. Rio de Janeiro: Topbooks, 2001, p. 92-93

28 BARLEUS, Gaspar. *História dos feitos recentemente praticados durante oito anos no Brasil.* [Amsterdam, 1647]. Belo Horizonte: Editora Itatiaia; São Paulo: Edusp, 1974, p. 154.

O museu sinagoga Kahal Zur Israel e a memória holandesa em Pernambuco   295

mente facilitado pelas iniciativas técnicas, como digitalização, que vêm sendo propaladas pelo Programa de Patrimônio Compartilhado.[29] Pode haver, entretanto, ausência de arquivo na perspectiva de pesquisa, no olhar epistêmico. E eis aí a importância de pensar os espaços de produção de sentido do patrimônio.

Aqui cabe, antes que destrinchar os meandros deste embate histórico, já discutido alhures,[30] voltar à questão do caráter arcôntico do arquivo, e clamar que haja consciência e responsabilidade na missão central assumida pelo museu-sinagoga Kahal Zur Israel: promover um ambiente de interculturalidade. Isto deve ser buscado e atingido através, creio eu, não de um arquivamento ideal do período neerlandês, como espaço mítico de liberdade e prosperidade, *arkhê* dessa esperança no futuro, mas através de uma análise severa da dureza do passado. Para que a ideia de patrimônio compartilhado não resida somente na catalogação de documentos referentes a esta história de tolerância, em arquivos neerlandeses e brasileiros. E que o resultado desta catalogação não seja um arquivamento de um passado dourado, perfeito, do qual sentimos falta, e que é nosso ideal de futuro.

Nosso futuro equilibrado, nosso desejo de estabilidade da entropia, este é um recalque de um passado que tem que ser admitido como imperfeito, como trajetória, e não como meta. Trajetória na qual ainda nos encontramos, e que ainda construímos. Eis aí a grande responsabilidade das instituições de memória. Entender seu caráter arcôntico e ver-se frágil diante dele; não assumir esta dádiva patriarcal, mas entender que a tarefa de não somente exibir o documento – bibliográfico, arqueológico, manuscrito –, mas de estabelecer o documento, é uma política econômi-

---

29   GROOT, Mara de. "WIC-Archief op de kaart gezet". In: *Archievenblad*. Vol. 116. Nr 1. Hoorn: Koninklijke Vereniging van Archivarissen in Nederland, Feb. 2012.

30   BREDA, Daniel. *Vicus Judærum: Osjudeus e o espaço urbano do Recife neerlandês (1630-1654)*. Natal: UFRN, 2007, p. 83-85; 147-159.

296 Brasil Holandês: história, memória e patrimônio compartilhado

ca das mais complexas e perigosas. O Museu, o Arquivo, a Academia são espaços de fala, mas sobretudo de impressão e significação.[31]

A ideia de Patrimônio Cultural Compartilhado pode conter diversos arquivamentos. Todo o intercâmbio resultante dele é interessante, mesmo considerado o risco da transmissão de recalques. Quando trata-se de histórias de relação colonial eles são muitos, notáveis mesmo no discurso governamental, onde fala-se de "influências culturais", "trocas de experiências", no passado, que hoje redundam em "intercâmbio técnico", "projetos de cooperação". O arquivo é tão violento quanto foi a história.

REFERÊNCIAS BIBLIOGRÁFICAS

FONTES MANUSCRITAS

Dagelijksche Notulen van de Hooge Raad van Recife (Nótulas Diárias dos Altos Conselhos no Recife) – Coleção José Hygino, Instituto Arqueológico, Histórico e Geográfico de Pernambuco (DNJH)

BIBLIOGRAFIA

ALBUQUERQUE, Marcos. "Holandeses en Pernambuco. Recate material de la Historia". In: PEREZ, José Manuel Santos; SOUZA, George F. Cabral de (eds.). (2006). *El Desafio Holandés al Domínio Ibérico em Brasil em el siglo XVII*. Salamanca: Ediciones Universidad Salamanca, 2006.

ALBUQUERQUE, Marcos; LUCENA, Veleda. "Sinagoga Kahal Zur Israel retornando à vida do Recife". *Revista de Arqueologia Americana*. Ed. Instituto Panamericano de Geografia e História, n. 22, p. 63-79, 2003.

ALBUQUERQUE, Marcos. *Projeto Escavação Arqueológica da Sinagoga Kahal Zur Israel: Relatório Parcial*. Recife: mimeo. Abril de 2000.

BARLEUS, Gaspar. *História dos feitos recentemente praticados durante oito anos no Brasil*. [Amsterdam, 1647]. Belo Horizonte: Itatiaia; São Paulo: Edusp, 1974

"BELEIDSKADER Voor Het Gemeenschappelijk Cultureel Erfgoed-Programma 2009-2012". Den Haag: Ministerie van Onderwijs, Cultuur en Wetenschap/ Ministerie van Buitenlandse Zaken, 2009, p. 1. Disponível em:<www. rijksoverheid.nl/bestanden/documenten-en-publicaties/notas/2009/07/14/

---

31 DERRIDA, *op. cit.*, p. 31.

beleidskader-gemeenschappelijk-cultureel-erfgoed-2009-2012/
beleidskader-gemeenschappelijk-cultureel-erfgoed-2.pdf>.

BREDA, Daniel. *Vicus Judærum: os judeus e o espaço urbano do Recife neerlandês (1630-1654)*. Natal: UFRN, 2007.

DERRIDA, Jacques. *Mal de arquivo: uma impressão freudiana*. Rio de Janeiro: Relume Dumará, 2001.

DOCUMENTOS Holandeses. Documentos coletados por Joaquim Caetano e traduzidos por Abgar Renault. Rio de Janeiro: Serviço de Documentação do Ministério da Educação e Saúde, 1945.

GROOT, Mara de. "WIC-Archief op de kaart gezet". In: *Archievenblad*. Vol. 116. N. 1. Hoorn: Koninklijke Vereniging van Archivarissen in Nederland, Feb. 2012.

INVENTÁRIO das armas e petrechos belicos que os holandeses deixaram em Pernambuco e dos predios edificados ou reparados até 1654. [1656]. Recife: Imprensa Oficial, 1940.

MELLO, Evaldo Cabral. *Rubro Veio – o imaginário da restauração pernambucana*. 2ª ed. Rio de Janeiro: Topbooks, 1997.

MELLO, José Antônio Gonsalves. *Tempo dos flamengos. Influência da Ocupação Holandesa na Vida e na Cultura do Norte do Brasil*. 4ª ed. Rio de Janeiro: Topbooks, 2001.

MENEZES, José Luiz M. *Atlas Histórico e Cartográfico do Recife*. Recife: URB, Massangana, 1988.

MIRANDA, Bruno R. Ferreira. *Gente de guerra: Origem, cotidiano e resistência dos soldados do exército da Companhia das Índias Ocidentais no Brasil (1630-1654)*. Leiden: Universiteit Leiden, 2011.

REIS, Nestor Goulart. *Imagens de Vilas e Cidades do Brasil Colonial*. São Paulo: Edusp, 2000.

SANTOS, Maria Célia T. Moura. *Encontros Museológicos: reflexões sobre a museologia, a educação e o museu*. Rio de Janeiro: MinC/IPHAN/DEMO, 2008.

SCHAMA, Simon. *O desconforto da riqueza: a cultura holandesa na época de ouro*. São Paulo: Companhia das Letras, 1992.

Memória e Cultura Partilhada[1]

Marcos Galindo

Professor do Departamento de Ciência da Informação da Universidade Federal de Pernambuco, Coordenador do Laboratório Liber

A TAREFA DA MEMÓRIA É COMPLEXA, especialmente quando envolve o interesse de nações que não partilham as mesmas raízes de língua, como é o caso do Brasil e dos Países Baixos. A interoperabilidade é um conceito da tecnologia da informação, definido como a capacidade que os sistemas desenvolvem para que, mesmo com bases tecnológicas distintas, possam partilhar seus dados. A memória partilhada entre estas duas nações carece de instrumentos de interoperabilidade para servir socialmente. Neste caso, para além do esforço documentalista, há de haver a compreensão das circunstâncias culturais e a firme disposição bilateral

---

1 Partes deste texto foram usadas nas publicações *Guia de Fontes para História do Brasil Holandês*. Minc/Massangana, 2000, e *Fundo Documental do Brasil Holandês*. In: GALINDO, Marcos. "Tecnologia & Memória". *Revista do Instituto de Estudos Brasileiros*, vol. 50, p. 179-190, 2010. Não obstante a relativa dispersão deste tema, a circulação dos veículos divulgação anteriores foi limitada pelo caráter regional, ou mesmo pela categoria de das obras de referência, que geralmente atingem a um público muito especializado. A presente publicação dá oportunidade de difusão junto a um público mais amplo, justificando assim a retomada do tema. Espera-se, portanto, que este *overview* possa atrair novos pesquisadores para esta parte da história do Brasil, que ainda reserva muitas surpresas aos que tiverem a pachorra dela se ocupar, como lembrou certa feita José Antonio G. Mello Neto.

Brasil Holandês: história, memória e patrimônio compartilhado

para a conversão dos documentos históricos para uma base linguística inteligível. Somente o esforço fundamentado no verdadeiro sentido do acesso livre pode produzir os efeitos da memória partilhada. Sem este espírito, se desfaz a natureza fundamental da memória que gerar pertencimento, identidades multiculturais e conhecimento novo.

Diferentemente da Ásia e Indonésia onde as atividades coloniais da Companhia das Índias Orientais deixaram registros documentais abundantes, nas bibliotecas e arquivos brasileiros não restam manuscritos originais do período neerlandês. Esta circunstância foi consignada no instrumento da rendição assinado pelos neerlandeses em 1654, quando o Governo de Pernambuco, ao fim da guerra, permitiu que os vassalos dos senhores Estados Gerais levassem para Europa todos os papeis da Companhia.[2]

Não obstante a indiscutível relevância do conhecimento depositado nos manuscritos da velha Companhia das Índias Ocidentais, não se registra no Brasil um esforço sistemático e continuado de publicação de fontes primárias neerlandesas, tal qual o empreendido pelos americanos entre os anos de 1853 a 1883, cujo melhor exemplo está nos papéis coligidos por John Romeyn Brodhead, impressos sob o título *Documentos relativos a historia colonial de Nova York* e editado por Edmund O'Callaghan e Berthold Fernow. Queremos fazer justiça ao esforço de pesquisadores como Alfredo de Carvalho, Pedro Souto maior e mais recentemente José Antônio Gonsalves de Melo Neto, que publicaram importantes traduções dos manuscritos trazidos ao Brasil no final do século XIX pelo Dr. José Hygino Duarte Pereira. Em especial a edição

---

2   *"Que concede aos ditos vassalos dos senhores Estados Gerais levem todos os papéis que tiverem, de qualquer sorte que sejam, e levem também todos os bens móveis, que lhes tem outorgados no terceiro artigo o senhor mestre-de-campo general."* Trecho do [Assento e condições com que os Senhores do Conselho Supremo, residentes no Arrecife, entregam ao Senhor Mestre-de-Campo General Francisco Barreto, Governador em Pernambuco, a Cidade Mauriceia, Arrecife e mais forças e fortes junto a elas, e mais praças que tinham ocupadas na banda do norte, a saber: a Ilha de Fernão de Noronha, Ceará, Rio Grande, Paraíba, Ilha de Itamaracá: acordado tudo pelos comissários de uma e outra parte, abaixo assinados.] publicado In: Melo, D. Francisco Manoel de. *Epanáfora Triunfante e outros escritos. Restauração de Pernambuco.* Recife: Secretaria do Interior, 1944, p. 56.

dos dois volumes *Fontes Para História do Brasil Holandês* traduzidos e divulgados por José Antônio Gonsalves.[3] No que pese a relevância histórica, nem esses homens, nem suas iniciativas, guardam entre si uma estrutura continuada e sistêmica.

O interesse nacional pela história da presença holandesa ressurgiu efetivamente na segunda metade do século XIX, no momento que o Brasil desatava seus laços políticos com os portugueses e procurava construir sua identidade como nação independente. Iniciativas como a de Joaquim Caetano Silva (1853-1854) e José Hygino Duarte Pereira (1885-1886) seguiram a tendência documentalista positivista da época e coletaram nos Países Baixos uma extensa massa documental, nativamente escrita em língua holandesa. Estes documentos eram provenientes dos fundos arquivísticos dos Estados Gerais, e da velha Companhia das Índias Ocidentais, depositados no *Algemeen Rijksarchief*, hoje Arquivo Nacional em Haia.

A TRAGÉDIA DA MEMÓRIA

A gigantesca massa documental gerada pela burocracia das extintas Companhias das Índias (Ocidental e a oriental), ocupava no princípio do século XIX disputados espaços no circuito central de Amsterdam. No inverno de 1822, o Ministério das colônias solicitou que o prédio da *Oostindisch Binnenhuis* que, então, abrigava os papéis da Companhia das Índias Orientais – oWIC, fosse desocupado e seu conteúdo fosse movido para o armazém da Companhia das Índias Ocidentais no Ijkant em Amsterdam, o *Westindisch Slachthuis*.

Desde o início o Ministério das Colônias sabia que o *Westindisch Slachthuis* – um antigo abatedouro da Companhia convertido em arquivo permanente – encontrava em grande desordem e não comportaria os papéis do *Oostindisch Binnenhuis*. Para cortar gastos com o armaze-

---

3 Evaldo Cabral, em comunicação pessoal, informou a existência de um terceiro volume desta coleção preparado, traduzido e anotado por José Antônio que haveria desaparecido na Editora da Universidade Federal de Pernambuco, até hoje não localizado.

302 Brasil Holandês: história, memória e patrimônio compartilhado

namento foi autorizado o descarte de 10 mil volumes de manuscritos do século XVII (28.920 quilos de papel) que estavam armazenados no Edifício da Companhia das Índias Orientais.

Em 1830, Ministério das Colônias, encarregou o funcionário J. van der Velden de elaborar uma tabela de descarte destes papéis. O chefe do serviço dos armazéns da companhia, Sr. P. L. de Munnick, que acompanhava o caso concluiu com o Sr. Velden que dois terços dos papéis poderiam ser destruídos sem grande prejuízo. O plano inicial pretendia se desfazer dos papéis e livros anteriores ao ano de 1750, mas a estratégia rendeu pouco espaço, então o plano foi estendido. Em 8 de junho de 1832 o governo dos Países Baixos publicou um Decreto Real autorizando o Ministério das Colônias a por em hasta pública mais 50 mil volumes que foram vendidos aos moinhos de reciclagem de papel.[4]

No ano de 1841 o historiador americano John Romeyn Brodhead (1814-1873), que buscava em Amsterdam fontes para subsidiar a construção da história de New York registrou terrificado o descaso dos holandeses com os fundos das Companhias de comércio confiados a guarda da a *Westindisch Slachthuis*: "para minha infinita surpresa e mortificação, fui informado pelo responsável Sr. de Munnick, que os livros, documentos e papéis pertencentes a Velha Casa das Índias Ocidentais de data anterior a 1700, tinham sido vendidos em hasta pública no ano de 1821 por determinação do governo dos Países Baixos", desabafou Brodhead.[5]

Os mesmos arquivos da Velha Companhia que guardavam a história do princípio da colonização na América abrigavam também os registros da atividade da oWIC no Atlântico Sul, por esta razão se admitia,

---

4   Cf. Brodhead, John Romeyn. *Documents relating to the Colonial History of New York* (15 vols., 1853-1883). (vols. I) editado por Edward O'Callaghan.

5   Brodhead, J. Romeyn, *Documents relative to the colonial history of the State of New-York, [1603-1678], procured in Holland, England and France* I. E. B. O'Callagan ed. (Albany 1856) xxv. NB: Broadhead não editou os originais copiados por ele, esta tarefa consumiu três décadas e ficou a cargo de dois editores, Edmund O'Callaghan que editou os primeiros onze volumes, seguidos por quatro outros, editados por Berthold Fernow. A série inteira de quinze tomos foi publicada sob o título "Documentos relativos a historia colonial de Nova York", publicados entre 1853 a 1883.

nesta época, que os fundos que continham manuscritos de interesse da história brasileira, tivessem tido o mesmo destino daqueles de Nova York, relatados por Brodhead. Até o ano de 1851 estes papéis foram disputados pelas províncias da Holanda e da Zelândia. Graças à teimosia dos zeelandeses, em especial do conservador de papéis, Sr. Pieter Pous, os arquivos de Middelburg, capital da província da Zeelândia que continham cópias da câmara da oWIC de Amsterdam foram poupados da fúria dos burocratas até serem transferidos para *Algemeen Rijksarchief* de Haia em setembro 1851.[6]

O castelo da história se constrói do somatório do esforço de seus operadores, desde os personagens que protagonizam os atos, até os escribas que registram os fatos, orientados pelo discernimento que seu tempo histórico permite. A guarda, a preservação físico-química de manuscritos em arquivos tropicais é por si só um milagre. A curadoria ou a descura para com um determinado acervo pode representar a sobrevida ou o desaparecimento de parte da memória de uma sociedade.

Parece que desastres como aquele causado pela incúria do Ministério das Colônias fez despertar o espírito dos modernos arquivistas. Setenta anos depois destes trágicos eventos os arquivistas holandeses Samuel Muller, Johan Feith e Robert Fruin, chamaram a atenção dos gestores do patrimônio público para a necessidade de guarda ordenada de fundos históricos. Fruin, professor de história dos Países Baixos da Real Universidade de Leiden e seus colegas lançaram em 1898, o *Handleiding voor het ordenen en beschreijven van archieven* que se celebrizou como o Manual do Arquivista Holandês.[7] Com esta publicação a arquivistica ganhou um instrumento de ordenamento e sistemática, fonte de

---

6 Os documentos de Middelburg somavam 6.250 quilos papel. TANAP. Towards A New Age of Partnership. The Hague/Leiden, General State archives/Leiden University, 1999, p. 9.

7 MULLER, S.; FEITH, J. A.; FRUIN, R. *Handleiding voor het ordenen en beschreijven van archieven*. Groningen: Erven B. van der Kamp., 1898. Trad. brasileira de Manoel Adolpho Wanderley, sob o título: Manual de arranjo e descrição de arquivos. 2ª ed. Rio de Janeiro: Ministério da Justiça, Arquivo Nacional, 1973.

Brasil Holandês: história, memória e patrimônio compartilhado

onde derivaram as principais técnicas e metodologias utilizadas, doravante, para o tratamento de coleções.

Conjuntos documentais são vulneráveis e potencialmente ativos, mas por dinâmica própria são incapazes de produzir os efeitos sociais esperados em benefício da memória. É necessário para este fim que os interessados promovam os instrumentos de acesso e a atividade documentalista que descreve seus conteúdos conferindo sentido e semântica à sintática dos papéis. Operacionalizar as massas documentais não é tarefa simples, nem tampouco expressa: muitas vezes é necessário o esforço de gerações para que o trabalho do resgate, da preservação e do provimento do acesso se cumpra. A identificação, a análise, a descrição a classificação e a catalogação, agregam às fontes o necessário registro civil. Em tese, somente então, os registros estão prontos para o ciclo seguinte da cadeia da inteligência que transforma dados históricos em expressão de informação. Este ato faculta a emergência do conhecimento, contraria versões, gera explicativos renovados, negam ou corroboram a ordem da memória.

O ato simples de descrever e divulgar coleções, de *per si*, já é suficiente para justificar a manutenção de fundos memoriais. Uma vez identificados em catálogos, os fundos arquivísticos criam um registro civil e um *link* de pertencimento social entre o acervo e seus utilizadores, especialistas ou amadores, públicos ou privados. O catálogo cria um ente com identidade memorial que, ato-contínuo a sua divulgação, passa a ser um bem do patrimônio universal humano, e como tal, sujeito à proteção e amparo legal do Estado. Por outra via, esta ação gera uma responsabilidade custodial diferenciada para os gestores, que são elevados à condição de depositários de um bem reconhecível de utilidade e propriedade pública. A destruição dos papéis da oWIC na primeira metade do século XIX se deu principalmente pela ausência de sensibilidade dos burocratas para a relevância memorial dos conjuntos destruídos e por não ser conhecido seu conteúdo.

Documentação resgatada: Iniciativas documentalistas brasileiras

A partir da segunda metade do século passado se sucederam diversas iniciativas brasileiras com o objetivo de inventariar e coletar fontes históricasdepositadas em arquivos europeus. Distintas nos motivos que as orientavam, estas missões se complementaram no decorrer do tempo e indexam hoje um rico acervo documental que testemunha a importância do período histórico do domínio holandês no Brasil (1630-1654).

Entre 1841 e 1854, era encarregado de negócios do Brasil na Holanda Joaquim Caetano da Silva (1810-1873) quando recebeu do Imperador D. Pedro II a incumbência de pesquisar, fontes documentais referentes aos limites de fronteiras do Brasil com a Guiana francesa. Durante dez anos Caetano pesquisou em arquivos franceses e holandeses, resultando deste trabalho o livro *L'Oyapoc et L'Amazone*. Nos anos de 1853-1854 Joaquim Caetano estava pesquisando no Cartório dos Estados Gerais das Províncias Unidas do acervo do Arquivo Real em Haia (*Algemeen Rijksarchief*), coligindo cópias de documentos de interesse histórico brasileiro. Esta coleção, com cópias em Holandês e em Francês, além de um outro contendo cópias de manuscritos em latim, perfazem no total, oito volumes que cobrem o período de 1623 a 1657. Em junho de 1861 Caetano remeteu de Paris os ditos volumes para o Ministério dos Negócios Estrangeiros no Rio de Janeiro que por sua vez os encaminhou para o Instituto Histórico Brasileiro, onde hoje se encontram.[8]

Monarquista protegido do Rei Joaquim Caetano viajou em missão oficial do governo Imperial e recebeu da Coroa os recursos necessários para realizar a cópia dos manuscritos. Caetano providenciou ainda cópia em língua francesa, estratégia que franqueou, aos pesquisadores brasileiros, condições de acesso aos dados. Não obstante o largo interesse que as iniciativas de publicações de fontes despertavam a seu tempo, os documentos coligidos por Caetano somente foram parcialmente edi-

---

8   *Revista do Instituto Histórico*, tomo XXIV, 1861, p. 725-32. Nota introdutória de Rodolfo Garcia. Rio de Janeiro. Serviço de Documentação do Ministério da Saúde, 1945.

306 Brasil Holandês: história, memória e patrimônio compartilhado

tados. A Biblioteca Nacional publicou em 1881, o índice da coleção Joaquim Caetano da Silva, do IHGB no Catálogo da Exposição de História do Brasil, Tomo I, com apresentação de Ramiz Galvão.[9]

Em 1945, o Ministério da Educação e Saúde e o governo do Estado de Pernambuco somaram esforços para publicar o que se pretendia fosse o primeiro volume da coleção denominada *Documentos Holandeses*, nas palavras de Rodolfo Garcia, destinada, a "propiciar aos estudiosos os textos documentais de uma fase heroica da nossa História, a dominação holandesa do Nordeste". A obra pôs à lume uma leva de 25 documentos (1624 a 1634) da documentação "inédita e desconhecida dos historiadores", recolhida por Joaquim Caetano, com a tradução para o português de Abgar Renault. Concluindo a nota ou "Explicação" introdutória, prometia Garcia: "Com a publicação deste volume, seguido logo dos demais, cumpre-se o voto do grande Rio-Branco, que é também o voto dos Brasileiros que aspiram melhor conhecer o Brasil." Apesar da promessa, a publicação dos demais volumes, o desidério de Rio-Branco e de Rodolfo Garcia, neste particular, ainda hoje não foi satisfeito.

Os fundos oriundos da Companhia das Índias Ocidentais estavam depositados em Middelburg, capital da província da Zelândia, e só foram incorporados ao Arquivo Real de Haia em 1859.[10] Os registros estudados não deixam claro exatamente como estes arquivos foram incorporados ao Arquivo Real de Haia. Podemos supor, entretanto, que Joaquim Caetano tenha tido notícia da destruição dos papéis de Amsterdam duas décadas antes de sua estada nos Países Baixos, como também é provável que ele tivesse conhecimento da existência dos fundos de Middelburg. Como vimos antes, até o ano de 1851 estes papéis foram disputados pelas províncias da Holanda e da Zelândia, por esta razão

---

9   Uma relação a guisa de índice que serve de guia para consulta dos destes fundos foi publicada no Catálogo da Exposição de História do Brasil, Tomo I, com introdução de José Honório Rodrigues e apresentação pelo Dr. B. F. Ramiz Galvão. Coleção Temas Brasileiros, vol 10. Ed. da UnB, p. 926-928.

10 Galvão, Ramiz (1874) Relatório, *op. cit.*; Pereira (1886), Relatório, *op. cit.*; Mello, José Antônio Gonsalves de. *Tempo de Jornal*. Recife: Massangana, 1998.

não deveriam estar disponíveis para pesquisa entre 1851 e 1859, quando foram transferidos para Haia, cinco anos depois da partida de Joaquim Caetano para o Brasil.

Somente quinze anos depois da transferência do acervo zeelandês para Haia é que os brasileiros efetivamente tomaram ciência de sua existência. A 10 de setembro de 1874, o Diário Oficial da Coroa publicava no Rio de Janeiro o relatório de viagem do Barão de Ramiz,[11] a quem Dom Pedro II confiara a missão de colher subsídios para a reformulação da Biblioteca Nacional, e, verificar a existência de manuscritos inéditos para história do Brasil. Nesta incumbência o Barão de Ramiz visitou as principais bibliotecas da Europa, entre elas a Koninklijke Bibliotheek e o Algemeen Rijksarchief em Haia, neste último Ramiz confirmou a existência dos fundos de Middelburg que continham os registros da velha Companhia das Índias Ocidentais.[12] O relatório de Ramiz Galvão anunciava a descoberta do último grande arquivo colonial de interesse histórico brasileiro, ainda totalmente virgem ao olhar dos pesquisadores. A notícia abria as portas para uma geração de investigadores que esperavam impacientes a oportunidade de preencher hiatos do domínio holandês, período que até então se conservava inconsistente na historiografia brasileira.

José Hygino Duarte Pereira (1847-1901), então professor da Faculdade de Direito do Recife, historiador, membro do Instituto Arqueológico, Histórico e Geográfico Pernambucano, estimulado pelo inventário de Ramiz Galvão (1874), propôs ao governo provincial uma missão, encarregada de coletar nos arquivos da Haia documentos relativos à ocupação holandesa no Brasil. A missão teve lugar entre 1885 e 1886 e

---

11   Benjamim Franklin de Ramiz Galvão – Barão de Ramiz (1846-1838) então diretor da Biblioteca Nacional brasileira.

12   A Câmara da Zelândia era a segunda mais importante representação acionária da Companhia das Índias Ocidentais, respondendo com 2/9 das ações. Por este motivo, convencionou-se que a Câmara da Companhia se reuniria alternadamente em Middelburg, capital da Zelândia, e em Amsterdam. A este fato, atribui Hygino a sobrevivência dos documentos brasileiros. Pereira, José Hygino Duarte (1886) "Relatório apresentado em sessão de 9 de maio de 1886". *Revista do Instituto Archeológico e Geographico Pernambucano*. N° 30, Recife, IAGPE, p. 7-110.

concentrou sua ação nos papéis da Companhia das Índias Ocidentais onde Hygino identificou, paleografou e reproduziu 11.530 páginas manuscritas, dispostas em 31 volumes que compõem o fundo José Hygino do IAHGP. Hygino, diferentemente de Caetano, viajou com recursos próprios e com fundos arrecadados pelo IAHGP, não contou com recursos para traduzir as fontes coletadas para uma língua franca, trabalho que iniciou quando voltou dos Países baixos.

Logo em seguida ao seu retorno, Hygino foi eleito Deputado Provincial por Pernambuco, cumprindo importante papel na transição do regime monárquico para o republicano.[13] Sua militância política foi reconhecida, sendo convocado como constituinte, e mais tarde, conduzido ao posto de Ministro da Justiça. Hygino não mais retomou o trabalho histórico, deixando a obra documental à espera de historiadores que dessem vida às fontes por ele coletadas. Uma parte dos cadernos de cópias enviados para o Brasil após a partida de José Hygino da Holanda em 1886 foram depositados em maços, separados da coleção encadernada que se guarda na biblioteca do IAHGP.

No *Relatório* apresentado ao IAHGPE, quando trata da coleção de ofícios que os diretores da Companhia dirigiram ao governo colonial do Brasil entre 1639 e 1653, José Hygino revela que não teve tempo de fazer copiar "um só documento desses três volumes. Nas instruções que deixei pedi cópia de todas as cartas dirigidas ao governo do Brasil." Mais adiante explica, "Permaneci em Haya o tempo necessário para concluir o exame de todas as coleções e redigir as minhas instruções sobre os documentos que deviam ser copiados na minha ausência." Na prestação de contas da sua missão Hygino complementa a informação registrando ter deixado 400 libras para serem aplicadas ao pagamento de cópias que "deixei encomendadas ao arquivo de Haya [...] para fazer pagar as cópias encomendadas à proporção que ficarem prontas e me forem

---

13   Galindo, Marcos. Jose Hygino e o Sonho da História. *Revista do Instituto Arqueológico Histórico e Geográfico Pernambucano*, N. 59, janeiro de 2002.

remetidas".[14] Supõe-se que quando José Hygino mudou-se para o Rio de Janeiro, estas as cópias manuscritas passaram a ser remetidas para seu novo endereço.[15]

A missão de Hygino, segundo enfatiza José Antonio em seu relatório de pesquisas de 1959, além de cobrir os fundos inéditos da Velha Companhia das Índias Ocidentais – os mais importantes para história do período colonial holandês no Brasil – foi a primeira que contou com um historiador brasileiro com conhecimento seguro do holandês. Esta circunstância permitiu em um período de coleta muito curto a execução de um trabalho muito mais objetivo e exaustivo que o atendido pelas missões anteriores[16].

Naturalmente, as cópias produzidas por esta missão não cobrem o universo total da documentação existente nos arquivos por ele visitados. Em seu relatório, Hygino também declara não ter se dedicado em profundidade aos Cartórios dos Estados Gerais, por supor, já terem sido tratados por Joaquim Caetano três décadas antes. Guiado por uma criteriosa seleção Hygino preocupou-se em copiar os manuscritos mais representativos a seu crivo, excluindo neste trabalho a rica documentação anexa aos processos (bijlagen).

---

14   Relatório Hygino RIAGP, tomo 30, Recife, 1886, p. 99 e 105. Este relatório foi também publicado na edição do *Diário de Pernambuco* de 12 de fevereiro de 1886.

15   Suponho que estas cópias são as mesmas que examinei superficialmente na Biblioteca Nacional. A BN guarda também uma cópia incompleta destes documentos remetidos por Joaquim Caetano ao Ministério dos Negócios Estrangeiros, no Rio de Janeiro. Em 1945, quando o potiguar Rodolfo Garcia, então presidente da Biblioteca Nacional, apresentou a publicação dos *Documentos Holandeses* coligidos por Joaquim Caetano, não mencionou a existência na BN dos maços de cópias de documentos holandeses da missão Hygino. Este material de notória importância, certamente não escaparia ao olhar aguçado de Rodolfo Garcia. Desta forma, é presumível que estas cópias sejam parte dos documentos encomendados na mesma iniciativa de Hygino e que foram encaminhados pela família Hygino à Biblioteca Nacional após 1945, onde se conservam hoje a espera de identificação.

16   Mello, J. A. G. Mello, 1937. *Tempo dos Flamengos*. José Olimpio Editora, 1947; Pereira, José Hygino Duarte. 1886, *Relatório ... op. cit.*

GUIA DE FONTES

O Guia de Fontes foi um projeto que resultou da conexão do Projeto Ultramar com o Instituto Histórico Pernambucano. O Ultramar surgiu em 1987, como projeto de pesquisa no Departamento de Ciência da Informação da UFPE. O projeto trazia como missão, estudar problemas de gerenciamento, difusão e acesso à informação na Internet, e se inseria no corpo de experimentos do Laboratório de Linguagens virtuais da UFPE – Projeto Virtus.[17] Ao lado da iniciativa do *Ultramar*, se desenvolvia o *Projeto Resgate* do Ministério da Cultura que então estava concluindo a etapa de resgate documental em arquivos portugueses. O *Resgate* levantou, identificou, registrou em microfilme e CD-ROM, uma magnífica monumenta documental, depositada em cópia em muitas das principais bibliotecas, arquivos e centros de pesquisas do Brasil.

Em fins de 1999, o projeto *Resgate* se expandia para Espanha, França, Itália e Holanda. Com o objetivo de somar esforços e otimizar recursos, foi viabilizada uma proposta articulada entre o Projeto Ultramar, o Instituto Arqueológico Histórico e Geográfico Pernambucano, a Fundação Joaquim Nabuco e o Instituto de Planejamento e Apoio ao Desenvolvimento Tecnológico e Científico – IPAD. Resultou desta cooperação, a execução conjunta da primeira etapa do programa brasileiro nos Países baixos, o *Guia de fontes para história do Brasil Holandês*.

O *Guia de Fontes para história do Brasil Holandês* é um inventário sucinto do potencial arquivístico de interesse brasileiro em repositórios holandeses. Este instrumento de pesquisa constituía originalmente a primeira etapa do projeto de divulgação da coleção Hygino. A pesquisa foi realizada nos Países Baixos, e o Guia de Fontes foi apresentado ao público em Junho de 2000, em seminário no Instituto Arqueológico Histórico e Geográfico Pernambucano. Nesta obra de referência regis-

---

17   O Virtus é um sistema cooperativado de pesquisa em hipermídia, Web-based que envolve professores, pesquisadores e estudantes de diversas áreas. Seu objetivo principal é refletir criticamente e experimentar linguagens mídicas aplicadas ao ciberespaço. www.virtus.ufpe.br.

tram-se as instituições que guardam informação histórica de interesse brasileiro, as principais fontes evidenciadas com suas respectivas localizações, estado físico e condições de acessibilidade. Desafortunadamente este instrumento publicado no mesmo ano pela Editora Massangana veio a público sem que constasse na capa e ficha técnica o registro preciso da pesquisa e autoria do texto.[18]

PROJETO MONUMENTA HYGINIA

Não se pretendeu com o projeto Monumenta Hyginia se realizar uma obra definitiva: conhecemos os problemas que envolvem a tradução de textos de línguas tão díspares associado a um trato social, alheio aos brasileiros, ancorado no longínquo passado do século XVII. A ideia que motivou o projeto foi a de oferecer acessibilidade a esta monumenta erguida por José Hygino no final do século XIX e que até então permanecia cerrada a maioria dos brasileiros não falantes do holandês.

Na iniciativa Monumenta Hygínia, tratou-se de evitar a publicação de uma seleção de documentos, iniciou-se a tradução e publicação das *Nótulas Diárias* por serem representativas de quase todo o período da presença neerlandesa, à exceção dos anos de 1630 a 1635, constituindo-se assim um "quase diário" deste capítulo da história do Brasil do século XVII, ou como bem definiu José Hygino, uma crônica minuciosa de todas as deliberações e atos do governo.[19]

---

18 O tratamento editorial colocou de forma equivocada os autores, Marcos Galindo e Lodewijk Hulsman, na categoria de organizadores da obra, fato que ainda hoje confunde pesquisadores desavisados.

19 Relatório de pesquisas de José Hygino Duarte Pereira 1885/1886. *Revista do Instituto Archeológico e Geographico Pernambucano*. N° 30 Sessão especial de 9 de maio de 1886, p. 26: "não sei que acerca de algum outro período da historia colonial deste país exista uma coleção de noticias autenticas tão extensa e tão completa quanto os *Notulos*.[...] Todos os pormenores relativos ao governo político, civil ou militar, tudo o que concerne às relações entre os Holandeses e os Portugueses, entre os calvinistas, os católicos e os judeus, todos os dados sobre a situação econômica e financeira da colônia aí se acham mencionados. [...] A vista desta coleção é permitido dizer que cessou todo o mistério sobre a organização administrativa e a administração do Brasil Holandês".

Brasil Holandês: história, memória e patrimônio compartilhado

A iniciativa contou com o suporte financeiro da Embaixada do reino dos Países Baixos no Brasil e do Sistema de Incentivo à Cultura do Estado de Pernambuco. Os recursos destinaram-se a cobrir despesas relativas ao pagamento de serviços especializados de digitalização da coleção; digitação dos manuscritos em língua neerlandesa e tradução para o português. Os recursos garantiram a tradução até o ano de 1648. O resultado deste material compõe hoje o banco de dados *Monumenta Hyginia*, disponível no endereço www.ultramar.ufpe.br/hyginia.

A primeira etapa projetada foi a digitalização dos manuscritos do Instituto Arqueológico, trabalho executado pelo Laboratório Liber da Universidade Federal de Pernambuco que resultou num acervo de aproximadamente 5 mil imagens, não incluídas neste número os registros digitalizados dos originais do Arquivo Nacional de Haia, nem tampouco as imagens dos cadernos existentes na Biblioteca Nacional do Rio de Janeiro. O registro digital dos documentos foi realizado com a intenção de viabilizar a distribuição dos originais entre os membros do grupo de tradutores que se encontravam parte nos Países Baixos e parte no Brasil. A ideia era que os documentos em formato digital pudessem ser veiculados com facilidade pela Internet, agregando velocidade e precisão do empreendimento, o que de fato em alguns momentos muito contribuiu para o trabalho, noutros porém o dificultou pela falta de um acompanhamento eficiente das versões, situação somente otimizada quando o método foi sendo experimentado ao longo do processo de tradução.

A etapa seguinte foi a digitação dos documentos, tarefa realizada por Lodewijk Hulsman e Johanna Jansen, ele holandês nativo e grande conhecedor da cultura e da história brasileira, ela brasileira filha de holandeses, ambos residentes nos países Baixos. Também ficou a cargo de Lodewijk Hulsman a auditagem dos textos digitados a partir das cópias do IAHGP com os originais conservados no Arquivo Nacional de Haia. O trabalho foi feito confrontando as peças digitalizadas com os documentos originais, buscando possíveis inconsistências e incorreções que pudessem comprometer o bom resultado do trabalho, geradas na ocasão da execução das cópias dos manuscritos no século XIX. A digitação dos textos foi uma escolha metodológica tomada no início do projeto quando se pretendia fazer uma edição em língua neerlandesa, mas essa opção foi logo afastada. A distribuição da informação através de mídias analógicas e digitais, tem se complementado e atendido a demandas diferenciadas nos sistemas de informação.

A criteriosa tradução exigia que o trabalho fosse feito preferencialmente por tradutores brasileiros nativos habilitados ao holandês. Em nossa estada na Holanda entre os anos de 1998 e 2002 identificamos um grupo competente para a tarefa e iniciamos as articulações que resultaram na formação do corpo de tradutores que se definiu assim constituído: Marcos Galindo, coordenador do projeto; Lodewijk Hulsman, historiador nativo holandês, responsável pela leitura paleografia, acompanhamento e checagem da digitação e tradução dos documentos; Johanna Janssen, brasileira falante nativa do neerlandês que responsabilizou-se por tarefas de leitura paleográfica e digitação; Pablo Marcyl Bruijns Gallindo, brasileiro, falante nativo do neerlandês e professor de línguas; Ann Blokland, historiadora de arte, ex-curadora do Singer Museu da cidade de Laren nos Países Baixos, holandesa falante do português trabalhou na tradução em parceria com Pablo Marcyl; Judith de Jong, jornalista holandesa falante do português fez tradução e leitura paleográfica em parceria com o engenheiro brasileiro Marcelo Andrade Oliveira; Rômulo Xavier, historiador do período holandês realizou revisão e notas.

A principal barreira ao acesso a este *corpus* documental por brasileiros não se situava na inacessibilidade física, mas na língua holandesa, na qual a maior parte destes documentos foram registrados. Desta forma, qualquer intervenção documental que se fizesse a estes arquivos estaria incompleta se não planejasse uma ampla versão para o português dos textos produzidos originalmente em holandês. Parte deste trabalho de versão já havia sido feito e publicado por autores como José Hygino, Alfredo de Carvalho, Joaquim Caetano, Pedro Souto Maior, e José Antônio V. de Mello, entre outros. Não obstante o valoroso trabalho destes pesquisadores, todos, a exceção de Pedro Souto Maior e José Antônio, beberam exclusivamente das cópias manuscritas feitas na Holanda por José Hygino e Joaquim Caetano. Além disso, as cópias trazidas para o Brasil não contemplaram a totalidade dos documentos disponíveis nos arquivos da Holanda. Desde cedo ficou claro que o maior problema para efetiva inclusão historiográfica do período de ocupação neerlandesa na história do Brasil era a ausência de pesquisadores envolvidos com a temática. Este fato não indica falta de interesse científico pela matéria, mas ausência de pesquisadores brasileiros habilitados à leitura paleográfica em holandês antigo. Grande parte dos manuscritos microfilmados por José Antônio na Holanda (1957-58), permaneceu intocada por mais de quarenta anos na Universidade Federal de Pernambuco por falta de pesquisadores falantes da língua holandesa.[20]

A documentação resgatada por José Hygino carecia então de um criterioso projeto de versão sistemática para o português, sob pena de não cumprir plenamente a função social a que foi destinada. Considerou-se o fato de que apesar dela estar depositada no Instituto Pernambucano há mais de um século, apenas poucos pesquisadores habilitados ao holandês tinham tido acesso à coleção. Some-se a isto a constatação estatística de que para a construção da conhecida escrita histórica do período, os autores que trabalharam o assunto fizeram uso relativamente limitado do potencial absoluto da coleção. A este respeito observa-se que os documentos trazidos por Joaquim Caetano, tiveram um uso muito mais amplo que os manuscritos da Coleção José Hygino, fato justificado em parte por essa coleção ter trazido também tradução para o francês, língua mais universal que o holandês.

O MUNDO ATLÂNTICO E OS PAÍSES BAIXOS – AWAD

A articulação interinstitucional coloca-se como opção inteligente para atender às demandas geradas por esta proposta. Ataca o proble-

---

20 MELLO, José Antonio Gonsalves de. (1959) *A Universidade do Recife e a Pesquisa Histórica*, Recife, Imprensa Universitária.

ma cooperadamente, e cria um ambiente propício à tarefa de resgate, preservação e acesso, enquanto estimula, na Holanda e no Brasil, o desenvolvimento de um ambiente dinâmico de pesquisas. Neste sentido merece destaque a iniciativa do Instituto Real de linguística e antropologia – KITLV da Holanda que promoveu um largo esforço dirigido à construção de um ambiente de pesquisa que abraça o patrimônio cultural partilhado entre o Brasil e os Países Baixos.

Durante muito tempo, o período de ocupação das antigas possessões no Novo Mundo, não despertou o interesse dos historiadores neerlandeses. Esta realidade fica clara quando se analisa a frágil presença do período brasileiro na historiografia neerlandesa, bem como as práticas de preservação da memória partilhada, prevalentes até o início do século XIX. Somente nas últimas décadas do século XX surgiram as primeiras iniciativas modernas e o interesse renovado pela História partilhada com os brasileiros.[21] Nos arquivos holandeses, até bem pouco tempo não existiam instrumentos de pesquisa que pudessem abrir, ao investigador, as portas dos copiosos manuscritos que restaram da Velha Companhia das Índias Ocidentais. O instrumento de pesquisa mais utilizado pelos pesquisadores interessados nestes fundos do *Algemenrijksarchif* (Arquivo Nacional em Haia) era aquele elaborado por José Antônio Gonsalves de Melo, quando de suas pesquisas nos anos de 1958 e 1962. Somente no ano de 2000 foi elaborado pelo arquivista Diedrick

---

21 Alguns pesquisadores dedicaram-se ao tema e mantém uma agenda de pesquisa ativa sobre assuntos relativos a histórico na presença holandesa no Brasil. Ernst van Den Boogaart junto com H. R. Hoetink e P. J. P. Whitehead, conduziram, em 1979, a feliz iniciativa da exposição *João Maurício de Nassau-Siegen 1604-1679: um príncipe humanista na Europa e no Brasil*. Esta exposição e os estudos de Frans Leonard Schalkwijk, autor de uma extensa obra sobre a ação histórica dos evangélicos no Brasil, marcaram a retomada do interesse dos historiadores neerlandeses pelo Brasil. Benjamin Nicholas Teensma, ex-professor da Universidade de Leiden, estudioso dos judeus sefaraditas portugueses passou a traduzir textos históricos com interesse filológico, encontrou e publicou vários documentos desconhecidos para a maioria dos pesquisadores brasileiros. Da nova geração de pesquisadores deve ser notado o trabalho de Marck Meuwese, Lodewuijk Hulsman, Pieter Emmer, Maurits Ebeben e Henk den Heijer.

Kortlang um índice das *Brief Papieren Uit van Brasilië* (Cartas e Papéis Saídos do Brasil), em boa hora, traduzido e editado pela Dra. Marianne Wiesebron, nos papéis do Projeto Resgate Brasil.[22]

Recentemente tem se verificado uma dinâmica acelerada no meio dos pesquisadores neerlandeses e o surgimento de uma série de projetos que buscam recuperar a herança histórica consorciada com outras nações. Inicialmente na Indonésia e Ásia onde os laços coloniais estabelecidos com a presença da Companhia das Índias Orientais deixaram marcas mais duradouras. Mais recentemente as antigas áreas de domínio do Atlântico tem sido o motivador desta dinâmica renovada. Programas estruturadores como o AWAD – O mundo Atlântico e os Holandeses atestam este interesse.[23]

---

22 Hageman, Robert Jan. Arquivo Nacional, HAIA, PAÍSES BAIXOS. CARTAS E PAPÉIS VINDOS DO BRASIL E DE CURAÇAO. In Marianne Wiesebron Ed. O Brasil em arquivos neerlandeses. (Brazilië in de Nederlandse Archiven) 1624-1654, p. 59-555. Leiden, CNWS, 2005.

23 A intensa produção de teses e dissertações sobre o domínio holandês no Brasil pode ser bem atestado nas referencias abaixo, demonstrando o vigor da temática. Nascimento, Rômulo Luiz Xavier do, 2004, *"Pelo Lucro da Companhia": Aspectos da Administração no Brasil Holandês, 1630 – 1639*. Dissertação de Mestrado apresentada ao curso de Pós-Graduação em História, da Universidade Federal de Pernambuco. Dissertação (mestrado) – Universidade Federal de Pernambuco. CFCH. História, 2004; Luciani, Fernanda Trindade, 2007. *Munícipes e Escabinos:* Poder local e guerra de restauração no Brasil Holandês (1630-1654). Dissertação apresentada ao programa de pós-graduação em História Social do Departamento de História, da Faculdade de Filosofia, Letras e Ciências Humanas da Universidade de São Paulo. Luciani, Fernanda Trindade, 2008. *Administração colonial nos Impérios Português e Holandês. Século XVII.* Tese Doutoral em História Social – Universidade de São Paulo, Fundação de Apoio à Universidade de São Paulo; Xavier, Lucia Furquim Werneck, 2007, *Mathias Beck and the quest for silver. Dutch adaptability to Brazil.* A masters thesis submitted to the Faculty of History and Arts of the Erasmus University Rotterdam in partial fulfillment of the requirements for the degree of master of arts; Breda, Daniel, 2007. *Vicus Judæorum: Os judeus e o espaço urbano do Recife neerlandês (1630-1654).* Dissertação de mestrado Centro de Ciências Humanas, Letras e Artes (CCHLA) da Universidade Federal do Rio Grande do Norte, Natal-RN; Hulsman, Lodewijk A. H. C., 2009, *Dutch Amazonia: Indian trade between 1580 and 1680.* Tese doutoral. Faculty of Humanities. Univerty of Amsterdam; Miranda, Bruno Romero Ferreira, 2011. *Gente de Guerra: cotidianao e resistência dos soldados do exército da Companhia das*

O projeto *O Mundo Atlântico e os Países Baixos* – AWAD — uma iniciativa do Instituto Real Neerlandês para estudos do Sudeste Asiático e Caribe em Leiden – KITLV e do Arquivo Municipal de Amsterdã — possui o duplo objetivo: o primeiro de promover a cooperação internacional no campo da pesquisa, preservação e acesso do patrimônio cultural partilhados entre os Países Baixos e nações da África e da América, que estiveram sob influência da Companhia das Índias Ocidentais, entre 1621 e 1791; e o segundo, o de dar maior visibilidade e sistemática aos projetos e trabalhos elaborados no Brasil, de modo que se possam captar fundos para dar suporte aos programas em andamento e fomentar a construção de novas iniciativas.

A iniciativa AWAD foi estruturada em duas etapas. A primeira contemplou uma missão de identificação que tinha por objetivo fazer um inventário exaustivo do patrimônio material e imaterial existente nos países do mundo Atlântico, bem como projetos e pesquisas existentes na área. A segunda fase executiva tomou como foco a construção de projetos bilaterais e multilaterais entre os países envolvidos e a obtenção de recursos para a realização destes programas.

Como parte da primeira etapa do AWAD-Brasil, foi realizado um workshop, de dois dias no Recife, seguido por duas reuniões menores, uma em São Paulo e outra no Rio de Janeiro. Os eventos reuniram destacados pesquisadores da presença neerlandesa no Brasil. Na oportunidade foram identificados pelos presentes os aspectos mais relevantes para a questão da memória e da pesquisa histórica da atualidade. O primeiro destes aspectos foi o *referendum* plenário do interesse pela temática que estimulou a produção de uma respeitável bibliografia e por motivação renovada que estimula os jovens pesquisadores a investir no estudo da história colonial, onde as dúvidas ainda são maiores que as respostas.

Índias Ocidentais no Brasil (1630-1654). Tese doutoral pelo Departamento de Culturas e Línguas da América Latina da Leiden Universiteit. Vieira, Hugo Coelho, 2011. *O teatro da guerra e a invenção do Brasil holandês: o esforço das duas coroas na retomada pela capitania de Pernambuco, de 1630 a 1635*. Dissertação de Mestrado em História Social da Cultura Regional pela Universidade Federal Rural de Pernambuco.

Outra evidência diz respeito à necessidade de articulação entre os diversos projetos abaixo de um objetivo comum. No que pese o muito que já foi realizado, ainda há uma grande quantidade de trabalho por fazer, especialmente no que tange a acessibilização de fontes documentais.

Em 2010 a Embaixada do Reino dos Países Baixos no Brasil em cooperação com o Instituto Clio, aprovou no contexto do MCH o projeto *Preservação e acesso ao patrimônio mútuo entre o Brasil e os Países Baixos*. Esta iniciativa se compões de um conjunto articulado de iniciativas de salvaguarda de bens do patrimônio mútuo tangível e intangível. O projeto que tem a duração de dois anos e possui dois objetivos, a saber: O primeiro, a instalação da representação do *projeto O Mundo Atlântico e os Países Baixos – AWAD* no Brasil, com vistas à promoção da cooperação internacional no campo da pesquisa, preservação e acesso do patrimônio cultural partilhado entre os Países Baixos e nações, que estiveram sob influência da Companhia das Índias Ocidentais. A representação brasileira será responsável pela manutenção do site e bases de dados em português, pela ampliação da oferta de conhecimento científico, pela preservação e garantia de acessibilidade aos bens do patrimônio cultural comum. O web site do AWAD está hospedado no endereço www. awadbrasil.com.br.

O segundo objetivo do projeto é o desenvolvimento de uma base de dados integrada de documentos para história do Brasil Holandês. Esta base busca o resgate de documentação de interesse histórico depositado em arquivos neerlandeses. A proposta inclui esforço das Universidades Federal de Pernambuco (Liber) e Universidade de São Paulo (Brasiliana USP) para construir a rede e infraestrutura necessária à ampliação da pesquisa e recuperação dessa documentação, por meio de tratamento, digitalização e disponibilização de documentos *on-line*, para pesquisadores de língua portuguesa.

Esta iniciativa está inserida no framework do MCH e pretende reunir em uma única interface os diversos projetos de difusão de fontes, hoje disponíveis no site do Laboratório Liber. O acervo a ser disponibi-

Memória e cultura partilhada

lizado se compõe da documentação coletada por Joaquim Caetano no fundo dos Estados Geraes do Arquivo Nacional de Haia e os documentos disponíveis na base Monumenta Hyginia, ambas no site Liber. A nova base incorpora ainda documentos holandeses oriundos da coleção José Antônio G. Mello Netto e microfilmes do Arquivo Nacional de Haia. O serviço se estrutura sobre a base de dados elaborada pelo arquivista Diedrick Kortlang para o Algemeen Rijksarchief para o fundo da Velha Companhia das Índias Ocidentais, fundo *Brief Papieren Uit van Brasilië* (Cartas e Papéis Saídos do Brasil), traduzido e editado pela Dra. Marianne Wiesebron, nos papéis do Projeto Resgate Brasil.

CONVERGÊNCIA TECNOLÓGICA

A experiência nos mostra que não foi eficiente, para o Brasil, a escolha de registrar as fontes com métodos que limitam o acesso. Processos reprográficos como a microfilmagem, devem, quando muito, ser utilizados como registro de segurança. Esta posição baseia-se no fato de que a indústria reprográfica deixou de investir em processos de registro analógico desde os anos 80 do século passado, quando a tecnologia digital emergiu comercialmente, permitindo registros de imagem de alta fidelidade, preços e serviços acessíveis. A troca de dados automatizada entre sistemas de redes distribuídos, o uso de bancos de dados e a descrição de recursos de informação com metadados permitem hoje a busca e recuperação da informação com rapidez e precisão superior a qualquer processo ancestral. Iniciativas como *Open Archives*,[24] desenvolveram recursos tecnológicos que avançaram na lógica da preservação pela distribuição da informação, distanciado do pensamento do controle documental que tem como base o resgate e a preservação sem oferecer soluções inteligentes de distribuição da informação.

---

24 http://www.openarchives.org/index.html; TRISKA, Ricardo; CAFE, Lígia. Open Archives: the Brazilian Digital Library subproject. Ci. Inf., Brasília, vol. 30, n. 3, 2001. Available from: <http://www.scielo.br/scielo.php?script=sci_arttext&pid=S0100--19652001000300012&lng=en&nrm=iso>. Access on: 15 Nov 2006. doi: 10.1590/S0100-19652001000300012.

Métodos modernos que utilizam suportes de registro digital, se ainda não são suficientemente confiáveis no quesito durabilidade. Suportes como CD-ROM,[25] se sustentaram por algum tempo graças a sua capacidade de armazenamento e reprodução a baixo custo. Quanto ao potencial de difusão e acesso à informação e a versatilidade permitida pelos recursos de distribuição das redes de alcance mundial os registros digitais são imbatíveis. Novos recursos de armazenamento, modos renovados de gestão de dados e de preservação digital substituíram as estratégias de armazenamento baseadas em mídias físicas como o CD-ROM. Somente o volume de cópias, boas práticas de conservação digital e o uso permanente das fontes pode garantir a preservação dos suportes e justificar o uso social da informação.

Nos últimos cinco anos os custos de armazenamento digital caíram vertiginosamente, enquanto serviços como *cloude computing* tem oferecido soluções eficientes para o armazenamento, gestão e preservação de fundos corporativos em meio digital. Esta circunstância tem mudado progressivamente a cultura de armazenamento, segurança e preservação digital. Muitas empresas, tanto públicas quanto privadas, têm feito seus backups de dados em ambientes terceirizados. Esta ação permite que se mantenha em lugar seguro os dados estratégicos, enquanto se preserva *in loco*, os dados do serviço diário local.

Iniciativas modernas que não incluam em seu planejamento, estratégias objetivas de acessibilidade às fontes históricas produzidas em língua holandesa, devem ser vistas sob o olhar crítico dos interessados em construir um ambiente produtivo de debate da memória histórica partilhada por brasileiros e holandeses. Não basta mais apenas descrever as coleções, reproduzi-las de modo analógico para mantê-las armazenadas em

---

25 Bradley, Kevin. Risks Associated with the Use of Recordable CDs and DVDs as Reliable Storage Media in Archival Collections – Strategies and Alternatives. MEMORY OF THE WORLD PROGRAMME, Sub-Committee on Technology. Unesco, Paris, October 2006. By Kevin Bradley. National Library of Australia, Canberra. [...] for researchers and the general public. Thanks to the newest technologies, originals can be restored, preserved in the best possible conditions and their digital copies disseminated." http://www.tanap.net/

depósitos remotos de acesso limitado. Urge se promover o acesso largo às fontes a quem dela possa fazer uso social, informação potencial não garante a geração de conhecimento. A documentação armazenada por mais de um século nos institutos históricos brasileiros não gerou dinâmica suficiente para atender por si só a demanda dos pesquisadores interessados, seja por políticas de acesso destas instituições, seja pela barreira linguística que afasta a maioria dos não falantes do holandês destas fontes.

CONVERGÊNCIA METODOLÓGICA

É evidente a necessidade de se investir, de forma sistemática na direção da convergência de iniciativas, também ficou claro o conceito de convergência que interessa a todos, implica na existência cooperada de diversos projetos trabalhando de forma integrada, com a mesma metodologia abaixo de um objetivo universal. A diversidade e alteridade das iniciativas devem ser defendidas, tendo como eixo orientador o princípio da memória enquanto patrimônio coletivo universal, mesmo quando partilhado por povos distintos, falantes de línguas diferentes, no contexto de culturas distintas. Resta claro a necessidade do desenvolvimento de redes de interação, networks, infraestrutura de pesquisa e iniciativas coletivas que busquem conferir poder de acessibilidade as fontes históricas.

UMA AGENDA PARA O FUTURO

A experiência nos mostra que a eficiência de iniciativas documentalistas do passado foi limitada pela ausência de estratégias de acessibilidade de longo prazo. À preocupação de colher documentos de interesse histórico brasileiro em arquivos holandeses, levada à termo na segunda metade do século XIX, não se seguiu o cuidado em estabelecer uma política sistemática e permanente de tradução para língua portuguesa destas fontes.

A ausência de traduções não impediu que estes documentos fossem utilizados, mas falta de pesquisadores nacionais habilitados ao trabalho com fontes primárias escritas em língua holandesa resumiu a leitura brasileira desta história à visão de um limitado número de investigadores pesquisadores como Alfredo de Carvalho, José Antonio Gonsalves de Mello e Evaldo Cabral. Esta circunstância acabou gerando uma clara distinção entre duas classes de historiadores, os leitores de fontes holandesas, e os leitores de fontes secundárias, que baseavam seus estudos na bibliografia coeva e nos escritos daqueles que podiam ler o holandês.

A acessibilidade, portanto é o ponto fundamental da iniciativa. Sem se prover acesso a estes documentos históricos, estaremos eternamente privados de um debate amplo sobre o período, e sobre as consequências históricas do processo colonial. Os acervos documentais são patrimônio histórico e cultural, e como tal, públicos e inalienáveis. Iniciativas de preservação atuais não podem mais ser aplicada sem um esforço político de igual tamanho na ampliação da acessibilidade às fontes primárias e a informação histórica, neste sentido, a criação de uma base de dados do Brasil holandês, desenvolvida por um coletivo de instituições públicas, vem contribuir para o desenvolvimento desta área da história, tanto no Brasil quanto na Holanda, e garantir o acesso largo à informação histórica.

RESULTADOS E DESDOBRAMENTOS ESPERADOS

A pesquisa documental e a produção historiográfica que envolve as relações Brasil e a Holanda ancoraram-se no período clássico do domínio colonial holandês 1630-1654. É evidente a necessidade de se investir na historiografia de outros períodos, anteriores e posteriores a ocupação Holandesa no Nordeste Brasileiro. Em curto prazo se deseja a ampliação do quantitativo de fontes neerlandesas disponíveis ao público que, a seu turno, devem, a médio e longo prazo, ser indutoras de novas pesquisas, um estímulo direto a articulação de pesquisadores no Brasil e na Holanda. Espera-se ainda que o esforço contribua para estimular a incorporação de jovens investigadores ao núcleo de pesquisadores que atualmente se dedicam ao estudo do período holandês.

Muito ainda tem para ser refletido sobre este período histórico, é isto que nos mostra a documentação depositada nos arquivos holandeses. Assim, mergulhar nos acervos documentais holandeses é também mergulhar em uma agenda de pesquisa nova, exigida pelos novos métodos e tendências do pensamento histórico moderno de onde se possa vislumbrar o papel do Brasil neste período para o desenvolvimento global.

REFERÊNCIAS BIBLIOGRÁFICAS

BRADLEY, Kevin. Risks Associated with the Use of Recordable CDs and DVDs as Reliable Storage Media in Archival Collections – Strategies and Alternatives. Memory Of The World Programme, Sub-Committee on Technology. Unesco, Paris, October 2006. By Kevin Bradley. National Library of Australia, Canberra.

BREDA, Daniel, 2007. *Vicus Judæorum: Os judeus e o espaço urbano do Recife neerlandês (1630-1654)*. Dissertação de mestrado – Centro de Ciências Humanas, Letras e Artes (CCHLA) da Universidade Federal do Rio Grande do Norte, Natal-RN.

BRODHEAD, J. Romeyn. *Documents relative to the colonial history of the State of New-York, [1603-1678], procured in Holland, England and France* I. E. B. O'Callagan ed. (Albany 1856) xxv.

_____. *Documents relating to the Colonial History of New York* (15 vols., 1853-1883). (vols. I) editado por Edward O'Callaghan.

Catálogo da Exposição de História do Brasil, Tomo I, com introdução de José Honório Rodrigues e apresentação pelo Dr. B. F. Ramiz Galvão. Coleção Temas Brasileiros, vol 10. Editora da universidade de Brasília, p. 926-928.

GALINDO, Marcos; HULSMAN, Lodewijk. *Guia de Fontes para História do Brasil Holandês*. Minc/Massangana, 2000.

_____. "Jose Hygino e o Sonho da Historia". *Revista do Instituto Arqueológico Histórico e Geográfico Pernambucano*, n. 59, jan. 2002.

_____. "Tecnologia & Memória". *Revista do Instituto de Estudos Brasileiros*, vol. 50, p. 179-190, 2010.

GALVÃO, Ramiz (1874) Relatório op cit.; Pereira, (1886) Relatório op cit.; Mello, José Antônio Gonsalves de. Tempo de Jornal. Recife: Massangana, 1998. 320p.

HAGEMAN, Robert Jan. "Arquivo Nacional, Haia, Países Baixos. Cartas e Papéis vindos do Brasil e de Curaçao". In: WIESEBRON, Marianne (ed.). *O Brasil*

324 Brasil Holandês: história, memória e patrimônio compartilhado

em arquivos neerlandeses (Brazilië in de Nederlandse Archiven) 1624-1654. Leiden: CNWS, 2005, p. 59-555.

HULSMAN, Lodewijk A. H. C., 2009, *Dutch Amazonia: Indian trade between 1580 and 1680*. Tese doutoral. Faculty of Humanities. Univerty of Amsterdam.

LUCIANI, Fernanda Trindade, 2007. *Munícipes e Escabinos: Poder local e guerra de restauração no Brasil Holandês (1630-1654)*. Dissertação apresentada ao programa de pós-graduação em História Social do Departamento de História, da Faculdade de Filosofia, Letras e Ciências Humanas da Universidade de São Paulo.

_____. 2008. *Administração colonial nos Impérios Português e Holandês. Século XVII*. Tese Doutoral em História Social – Universidade de São Paulo, Fundação de Apoio à Universidade de São Paulo.

MELLO, J. A. G. Mello, 1937. *Tempo dos Flamengos*. José Olimpio Editora, 1947.

_____. (1959) *A Universidade do Recife e a Pesquisa Histórica*. Recife: Imprensa Universitária.

MELO, D. Francisco Manoel de. *Epanáfora Triunfante e outros escritos. Restauração de Pernambuco*. Recife, Secretaria do Interior, 1944.

MIRANDA, Bruno Romero Ferreira, 2011. *Gente de Guerra: cotidianao e resistência dos soldados do exército da Companhia das Índias Ocidentais no Brasil (1630-1654)*. Tese doutoral pelo Departamento de Culturas e Línguas da América Latina da Leiden Universiteit.

MULLER, S.; FEITH, J. A.; FRUIN, R. – *Handleiding voor het ordenen en beschreijven van archieven*. Groningen : Erven B. van der Kamp., 1898. Trad. brasileira de Manoel Adolpho Wanderley, sob o título: Manual de arranjo e descrição de arquivos. 2.ª ed. Rio de Janeiro: Ministério da Justiça, Arquivo Nacional, 1973.

NASCIMENTO, Rômulo Luiz Xavier do, 2004, *"Pelo Lucro da Companhia": Aspectos da Administração no Brasil Holandês, 1630 – 1639*. Dissertação de Mestrado apresentada ao curso de Pós-Graduação em História, da Universidade Federal de Pernambuco. Dissertação (mestrado) – Universidade Federal de Pernambuco. CFCH. História, 2004.

PEREIRA, José Hygino Duarte.(1886) Relatório apresentado em sessão de 9 de maio de 1886. *Revista do Instituto Archeológico e Geographico Pernambucano*. N° 30, Recife, IAGPE, p. 7-110.

TANAP. Towards A New Age of Partnership. The Hague/Leiden, General State archives/Leiden University, 1999, p9.

TRISKA, Ricardo; CAFE, Lígia. Open Archives: the Brazilian Digital Library subproject. Ci. Inf., Brasília, vol. 30, n. 3, 2001. Available from: <http://www.scielo.br/scielo.php?script=sci_arttext&pid=S0100-

19652001000300012&lng=en&nrm=iso>. Access on: 15 Nov 2006. doi: 10.1590/S0100-19652001000300012.

VIEIRA, Hugo Coelho, 2011. *O teatro da guerra e a invenção do Brasil holandês: o esforço das duas coroas na retomada pela capitania de Pernambuco, de 1630 a 1635*. Dissertação de Mestrado em História Social da Cultura Regional pela Universidade Federal Rural de Pernambuco.

XAVIER, Lucia Furquim Werneck, 2007, *Mathias Beck and the quest for silver. Dutch adaptability to Brazil*. A masters thesis submitted to the Faculty of History and Arts of the Erasmus University Rotterdam in partial fulfillment of the requirements for the degree of master of arts.

O Espaço-Dinâmica Organizacional em Perspectiva Histórica[1]

Paulo Emílio Martins

Professor Titular de Administração da Fundação Getúlio Vargas e
Coordenador do Programa de Estudos da Administração Brasileira

A ANÁLISE ORGANIZACIONAL E SEU OBJETO DE ESTUDO

OS ESTUDOS ORGANIZACIONAIS, no ecletismo das abordagens com que analisam o fenômeno administrativo, sua dinâmica e seu *locus* de manifestação, vem construindo um mosaico caleidoscópico de enfoques, ontológicos, epistemológicos e metodológicos, emprestados de outras disciplinas, prevalecendo uma visão universalista e diferentes óticas: funcionalista, estruturalistas, humanistas ou interpretativistas e, só muito recentemente, uma visão singularizadora desse espaço-dinâmica.[2]

Na variação dessas imagens de diversos matizes e cores teóricos, têm sido propostas reflexões de inspiração metafóricas: organizações como máquinas, como organismos vivos, como prisões psíquicas etc.; analógicas: empresa quântica, gestão equalizadora; filosóficas: organi-

---

1 Este artigo desenvolve ideias apresentadas à "Mesa Memória da Gestão e Análise Organizacional", do I *Colóquio Internacional sobre o Brasil Holandês*, realizado pelo Instituto Ricardo Brennand em Recife, de 16 a 19 de novembro de 2011.

2 BURKE, P. *A Escola dos Annales (1929-1939): a Revolução Francesa da Historiografia*. São Paulo, Fundação Editora Unesp, 1997.

zações holísticas e, até mesmo, místicas: gestão astrológica, numerológica, tarológica etc.[3]

Admitindo que administração e gestão sejam manifestações da dinâmica que se processa nas organizações (públicas e privadas) através da realização do trabalho societariado ou, como definiu um dos pioneiros de sua teorização: "administrar é prever, organizar, comandar, coordenar e controlar",[4] o objeto de estudo dessa disciplina seria essa dinâmica cooperativa e seu "espaço" de ocorrência, "espaço"este multidimensional e situado geográfica e temporalmente.

Logo em uma primeira abordagem a esse espaço-dinâmica, em um instante (t), revelam-se: coisas, pessoas, processos em operação, relações de dominação-sujeição e representações dos elementos constituintes desse *lócus* e dos referentes do universo em este se insere. Dito de outra forma: deparamo-nos com um espaço multidimensional, com uma dimensão material (física), outra humana (seus atores), uma terceira tecnológica (dos processos), uma quarta política (relacionada às questões de poder, hierarquização, decisão e controle da organização) e, finalmente, uma quinta dimensão: a simbólica ou cultural (de significação dos referentes desse universo) e que, como as demais, é construída historicamente, singularizando, assim, instantânea e geograficamente esse lugar social.[5]

No 'espaço' pentadimensional que assim se define, o analista assume o papel de um retratista que intenta descrever para conhecer aquilo que retrata. Metaforicamente falando, podemos dizer que essas cinco dimensões são as cores com os quais seu retrato pode ser feito. Ou ain-

---

3 CAVALCANTI, B. S. *O Gerente Equalizador: Estratégias de Gestão no Setor Público*. Rio de Janeiro, Editora FGV, 2005; MORGAN, Gareth. *Imagens da Organização*. São Paulo, Editora Atlas, 1996; NOBREGA, Clemente. *Em Busca da Empresa Quântica: Analogias entre o Mundo da Ciência e o Mundo dos Negócios*. Rio de Janeiro, Ediouro, 1996; RIBEIRO, Carlos R. M. *Empresa Holística*. 2ª ed. São Paulo, Vozes,1990.

4 FAYOL, Henri. *Administração Industrial e Geral*. 7ª. Ed. São Paulo, Editora Atlas, 1968 [1ª ed., 1916].

5 MARTINS, Paulo Emílio Matos. *A Reinvenção do Sertão: a Estratégia Organizacional de Canudos*. Rio de Janeiro, Editora FGV, 2001.

da, que essas cores/dimensões definem um roteiro para a análise organizacional-institucional de qualquer organização.

A Figura 1, a seguir, ilustra essa imagem:

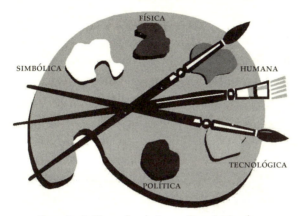

Figura 1 – As Dimensões do Espaço Organizacional

Assim como as cores se misturam, na paleta do pintor, para formar outras cores de diferentes tonalidades, saturação e luminosidade – os diferentes matizes representativos das imagens de um retrato –, também as dimensões do espaço organizacional aparecem em sinergias conformando um objeto de análise ainda mais complexo de n dimensões. Ilustrando melhor essa ideia: seria a produtividade de uma organização um referente da dimensão humana, física, tecnológica, política ou simbólica desse espaço-dinâmica? Como pretendem alguns. Ou, numa observação mais atenta, esse referente da dinâmica organizacional resultaria da sinergia das cinco, ou de algumas dessas dimensões, como afirmam outros.

Essa questão é muito importante na medida em que podemos, ilusoriamente, visualizar qualquer referente do espaço organizacional como pertencendo ao universo de apenas uma de suas dimensões (em geral aquela que se apresenta em primeiro plano no processo cognitivo de sua significação) quando, na realidade, este se define nos vários planos das sinergias de algumas dessas dimensões, ou mesmo, de todas delas.

A Figura 2, a seguir, ilustra a complexidade da análise organizacional quando consideradas as sinergias de suas dimensões básicas duas a duas, três a três, quatro a quatro e cinco a cinco, isto é: [$C_5^2 + C_5^3 + C_5^4 + C_5^5$],[6] totalizando 26 possíveis combinações ou: um universo multidimensional muito complexo da ordem dimensional 26ª, além, como já vimos, da possibilidade – remota – da também ocorrência isolada das dimensões básicas desse universo – as cinco antes referidas – elevando, assim, a sua complexidade para a 31ª ordem dimensional, com infinitos referentes no universo de cada uma dessas dimensões.

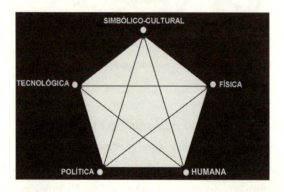

Figura 2 – Sinergias das Dimensões e Complexidade do Espaço Organizacional

Uma vez definido o espaço-dinâmica organizacional como sendo o lugar-objeto-de-estudo da Administração; analisemos esse *locus*.

Como sabemos, as organizações existem para: realizarem missões, perseguirem objetivos, alcançarem metas e atingirem resultados ou, resumidamente, para transformarem o universo em que se inserem. De que modo, entretanto, se operaria essa transformação? Excluídas a dinâmica de um único ator – em geral de pequeno poder transformador, bai-

---

6   As sinergias de *m* elementos *n* a *n* (onde *m* é um número inteiro maior ou igual a *n*) é igual à combinação de *m* elementos *n* a *n* ($C_m^n = A_m^n/n!$), em que a ordem de apresentação dos elementos de cada combinação não importa; A_m^n é o arranjo de *m* elementos *n* a *n*, onde a ordem de apresentação dos elementos do arranjo caracteriza um novo arranjo, e *n!* é o fatorial de *n*.

xa eficácia e que não é o objeto do estudo da Administração –, os grandes projetos de mudança se realizam através do trabalho societário, ou seja, daquele que é realizado por um coletivo de pessoas. Assim visto, a dinâmica do espaço organizacional se opera a partir do planejamento, da organização e da execução de uma ação cooperativa cujo objetivo é a razão de existência da própria organização.

Assim como o trabalho socialmente realizado estabelece a dinâmica do espaço das organizações, a configuração que a combinação de suas dimensões/sinergias assume em um determinado instante (*t*) define a estratégia de gestão (planejada ou não) da organização, nesse mesmo tempo (*t*), a qual contempla a realização de sua missão e de seus objetivos. A Figura 3, a seguir, representa essa ideia.

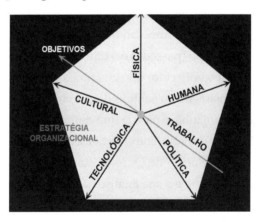

Figura 3 – Missão, Objetivos, Dinâmica e Estratégia Organizacional no Instante

MEMÓRIA DA GESTÃO E GESTÃO DA MEMÓRIA: O RESGATE DE UMA DIMENSÃO PERDIDA

Até aqui descrevemos o espaço organizacional como sendo o lugar onde se processa o trabalho societário, o que significa dizer, como um objeto dotada de dinâmica e não simplesmente como uma estrutura estática eternamente prisioneira de um instante (*t*) de sua história. Por outro lado, este espaço-dinâmica se (re)constrói historicamente e, para melhor compreendê-lo, é imperioso historicizá-lo, fugindo, assim, do reducionismo de tornar estático o que é dinâmico, de universalizar o que é singular, de anistorizar o que tem passado e de utilizar um modelo estrutural-funcionalista-universalista menos complexo do que a realidade em análise. Por certo, essa é a maior crítica que se pode formular para a teorização administrativa que vem sendo produzida desde a obra pioneira de Frederick Winslow Taylor (1916) até quase o final do penúltimo quartel do século passado.

Resgatada a dimensão simbólica desse "espaço" – que (re)constrói o universo de significação de seus referentes –, suas sinergias com as outras dimensões e o trabalho cooperativo realizador dessa dinâmica, resta, apenas, projetar o nosso objeto de estudo em perspectiva histórica.

O espaço-dinâmica organizacional projetado no tempo revela um passado e um presente que procura o futuro. Em nossa cultura ocidental caminhamos pra frente, rumo ao desconhecido. Na tradição andina dos Aymara, o conhecido (passado) é o que vemos, portanto está à nossa frente, e o futuro (desconhecido) que buscamos está às nossas costas, invertendo assim, sabiamente, o sentido do porvir. Qualquer que seja, entretanto, o lugar do amanhã, é para lá que caminhamos pilotando as nossas organizações com o sonho, como os heróis da mitologia em sua nave Argos em busca do Velocíno de Ouro. Portanto, o espaço-dinâmica das organizações tem história e a sua análise não pode ignorar esse fato.

Uma vez lidas historicamente, as organizações adquirem memória e assumem diferentes configurações em diferentes momentos de sua existência, configurações estas que se (re)constroem, também historicamente. A Figura 4, ao incorporar a dimensão temporal ao espaço-dinâmica organizacional o modela em perspectiva histórica, fazendo com que cada um dos referentes desse *lócus* complexo n-dimensional também se (re)configurem singularizando-o, ao longo do passar do tempo.

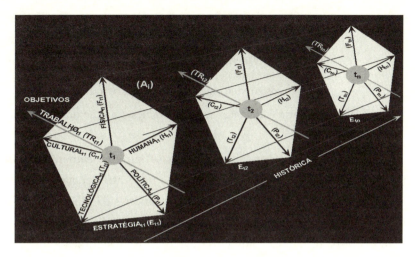

Figura 4 – A Dimensão Temporal: o Espaço-Dinâmica Organizacional em Perspectiva Histórica

A ANÁLISE ORGANIZACIONAL E A HISTORIOGRAFIA CONTEMPORÂNEA

Enquanto as primeiras décadas do século passado viram nascer as teorizações pioneiras sobre o espaço organizacional, teorias estas cujo paradigma inspirador foi buscado nas ciências positivas, mais precisamente na Física e no conceito termodinâmico de eficiência, o "grupo dos *Annales*" (1929) na França, revolucionava a historiografia nos debates travados com os historiadores tradicionais – positivistas e historicistas.

Segundo Burke (1997) as novas ideias e diretrizes trazidas pelos historiadores dos *Annales* podem ser assim resumidas:

a) Substituição da tradicional narrativa de acontecimentos por uma história-problema;

b) História de todas as atividades humanas e não apenas da história política;

c) Colaboração com outras disciplinas, tais como a Geografia, a Sociologia, a Psicologia, a Economia, a Linguística e a Antropologia Social (e, acrescento, Administração);

d) Introdução de diversos aspectos da vida social nos estudos da História: a vida diária, o povo e as coisas, bens que a humanidade produz ou consome, a civilização material, as representações coletivas, a história sociocultural;

e) Ênfase na história econômica, demográfica e social, salientando os aspectos sociais por meio de estudos regionais, coletivos e comparativos em detrimento do episódico e individual;

f) Descoberta e utilização de novas fontes: tradição oral e vestígios arqueológicos.

Chega a ser surpreendente que, quase simultaneamente a essa grande revolução na ciência da História, a nascente ciência da Administração tenha sido postulada segundo os cânones da máquina, isto é, olvidando a natureza eminentemente social do trabalho societário, sua memória e sua dinâmica como fato (re)produtor de significados.

Tomando por base a síntese de Burke (1997) para a Nova História (dos *Annales*), é igualmente surpreendente que não só os teóricos das organizações, como também os novos historiadores, por já tanto tempo, não tenham se voltado para a análise do espaço organizacional e de sua dinâmica como fenômenos historicamente (re)construídos. Esse estranho fato, especialmente diante da proposta de uma História de "todas as atividades humanas", "interdisciplinar", atenta às "representações coletivas na produção e no consumo" etc., só pode ser explicado pelo caráter hegemônico que o conhecimento técnico assumiria com o advento das novas teorias sobre gestão na fase "esplendorosa" que sucederia à obra *The Principles of Scientific Management* de Taylor (1916) e seu legado mecânico, funcionalista e universalista – tão bem expresso na planetarização de costumes que aqueles e os novos tempos da expansão mundial do capitalismo – agora impulsionado pela Revolução Microeletrônica – transforma à vida contemporânea.

Para Smolka:

> Na Antiguidade Clássica, os gregos fizeram da memória uma deusa, Mnemósine, que lembra aos homens os altos feitos dos heróis e também preside a poesia lírica. O poeta é, pois, um homem que, quando possuído pela memória, é transportado

por ela ao coração dos acontecimentos antigos, tornando-se, assim, um adivinho do passado (Bosi, 1994). Aristóteles distingue *mnemê* (memória) – faculdade de conservar o passado – e *mamnesi* (reminiscência) – faculdade de evocar voluntariamente esse passado por um esforço intelectual. Platão, por sua vez, emprega a imagem da memória como impressão, traços depositados e gravados em nós.[7]

Ainda de acordo com esses mesmos autores, citando Burke (1997), para Le Goff (1984) o significado de memória passou no Medievo por profundas transformações em decorrência da difusão do cristianismo como ideologia dominante. Na literatura dessa época o referente "memória" continha as narrativas orais (contos populares e canções) e as muito raras narrativas escritas.[8]

Com os tipos móveis de Gutenberg, as grandes navegações, o desenvolvimento do comércio em escala planetária e a difusão da Imprensa, a oralidade cedeu lugar à escrita. No século XVIII, os iluministas inauguraram a crítica às teorias mnemônicas e à tradição escolástica e passaram a proclamar o desprezo à memória do passado, por considerá-la contaminada pela emoção. Emerge daí o culto a uma memória técnico-científica do conhecimento e à ação racional.

Na passagem do século XVIII para o XIX, o Romantismo europeu presenciou o nascimento da "historiografia científica", a catalogação das fontes e o ensino acadêmico dessa "ciência". Para Gomes e Santana (2010):

---

7   Gomes, Almiralva Ferraz e Santana, Weslei Gusmão Piau. "A História Oral na Análise Organizacional: a Possível e Promissora Conversa entre a História a Administração". In: *Cadernos EBAPE.BR*, Rio de Janeiro, V. 8, N.1, mar 2010.

8   Burke, P. *A Escola dos Annales (1929-1939): a Revolução Francesa da Historiografia*. São Paulo, Fundação Editora Unesp, 1997; Gomes, Almiralva Ferraz e Santana, Weslei Gusmão Piau. "A História Oral na Análise Organizacional: a Possível e Promissora Conversa entre a História a Administração". In: *Cadernos EBAPE.BR*, Rio de Janeiro, V. 8, N.1, mar 2010.

> a tradição popular – leia-se reminiscência – passa a ser buscada por vários autores que se propõem escrever a história. Entretanto, há sempre um caráter nacionalista onde a historiografia é a história de um povo enquanto nação.
>
> História, então, é sinônimo de memória, havendo uma relação de fusão. Elas não se distinguem. A História se apodera da memória coletiva e a transcreve em palavras. É nesse momento que a História dá voz ao povo pela primeira vez. O século XIX, portanto, é o momento em que a memória vai se ancorar na História.

De acordo com esses autores, na passagem do século XIX para o XX, a memória emancipa-se da História, torna-se matéria da literatura em Proust; da Filosofia em Bergson; da Psicologia em Freud e da Sociologia em Halbwachs.

Como já referimos, a revolucionária influência da Escola dos *Annalles* na hstoriografia, nomeadamente com advento da história oral, a partir a terceira década do século passado, viria a contribuir para a construção da história econômica e organizacional, não apenas das grandes corporações mundiais, mas, também, das pequenas firmas onde a existência da memória escrita é muito rara e onde as fontes orais são os únicos registros do passado a iluminar a análise organizacional desse espaço-dinâmica social.

Em recente trabalho sobre a abordagem histórica na Administração, Costa, Barros e Martins (2010) relacionam três correntes teóricas da nascente historiografia sobre os Estudos Organizacionais com as discussões paradigmáticas (Üsdiken e Kieser, 2004) da História que as inspiram:

1. História dos Negócios ou Empresarial (*Business History*) – paradigmas *Suplementarista* e *Integracionista*;

2. História da Gestão (*Management History*) – paradigmas *Suplementarista* e *Integracionista*;

3. História Organizacional (*Organizational History*) – *paradigma Reorientacionista.*

O espaço-dinâmica organizacional em perspectiva histórica 337

Para esses autores, o aprofundamento na utilização da perspectiva histórica nos estudos organizacionais no Brasil, por meio da defesa de uma agenda reorientacionista que envolve, prioritariamente, a crítica às teorias organizacionais com orientação a-históricas, pode trazer, em consonância com os pesquisadores desta corrente, significativas contribuições da perspectiva histórica para o campo da administração, em particular as provenientes das mudanças da história nova.

Como já visto, ainda que as teorias administrativas tenham sido postuladas originalmente com uma ótica universalista redutora do fenômeno estudado, é amplamente reconhecido pelos teóricos, contemporâneos o caráter social desse espaço/dinâmica de estudo, o que significa dizer, sua natureza humana, política, simbólica e histórica.

Segundo essa perspectiva, o paradigma positivista que desde o início vem orientando a reflexão sobre Administração, cederia lugar a uma abordagem de cunho institucional, isto é política, cultural e histórica, sem dúvida muito mais adequada à natureza de seu objeto de análise.

Não obstante as leituras mais recentes da ação administrativa e de seu espaço de ocorrência ressaltarem a natureza simbólico-histórica desse fenômeno, isto é, sua dinâmica como espaço de produção e reprodução de significados historicamente construídos e reconstruídos, ainda são frequentes na literatura sobre o tema a tendência à utilização do paradigma universalista das ciências da natureza, nomeadamente da Física ou, ainda, a busca de "leis gerais" para descrição e previsão dessa dinâmica social – assim descontextualizada.

Como decorrência desse fato o conhecimento sobre as organizações e sua gestão, produzido e disseminado universalmente pelas sociedades industrializadas a partir de seus próprios condicionantes históricos, geográficos e culturais, é divulgado por todo o planeta sob a ingênua invocação de seu suposto caráter universal.

Essa realidade tem atuado como fator inibidor no desenvolvimento de pesquisas orientadas para a singularização do *ethos* de cada cultura organizacional. Como consequência, são raros os estudos comparados entre diferentes espaços-dinâmicas sociais – sempre tão ricos e melhor explorados em outras disciplinas.

A partir da constatação desse fato o Programa de Estudos de Administração Brasileira (ABRAS) – organizado em 1988 como atividade de investigação acadêmica do Departamento de Administração da então Faculdade de Administração e Ciências Contábeis da Universidade Federal Fluminense (UFF) – vem buscando novas ontologias, epistemologias e metodologias para o estudo das singularidades do fato administrativo no Brasil, como resultante do processo de formação histórico--cultural de nossa sociedade. Sem dúvida, com uma perspectiva muito mais rica para a análise das estruturas, processos, valores e modos (jeitos?) de administrar e de atuar como vetor transformador da nossa própria realidade (ABRAS, S/D).

A partir da introdução pioneira da disciplina Administração Brasileira na grade de temas obrigatórios do currículo de formação acadêmica em Administração da UFF (1992), esse tema vem sendo oferecido regularmente, também, para os cursos de graduação e pós-graduação (*stricto sensu*) na Faculdade de Administração, Ciências Contábeis e Turismo da UFF, em Niterói e na Escola Brasileira de Administração Pública e de Empresas da Fundação Getúlio Vargas (EBAPE/FGV), no Rio de Janeiro, tendo já realizado dezenas de ciclos de estudos, com a participação de centenas de graduandos, pós-graduandos e pós-doutorandos dessas IESs.

Com a progressiva difusão da ideia do estudo da Administração em perspectiva histórica, no segundo semestre de 2006 essa disciplina foi ministrada para os alunos do Programa de Mestrado Interinstitucional em Administração Pública da EBAPE/FGV-Tribunal de Contas do Estado do Rio de Janeiro, atendendo a requerimento de seus participantes e, no segundo semestre de 2008, essa matéria foi oferecida como disciplina eletiva para o Programa de Pós-Graduação em Administração da Universidade Federal de Santa Catarina (PPGA/UFSC), com a participação de doutorandos e mestrandos daquela IES e de um aluno ouvinte.

O espaço-dinâmica organizacional em perspectiva histórica 339

Em 1987 o tema Administração Brasileira inspirou, ainda, a criação do Grupo de Pesquisa em Administração Brasileira Contemporânea (PAC) da Faculdade de Administração e Finanças (FAF) da Universidade do Estado do Rio de Janeiro (UERJ).

De junho de 1996 a fevereiro de 2012 o ABRAS fez parte do elenco dos grupos de investigação acadêmica da EBAPE/FGV, onde atingiu sua maioridade (etária e acadêmica) e passou a constituir-se como uma rede internacional de instituições de ensino superior e pesquisa. No momento em que estas notas estão sendo escritas este Programa retorna à sua instituição de origem, integrando-se aos demais grupos de pesquisa do novo Programa de Pós-Graduação em Administração (PPGAd) da UFF.

As atividades acadêmicas desse grupo de pesquisa têm sido contempladas com financiamento da CAPES e do CNPq e recebido o apoio financeiro de diversas instituições de fomento à pesquisa acadêmica, como exemplo, os: Propesquisa/EBAPE/FGV; FAPERJ, INPAE, Fulbright, FDB, ACRJ e outras.

Presentemente o ABRAS estrutura-se em três trilhas temáticas: a) Organização Governamental e Administração Pública no Brasil; b) Gestão de Empreendimentos e Negócios Brasileiros; c) Administração de Organizações Não Governamentais e dos Movimentos Sociais no Brasil.

Entre os principais projetos/produtos acadêmicos do ABRAS destacamos:

- Criação e operacionalização da disciplina Administração Brasileira, ministrada nos níveis de graduação e pós-graduação;

- Organização de uma rede interinstitucional e internacional de IESs voltadas para o estudo dessa temática;

- Projeto: A Reinvenção do Sertão: A Estratégia Organizacional de Canudos – 1893-97 (tese de doutoramento e livro publicado, 1999 e 2001, respectivamente);

- Projeto: Evolução da Estrutura de Organização do Banco do Brasil (1808 – atualidade);

- Projeto: Empreendedorismo e Empreendedores no Brasil: História e Significação (diversos trabalhos publicados, eventos realizados e uma tese de doutoramento aprovada);

340 Brasil Holandês: história, memória e patrimônio compartilhado

- Simpósio: O Brasil em Evidência: a Utopia do Desenvolvimento (simpósio – 2008 – que discutiu o pensamento social brasileiro do período desenvolvimentista) e livro publicado em 2012);

- Grupo de Discussão: O Espaço Organizacional no Pensamento Interpretativo do Brasil (evento que debateu o pensamento de quinze intérpretes do Brasil e a formação dos Estado e sociedade brasileiros – 1808/1950) e livro, em fase de organização;

- Projeto: Contribuições do Pensamento Social Brasileiro Para a Qualificação do Ensino e da Pesquisa em Administração Pública (financiado pela CAPES, reunindo três IES brasileiras – em operacionalização, 2009/2013);

- Banco de Dados: Referências Bibliográficas dos Trabalhos Acadêmicos sobre Governo e Administração Pública no Brasil (1995 – 2010). Concluído em 2011 – fonte de dados para trabalhos de pesquisa sobre o tema;

- Sítio e Biblioteca Virtual de Administração Brasileira na Internet (atualmente em fase de reformulação);

REFERÊNCIAS BIBLIOGRÁFICAS

ABRAS – *Programa de Estudos de Administração Brasileira* (Prospecto), Rio de Janeiro, ABRAS/EBAPE/FGV, s/d.

BURKE, P. *A Escola dos Annales (1929-1939): a Revolução Francesa da Historiografia.* São Paulo: Editora Unesp, 1997.

BURRELL, Gibson e MORGAN, Gagareth. *Sociological Paradigms and Organisational Analysis – Elements of the Sociology of Corporate Life.* Exeter: Heinemann, 1980.

CAVALCANTI, B. S. *O Gerente Equalizador: Estratégias de Gestão no Setor Público.* Rio de Janeiro: Editora FGV, 2005.

COSTA, Alessandra de Sá Mello da, BARROS, Denise Franca e MARTINS, Paulo Emílio Matos. "Perspectiva Histórica em Administração: Novos Objetos, Novos Problemas, Novas Abordagens". *Revista de Administração de Empresas – RAE*, São Paulo, Vol. 50, N. 3, jul./set. 2010, p. 288-299.

FAYOL, Henri. *Administração Industrial e Geral.* 7ª ed. São Paulo: Atlas, 1968 [1ª ed., 1916].

GOMES, Almiralva Ferraz e SANTANA, Weslei Gusmão Piau. "A História Oral na Análise Organizacional: a Possível e Promissora Conversa entre a História a Administração". *Cadernos EBAPE.BR*, Rio de Janeiro, vol. 8, n. 1, mar. 2010.

MARTINS, Paulo Emílio Matos e MUNTEAL, Oswaldo (orgs.). *O Brasil em Evidência: a Utopia do Desenvolvimento*. Rio de Janeiro: Editoras PUC-Rio/FGV, 2012.

MARTINS, Paulo Emílio Matos. *A Reinvenção do Sertão: a Estratégia Organizacional de Canudos*. Rio de Janeiro: Editora FGV, 2001.

_____. "A Significação do Espaço Organizacional". *Anais do 23º EnANPAD*. Mesa: Organizações, Foz do Iguaçu, 1999.

MORGAN, Gareth. *Imagens da Organização*. São Paulo: Atlas, 1996.

NOBREGA, Clemente. *Em Busca da Empresa Quântica: Analogias entre o Mundo da Ciência e o Mundo dos Negócios*. Rio de Janeiro: Ediouro, 1996.

RIBEIRO, Carlos R. M. *Empresa Holística*. 2ª ed. São Paulo: Vozes,1990.

TAYLOR, Frederick Winslow. *Princípios de Administração Científica*. 6ª ed. São Paulo: Atlas, 1966 [1ª ed., 1911].

ÜSDIKEN, B; KIESER, A. "Introduction: History in Organization Studies". *Business History*, vol. 46, n. 3, p. 321-330, 2004.

FICHA TÉCNICA DO I COLÓQUIO INTERNACIONAL SOBRE O BRASIL HOLANDÊS

Organizadores do colóquio

Arquivo Histórico Judaico de Pernambuco

Daniel de Oliveira Breda (vice-presidente do Arquivo Histórico Judaico de Pernambuco)

Fundação Getúlio Vargas (FGV-RJ)

Anecci Palhetta (assistente de pesquisa)
Jefferson Santos (tecnologia da informação)
Paulo Emílio Matos Martins (coord. Programa de Estudos da Administração Brasileira)
Vinicius Cruz (tecnologia da informação)

Fundação Joaquim Nabuco

Henrique Cruz (museólogo da Fundação Joaquim Nabuco)

Instituto Arqueológico, Histórico e Geográfico Pernambucano (IAHGP)

George Félix Cabral de Souza (vice-presidente do IAHGP)
Margarida de Oliveira Cantarelli (presidente do IAHGP)

Instituto Ricardo Brennand

Ana Carolina Chaves (arte-educadora do Instituto Ricardo Brennand)
Aruza Holanda (coordenadora da Biblioteca do Instituto Ricardo Brennand)
Hugo Coelho Vieira (pesquisador do Instituto Ricardo Brennand)
Leonardo Dantas Silva (coordenador de pesquisa do Instituto Ricardo Brennand)
Nara Galvão (coordenadora geral do Instituto Ricardo Brennand)
Paula Coutinho (museóloga do Instituto Ricardo Brennand)
Rafaela Simão (coordenadora de Marketing e Eventos)
Simone Luizines (coordenadora de cursos e projetos do Instituto Ricardo Brennand)

Universidade de Pernambuco (UPE)

Ricardo Lima (IAUPE)
Rômulo Xavier do Nascimento (professor do Departamento de História da UPE)

Universidade Federal de Pernambuco (UFPE)

Daniel de Souza Leão Vieira (bolsista de pós-doutorado do CNPq/
programa pós-graduação em História da UFPE)
George Cabral de Souza (professor da pós-graduação de História da UFPE)
Marcos Carvalho (coordenador da pós-graduação em História da UFPE)
Marcos Galindo (professor de Ciência da Informação da UFPE)
Marília de Azambuja Ribeiro (professora da pós-graduação em História da UFPE)

Equipe de monitores

Anderson Queiroz/Carolina Maria da Costa/Daniel Gomes/ Davi Costa Aroucha/Flavia
Bruna Braga/Isabela Dias/Jefferson Bezerra/João Paulo Nascimento/Juany Nunes/
Nelson Lopes A. Pires/ Pablo H. O. de Lucena/Renato de Lyra Lemos/Thiago
Augusto Teixeira de Araújo

Esta obra foi impressa em São Paulo no inverno
de 2012 pela gráfica Vida & Consciência. No
texto foi utilizada a fonte Palatino Linotype em
corpo 10 e entrelinha de 16 pontos.